O SEGREDO
DOS RICOS

O SEGREDO DOS RICOS

As 8 Novas Regras do Dinheiro

— *Edição Revista e Atualizada* —

Robert T. Kiyosaki

ALTA BOOKS
EDITORA
Rio de Janeiro, 2017

O Segredo dos Ricos — As 8 novas regras do dinheiro
Copyright © 2017 da Starlin Alta Editora e Consultoria Eireli. ISBN: 978-85-508-0097-4

Translated from original Conspiracy of the Rich by Robert T. Kiyosaki. Copyright © 2009, 2014 by Robert T. Kiyosaki. ISBN 978-1-61268-070-5. This edition published by arrangement with Rich Dad Operating Company, LLC., the owner of all rights to publish and sell the same. PORTUGUESE language edition published by Starlin Alta Editora e Consultoria Eireli, Copyright © 2017 by Starlin Alta Editora e Consultoria Eireli.

CASHFLOW, Rich Dad, Rich Dad Advisors, ESBI, e Triângulo B-I são marcas registradas da *CASHFLOW Tecnologies, Inc.*

Todos os direitos estão reservados e protegidos por Lei. Nenhuma parte deste livro, sem autorização prévia por escrito da editora, poderá ser reproduzida ou transmitida. A violação dos Direitos Autorais é crime estabelecido na Lei nº 9.610/98 e com punição de acordo com o artigo 184 do Código Penal.

A editora não se responsabiliza pelo conteúdo da obra, formulada exclusivamente pelo(s) autor(es).

Marcas Registradas: Todos os termos mencionados e reconhecidos como Marca Registrada e/ou Comercial são de responsabilidade de seus proprietários. A editora informa não estar associada a nenhum produto e/ou fornecedor apresentado no livro.

Impresso no Brasil — 2017 — Edição revisada conforme o Acordo Ortográfico da Língua Portuguesa de 2009.

Publique seu livro com a Alta Books. Para mais informações envie um e-mail para autoria@altabooks.com.br

Obra disponível para venda corporativa e/ou personalizada. Para mais informações, fale com projetos@altabooks.com.br

Produção Editorial Editora Alta Books	Gerência Editorial Anderson Vieira	Produtor Editorial (Design) Aurélio Corrêa	Marketing Editorial Silas Amaro marketing@altabooks.com.br	Vendas Atacado e Varejo Daniele Fonseca Viviane Paiva comercial@altabooks.com.br
Produtor Editorial Claudia Braga Thiê Alves	Supervisão de Qualidade Editorial Sergio de Souza	Editor de Aquisição José Rugeri j.rugeri@altabooks.com.br	Vendas Corporativas Sandro Souza sandro@altabooks.com.br	Ouvidoria ouvidoria@altabooks.com.br

| Equipe Editorial | Bianca Teodoro
Christian Danniel | Ian Verçosa
Illysabelle Trajano | Juliana de Oliveira
Renan Castro | |

| Tradução
(1ª edição)
Eliana Bussinger | Copidesque
(atualização)
Carolina Gaio | Revisão Gramatical
(atualização)
Thamiris Leiroza | Diagramação
(atualização)
Daniel Vargas | |

Erratas e arquivos de apoio: No site da editora relatamos, com a devida correção, qualquer erro encontrado em nossos livros, bem como disponibilizamos arquivos de apoio se aplicáveis à obra em questão.

Acesse o site www.altabooks.com.br e procure pelo título do livro desejado para ter acesso às erratas, aos arquivos de apoio e/ou a outros conteúdos aplicáveis à obra.

Suporte Técnico: A obra é comercializada na forma em que está, sem direito a suporte técnico ou orientação pessoal/exclusiva ao leitor.

CIP-Brasil. Catalogação-na-fonte
Sindicato Nacional dos Editores de Livros, RJ

K68s

Kiyosaki, Robert T., 1947-
O segredo dos ricos : as oito novas regras do dinheiro /
Robert T. Kiyosaki ; [tradução Eliana Bussinger]. – Rio de Janeiro :
Alta Books, 2017.
 il. (Pai rico)

Tradução de: Conspiracy of the rich
ISBN 978-85-508-0097-4

1. Finanças pessoais. 2. Investimentos. 3. Riquezas –
Aspectos sociais. 4. Ricos I. Título. II. Série

10-0932.

CDD: 332.024
CDU: 330.567.2

Rua Viúva Cláudio, 291 — Bairro Industrial do Jacaré
CEP: 20.970-031 — Rio de Janeiro (RJ)
Tels.: (21) 3278-8069 / 3278-8419
www.altabooks.com.br — altabooks@altabooks.com.br
www.facebook.com/altabooks — www.instagram.com/altabooks

Outros Best-sellers da Série *Pai Rico*

Pai Rico, Pai Pobre

Independência Financeira

O Poder da Educação Financeira

O Guia de Investimentos

Filho Rico, Filho Vencedor

Aposentado Jovem e Rico

Profecias do Pai Rico

Histórias de Sucesso

Escola de Negócios

Quem Mexeu no Meu Dinheiro?

Pai Rico, Pai Pobre para Jovens

Pai Rico em Quadrinhos

Empreendedor Rico

Nós Queremos que Você Fique Rico

Desenvolva Sua Inteligência Financeira

Mulher Rica

Empreendedorismo Não Se Aprende na Escola

O Toque de Midas

O Negócio do Século XXI

Imóveis: Como Investir e Ganhar Muito Dinheiro

Irmão Rico, Irmã Rica

Como Comprar e Vender Empresas e Ganhar Muito Dinheiro

O objetivo deste livro é fornecer informações gerais sobre investimentos. Contudo, leis e práticas quase sempre variam entre países e estão sujeitas a mudanças. Visto que cada situação real é singular, orientações específicas devem ser adaptadas às circunstâncias. Por isso, aconselha-se ao leitor que procure seu próprio assessor no que diz respeito a uma situação específica.

O autor tomou precauções razoáveis na preparação desta obra e acredita que os fatos aqui apresentados são precisos na data em que foram escritos. Contudo, nem o autor, nem a editora, assumem quaisquer responsabilidades por erros ou omissões. O autor e a editora especificamente se eximem de qualquer responsabilidade decorrente do uso ou da aplicação das informações contidas neste livro. Além disso, o objetivo dessas informações não é servir como orientação legal relacionada a situações individuais.

A Editora Alta Books não se responsabiliza pela manutenção e conteúdo no ar de eventuais websites, bem como pela circulação e conteúdo de jogos indicados pelo autor deste livro.

Agradecimentos

Meu pai rico sempre dizia: "Negócios e investimentos são esportes de equipe." O mesmo pode ser dito quando se escreve um livro — especialmente um como este que você tem em mãos. Fizemos história com *O Segredo dos Ricos*. Como o primeiro livro da série *Pai Rico* realmente interativo, ele me levou a mares desconhecidos. Agradeço por ter uma equipe fantástica na qual posso confiar cegamente. Todos participaram intensamente, muito além de minhas expectativas.

Acima de tudo, agradeço à minha bela mulher, Kim, pelo encorajamento e apoio. Você tem estado comigo a cada passo de nossa jornada financeira, para o bem e para o mal. Você é minha parceira e minha razão para o sucesso.

Agradeço a Jake Johnson pela ajuda em dar vida a este livro e minhas ideias, e por torná-lo realidade.

E, como sempre, meus agradecimentos à equipe da *Rich Dad Company*, pelas lutas diárias, por perseverarem e estarem comigo e Kim nos momentos mais difíceis, em que não desistimos de seguir nossa paixão e missão sobre educação financeira e responsabilidade pessoal. Vocês são o coração de nossa empresa.

Sumário

Introdução
Notas de Robert Kiyosaki 1

PARTE 1: O Segredo 5

Capítulo 1
Obama Vai Salvar o Mundo? 19

Capítulo 2
O Segredo no Ensino 37

Capítulo 3
O Segredo nas Finanças: Bancos Não Vão à Falência 55

Capítulo 4
O Segredo na Nossa Riqueza 71

Capítulo 5
O Segredo na Nossa Proficiência Financeira 87

PARTE 2: A Revanche 103

Capítulo 6
Onde Estamos Agora...109

Sumário

Capítulo 7
Qual É o Nome do Seu Jogo?...127

Capítulo 8
Imprima Seu Dinheiro 147

Capítulo 9
O Segredo do Sucesso: Vendas..163

Capítulo 10
Construa Seu Futuro 181

Capítulo 11
Proficiência Financeira: A Vantagem Arrebatadora....................................201

Capítulo 12
Se Eu Controlasse o Ensino 221

Conclusão...249

Posfácio 253

Bônus Especial 255

NOTAS DE ROBERT KIYOSAKI

Algo Mudou?

Infelizmente, poucas coisas mudaram desde que *O Segredo dos Ricos* foi publicado pela primeira vez, em 2009. Os bancos nacionais e líderes políticos continuam no mesmo caminho, seguindo as mesmas diretrizes que levaram à crise de 2007.

Albert Einstein disse certa vez: *"A definição de insanidade é fazer a mesma coisa inúmeras vezes e esperar resultados diferentes."*

Sua definição precisa ser atualizada para: *"Por que* não *manter os velhos hábitos se ninguém se importa?"*

Quem se importa se os ultrarricos deixam a economia mundial à beira de um colapso? Quem se importa se países inteiros, estados e cidades vão à falência ou se ela é iminente? Quem se importa se milhões de pessoas perderam seus empregos? Quem se importa se milhares de donos de casa não têm mais um lar? Quem se importa que os ricos enriqueçam quando têm sorte e que os contribuintes arquem com as contas quando não a têm?

Em suma, *O Segredo dos Ricos* os tornou ainda mais ricos. Em vez de colocarem os banqueiros na prisão, milhões de dólares em bonificação lhes foram pagos. Em vez de os políticos corruptos irem a julgamento, foram-lhes oferecidos "trabalhos formais" pelas mesmas corporações corruptas que "observavam" enquanto os bancos estavam sendo "roubados"... e enquanto deveriam estar defendendo com unhas e dentes os direitos de seus eleitores e da população norte-americana. Até agora, nenhum banqueiro ou político de alto escalão foi indiciado, muito menos julgado.

Em outras palavras, pouco mudou desde que *O Segredo dos Ricos* foi lançado, em 2009.

O que aconteceu com a alma de nossa nação? É como se não nos importássemos — ou não fazemos a menor ideia do problema? Realmente acreditamos que um novo presidente pode melhorar as coisas? Ou nós também perdemos nossas almas, pensando apenas em juntar o máximo de dinheiro possível até a próxima crise?

Acredito que o que o dr. Buckminster Fuller disse em 1983 define melhor:

"Os tempos de trevas ainda imperam sobre a humanidade, e a soberania e extensão desta dominação só estão ficando óbvios agora."

"Esses anos sombrios não possuem grades, correntes ou trancas. Em vez disso, são cativos por desentendimentos e informações truncadas. Presos em uma infinidade de construções sociais e guiados pelo ego, tanto o prisioneiro quanto o carrasco tentam incessantemente brincar de Deus. Todos são irremediavelmente céticos para o que não compreendem."

Não, não houve mudanças desde 2009. E, ao ler este livro, isso pode ser um ponto positivo. Você vai perceber que o que aconteceu ao longo da história se repete hoje.

Por que Escrevi Este Livro para Você em 2009

Em 1971, sem a aprovação do Congresso, o presidente Richard Nixon desatrelou o dólar norte-americano do padrão-ouro, mudando, assim, as regras do dinheiro — não apenas para os Estados Unidos, mas para o mundo. Esta mudança foi uma de uma série de causas da nossa crise financeira atual, que começou em 2007. Na realidade, ela permitiu que os Estados Unidos imprimissem quantias quase ilimitadas de moeda, criando uma dívida a seu bel-prazer.

Nossa crise econômica é apenas um acidente, um evento pontual? Alguns dizem que sim. Eu digo que não.

Os governantes no poder conseguirão resolvê-la? Muitos esperam que sim; mais uma vez, digo que não. Como a crise pode ser solucionada se quando tantas pessoas e organizações que a criaram — e lucram com ela — ainda estão no poder? O problema é que a crise não está diminuindo, como muitos acreditam. Está se avolumando. Nos anos 1980, o socorro do governo ficou na casa dos milhões de dólares. Nos anos 1990, remontava a bilhões. Hoje, é estimado em trilhões de dólares.

Uma definição para *crise* que gosto de usar é "mudança à espreita para aparecer". Pessoalmente, não acredito que os líderes mudarão. Isso significa, então, que quem tem que mudar somos nós.

Ainda que este livro seja sobre segredos, a intenção não é a de uma caça às bruxas, de se apontar culpados ou exigir renúncia de cargos. Como sabemos, o mundo está cheio de conspirações, algumas bem-intencionadas, outras capciosas. Cada vez que uma equipe de futebol vai para o vestiário, no intervalo do jogo, é tecnicamente considerado que se faz um complô contra o time adversário. Sempre que há interesse próprio, há segredos.

O motivo para o título deste livro ser *O Segredo dos Ricos* é por ele tratar da maneira como os ricos controlam o mundo econômico através dos bancos, governantes e mercados financeiros. Como você deve saber, isso vem acontecendo há séculos, e continuará enquanto o ser humano estiver na Terra.

Este livro divide-se em duas partes. A Parte 1 é sobre a história desse segredo e como os ultrarricos controlam o mundo das finanças e os sistemas políticos através dos meios de pagamento. Muito da história financeira moderna gira em torno da relação entre o Fed (Federal Reserve Bank — equivalente ao Banco Central) — que não é federal, não tem reservas nem é propriamente um banco — e o Tesouro norte-americano. Alguns dos tópicos abordados na Parte 1 são o fato de os grandes bancos nunca poderem quebrar, a falta de educação financeira nas escolas, por que poupar dinheiro é insensato, como o dinheiro evoluiu ao longo do tempo e por que o dinheiro hoje não é mais dinheiro, mas moeda corrente. A Parte 1 também explicará por que o Congresso dos Estados Unidos, em 1974, mudou as regras para os empregados e incentivou os trabalhadores a investirem no mercado acionário por meio de planos de previdência privada — apesar de terem pouca ou nenhuma educação financeira — como forma de acessar o dinheiro via plano de aposentadoria. Esta é uma das razões pelas quais não tenho um plano deste tipo. Prefiro dar meu dinheiro para *mim* do que entregá-lo aos super-ricos que administram esse segredo encabeçado pelo governo.

Resumindo, a Parte 1 é sobre história porque, ao compreendê-la, podemos nos preparar e vislumbrar um futuro melhor.

A Parte 2 deste livro é sobre o que você e eu podemos fazer com nosso dinheiro — como derrotar os conspiradores em seu próprio jogo. Nessa parte você aprenderá a razão de os ricos ficarem cada vez mais ricos enquanto nos pedem para gastar menos do que ganhamos. Em suma, os ricos enriquecem porque vivem sob um conjunto específico de regras. As regras tradicionais, já obsoletas — trabalhar arduamente, poupar dinheiro, comprar uma casa, livrar-se das dívidas e investir em longo prazo em um portfólio diversificado, como em ações, títulos e fundos mútuos —, aprisionam as pessoas em armadilhas financeiras. Estas regras ultrapassadas do dinheiro causam problemas financeiros para milhões de pessoas, fazendo-as perder uma fortuna tremenda com seus imóveis e planos de aposentadoria.

Por último, este livro aborda as quatro coisas que mantêm as pessoas pobres:

- Impostos
- Dívidas
- Inflação
- Aposentadoria

Essas são as forças que os conspiradores usam para tomar seu dinheiro. Por jogarem seguindo outras regras, sabem como manejá-las para aumentar as próprias riquezas — enquanto os mesmos atos empobrecem outras pessoas.

Se quiser mudar sua vida, precisa seguir novas regras, e você só conseguirá fazer isso se aumentar seu QI financeiro, por meio de educação financeira.

A educação financeira é a vantagem arrebatadora dos ricos. Ter um pai rico que me ensinou sobre dinheiro e seu funcionamento me deu esta vantagem. Meu pai rico me instruiu sobre impostos, dívidas, inflação e aposentadoria, e sobre como usá-los a meu favor. Aprendi ainda muito jovem como os ricos jogam o jogo do dinheiro.

Ao final da leitura você saberá por que hoje, quando tantas pessoas estão preocupadas com seus futuros financeiros, os ricos estão ficando ainda mais ricos. Mais importante, saberá o que fazer para se preparar e proteger seu futuro financeiro.

Ao atingir a proficiência financeira e mudar as regras do dinheiro, você poderá aprender como usar e lucrar com as forças dos impostos, das dívidas, da inflação e da aposentadoria — e a não ser vítima delas.

Muitas pessoas estão esperando pela mudança dos sistemas econômicos e políticos globais. Para mim, isso é perda de tempo. Em minha opinião, é muito mais fácil mudar a mim mesmo do que esperar que líderes e sistemas mudem.

É hora de assumir o controle de seu dinheiro e de seu futuro financeiro? É hora de descobrir o que aqueles que controlam o mundo financeiro não querem que saiba? Você quer que conceitos financeiros complexos e confusos se tornem simples? Se respondeu sim a estas perguntas, este livro é para você.

Em 1971, após o presidente Nixon desatrelar o dólar do padrão-ouro, as regras do dinheiro mudaram e, hoje, o dinheiro não é mais dinheiro. É por isso que a principal nova regra do dinheiro é: *Conhecimento é poder*.

Escrevi este livro para aqueles que querem aumentar seu conhecimento financeiro, porque agora é o momento de assumir o controle de seu dinheiro e de seu futuro financeiro.

Parte 1

O SEGREDO

A Raiz de Todo Mal

O *amor pelo dinheiro* é a raiz de todo mal? Ou a *improficiência financeira* é a raiz de todo mal?

O que você aprendeu sobre dinheiro na escola? Alguma vez já pensou por que o sistema escolar não nos ensina muito — se é que ensina — sobre dinheiro? Será que a falta de educação financeira nas escolas é um descuido de nossos líderes educacionais? Ou é parte de algum tipo de trama?

Independentemente de sermos ricos ou pobres, cultos ou incultos, aposentados ou trabalhadores, todos nós usamos o dinheiro. Gostemos ou não, o dinheiro tem um impacto exorbitante sobre a sociedade hoje. Omitir esse assunto do sistema educacional é cruel e negligente.

Comentários dos Leitores

Se não despertarmos como nação e começarmos a assumir a responsabilidade por nossa educação financeira e a instruir nossos filhos, caminharemos para um desastre de proporções catastróficas.

— Kathryn Morgan

> **Comentários dos Leitores**
>
> *Estudei na Flórida e em Oklahoma. Nunca aprendi sobre finanças. No entanto, fui forçado a conduzir uma carpintaria e uma siderurgia.*
>
> — Wayne Porter

Novas Regras do Dinheiro

Em 1971, o presidente Nixon mudou as regras do dinheiro. Ele tomou essa decisão unilateral durante uma pequena reunião de dois dias na Ilha Minot, no estado do Maine, sem consultar o Departamento de Estado ou o Sistema Monetário Internacional.

O presidente Nixon mudou as regras porque os países estrangeiros, que recebiam em dólares, ficaram descrentes do Tesouro dos Estados Unidos, que estava imprimindo mais e mais dinheiro para cobrir as dívidas do país e começaram a trocar seus dólares por ouro, consumindo a maior parte das reservas norte-americanas. O cofre estava se esvaziando porque o governo norte-americano importava mais do que exportava, e ainda havia os altos custos da guerra do Vietnã. Os Estados Unidos também estavam importando grande quantidade de petróleo para atender ao crescimento da economia.

Em termos simples, a América estava indo à bancarrota, gastando mais do que ganhava. Os Estados Unidos não poderiam pagar suas contas — e tinham de pagá-las em ouro. Ao desassociar o dólar do ouro e tornar ilegal a troca direta de dólar por ouro, Nixon criou uma maneira de os Estados Unidos imprimirem uma saída para a dívida.

Em 1971, as regras do dinheiro mudaram, dando início à maior crise na história econômica mundial. A crise continuou a se ampliar enquanto o mundo aceitava o dinheiro artificialmente inflacionado, lastreado unicamente na promessa de que os contribuintes norte-americanos pagariam as dívidas do país.

Graças às mudanças das regras de Nixon, a inflação disparou. Quanto mais dinheiro era impresso, mais o dólar se desvalorizava e os preços das mercadorias e dos ativos subiam. Até mesmo a classe média norte-americana se tornou milionária, visto que os preços dos imóveis não paravam de subir. As pessoas recebiam cartões de crédito pelo correio. O dinheiro fluía livremente. Para pagar seus cartões de crédito, as pessoas utilizaram seus imóveis como garantia, refinanciando suas dívidas. Afinal de contas, os imóveis sempre se valorizam, certo?

Cegas pela ganância e pelo crédito fácil, entretanto, muitas pessoas não viram ou ignoraram os sinais alarmantes da calamidade que este sistema criara.

Em 2007, uma nova expressão entrou para o vocabulário: *o emprestador de alto risco* — uma pessoa que toma um empréstimo para comprar um imóvel sem poder arcar com isso. A princípio, as pessoas achavam que isso só se aplicava aos pobres indivíduos financeiramente insensatos que sonhavam possuir o imóvel próprio. Ou pensavam que se limitava aos especuladores que estavam tentando fazer dinheiro rápido — também chamados de *flippers*. Nem mesmo o candidato republicano à presidência, John McCain, levou a crise a sério até o final de 2008, tentando assegurar a todos que: "As bases da economia norte-americana são sólidas."

Na mesma época, outra palavra se tornou corriqueira: *resgate*[1] — salvar os maiores bancos do mundo dos mesmos problemas que os emprestadores de alto risco enfrentavam: dívida demais e dinheiro de menos. Conforme a crise se espalhou, milhões de pessoas perderam seus empregos, casas, poupanças, o dinheiro guardado para a universidade e o dos fundos de aposentadoria. Aqueles que até agora não perderam nada estão com medo de ser os próximos. Cada estado sentiu a crise: o governador da Califórnia, Arnold Schwarzenegger, começou a falar sobre emissão de promissórias em vez de pagamento a legisladores, porque a Califórnia, uma das maiores economias do mundo, está quebrada.

No início de 2009, o mundo enxergou o novo presidente eleito, Barack Obama, como a tábua de salvação.

A Patifaria

Em 1983, li um livro de R. Buckminster Fuller intitulado *Grunch of Giants* ("A Patifaria dos Gigantes", em tradução livre). A palavra *grunch* é um acrônimo de *Gross Universe Cash Heist* ("O Roubo de Todo o Dinheiro do Universo", em tradução livre). É um livro sobre os super-ricos e ultrapoderosos, e como roubam e exploram as pessoas há séculos. É um livro sobre o segredo dos ricos.

Grunch of Giants fala de reis e rainhas de milhares de anos atrás até os tempos modernos. Explica como os ricos e poderosos sempre dominaram as massas. Também explica que os ladrões de banco modernos não usam máscaras. Em vez

---

1 A acepção de *resgate* aqui é uma injeção de liquidez dada a uma entidade falida ou próxima disso, a fim de que possa honrar seus compromissos de curto prazo. Em geral, os resgates são dados pelos governos ou por consórcios de investidores que, em troca da injeção de fundos, assumem o controle da entidade. (N. E.)

disso, usam ternos e gravatas, possuem diploma universitário e roubam os bancos de dentro, e não de fora. Após ter lido *Grunch of Giants* tantos anos atrás, pude ver a atual crise financeira se aproximando — só não sabia exatamente quando chegaria. Uma razão para que meus investimentos e negócios estejam bem apesar da crise é eu ter lido *Grunch of Giants*. Este livro me deu tempo para me preparar para a crise.

Livros sobre assuntos sigilosos são muitas vezes escritos por pessoas "marginalizadas". O dr. R. Buckminster, ainda que além de seu tempo em termos de pensamento, era tudo menos marginalizado. Embora não seja graduado pela Universidade de Harvard, estudou nela e se saiu muito bem (como outro famoso ex-aluno desgarrado, Bill Gates). Segundo o *American Institute of Architects*, Fuller é um dos maiores arquitetos e designers do país. Ele é considerado um dos americanos mais bem-sucedidos e possui substancial número de patentes em seu nome. Ele foi um visionário respeitado e inspiração como o "criador do futuro" para a música de John Denver "What One Man Can Do" ("O que um Homem Pode Fazer", em tradução livre). Era um ambientalista antes que a maioria das pessoas soubesse o significado dessa palavra. Mas o mais importante é que ele é conhecido pelo uso de seus talentos para trabalhar por um mundo que beneficie todas as pessoas... não ele mesmo ou os ricos e poderosos.

Li vários livros de Fuller antes desse. O problema para mim é que a maior parte é sobre matemática e ciência. Assuntos muito além da minha compreensão. Mas *Grunch of Giants* eu entendi.

A leitura de *Grunch of Giants* confirmou muitas de minhas suspeitas em relação ao modo como o mundo funciona. Passei a compreender por que não ensinamos educação financeira para as crianças nas escolas. Também soube por que fui enviado ao Vietnã para lutar em uma guerra que não deveríamos ter travado. Em resumo, a guerra é lucrativa. A guerra se refere à ganância, não ao patriotismo. Após nove anos nas Forças Armadas, quatro em uma academia militar e cinco como piloto da Marinha que serviu no Vietnã por duas vezes, eu concordava plenamente com Fuller. Entendi, por experiência própria, por que ele se referia à CIA como Capitalismo Implícito em uma Armada.

A melhor coisa sobre *Grunch of Giants* foi ter despertado o estudante que existia em mim. Pela primeira vez na vida, eu queria estudar o assunto sobre como os ricos e poderosos exploram o restante de nós — legalmente. Desde 1983, estudei e li mais de cinquenta livros sobre isso. Em cada um encontrei uma ou duas peças do quebra-cabeça. O livro que está lendo agora colocará essas peças juntas para montá-lo.

Existe uma Conspiração?

Teorias da conspiração pipocam aos montes. Todos já ouvimos falar sobre elas. Há teorias da conspiração sobre quem matou os presidentes Lincoln e Kennedy, e sobre quem matou Martin Luther King Jr. Há também teorias sobre o 11 de Setembro. Essas teorias jamais se extinguirão. Teorias são teorias. São baseadas em suspeitas e questões não respondidas.

Não estou escrevendo este livro para lhe vender outra teoria da conspiração. Minhas pesquisas me convenceram de que há muitos segredos envolvendo os ricos, no passado e no presente, e haverá muitos no futuro. Quando dinheiro e poder estão em jogo, sempre há fatos nebulosos. Dinheiro e poder sempre farão as pessoas cometerem atos inescrupulosos. Em 2008, por exemplo, Bernard Madoff foi acusado de auferir US$50 bilhões em um esquema de pirâmide que fraudou não apenas clientes ricos, mas também escolas, igrejas e fundos de pensão. Ele havia sido presidente da NASDAQ, um cargo de prestígio; não precisava de mais dinheiro. Ainda assim, ele supostamente roubou, durante anos, pessoas inteligentes e organizações valiosas que dependiam de sua competência nos mercados financeiros.

Outro exemplo de corrupção de dinheiro e poder é gastar US$500 milhões para ser eleito presidente dos Estados Unidos, um emprego que paga US$400 mil por ano. Gastar dinheiro dessa forma não é saudável para um país.

Então houve conspiração? Acredito que sim, de certa forma. Mas a questão é: e daí? O quê podemos fazer a respeito? Muitas das pessoas que provocaram esta crise desapareceram, mas seus empregos sobrevivem. Discutir com os mortos seria mais do que inútil.

Independentemente de ter ou não ocorrido uma conspiração, há circunstâncias e eventos que impactam a vida de maneira profunda e silenciosa. Observemos a educação financeira, por exemplo. Muitas vezes fiquei assustado com sua ausência em nosso sistema escolar moderno. Na melhor das hipóteses, nossos filhos são ensinados a entender um talão de cheques, especular no mercado de ações, juntar dinheiro na poupança e investir em planos de aposentadoria em longo prazo. Em outras palavras, aprendem a transferir seu dinheiro para os ricos, que supostamente têm a melhor das intenções no coração.

Cada vez que um educador leva um bancário ou um planejador financeiro para a sala de aula, supostamente em nome da educação financeira, está, na verdade, permitindo que a raposa entre no galinheiro. Não estou dizendo que bancários e planejadores financeiros sejam pessoas ruins. Tudo que estou dizendo é que são agentes dos ricos e poderosos. Seu trabalho não é educar, mas recrutar futuros clientes. É por isso que pregam a doutrina de poupar e aplicar em fundos de investimento. Isso ajuda o banco, não a você. Reitero, isso não é ruim. É um bom negócio para o banco, o que não é tão diferente dos recrutadores do Exército e da Marinha terem ido ao campus, quando eu era estudante, para vender aos alunos a glória de servir ao país.

Uma das causas dessa crise financeira é que a maioria das pessoas não sabe distinguir um bom conselho financeiro de um ruim. A maioria não sabe a diferença entre um bom administrador e um vigarista. Não diferencia um bom e um mau investimento. A maioria das pessoas vai para a escola para conseguir um bom emprego, trabalhar arduamente, pagar impostos, comprar uma casa, poupar dinheiro e entregar o dinheiro extra para algum administrador financeiro — ou algum especialista, como Bernie Madoff.

A maioria das pessoas sai da escola sem saber até mesmo a diferença básica entre ações e títulos, ou dívida e patrimônio. Poucas sabem por que as ações *preferenciais* são assim chamadas e por que fundos mútuos são *mútuos*, ou a diferença entre fundos mútuos, de *hegde*, negociados na Bolsa ou fundos de investimento. Muitas pensam que o endividamento é ruim, mesmo sendo capaz de enriquecê-las. Uma dívida pode aumentar seu retorno sobre os investimentos, mas somente se você souber o que está fazendo. Apenas umas poucas pessoas sabem a diferença entre *ganhos de capital* e *fluxo de caixa* e qual é menos arriscado. A maioria das pessoas aceita cegamente a ideia de ir para a faculdade para conseguir um bom emprego e nunca fica sabendo a razão de os *empregados* pagarem mais impostos do que o *empresário*, que é dono do negócio. Muitas pessoas estão com problemas hoje porque acreditaram que suas casas eram um *ativo*, quando, na verdade, eram um *passivo*. Esses são conceitos básicos e simples de finanças. Ainda assim, as escolas convenientemente omitem um assunto que é requerido para uma vida bem-sucedida — o dinheiro.

Em 1903, John D. Rockefeller criou a *General Education Board* ("Conselho Geral de Educação", em tradução livre, uma entidade filantrópica). Parecia que seu propósito era fornecer constantemente funcionários que sempre precisavam de dinheiro, trabalho ou segurança no trabalho. Há evidências de que Rockefeller fora influenciado pelo sistema educacional prussiano, um sistema preparado para formar bons empregados e soldados, pessoas que obedecem cegamente a ordens, tais como: "Faça isso ou seja demitido" ou "Entregue-me seu dinheiro para mantê-lo seguro, e o investirei para você". Independentemente de ser essa a intenção inicial de Rockefeller, o que acontece hoje é que mesmo aqueles com uma educação sólida e um emprego estável se sentem inseguros financeiramente.

Sem uma educação básica em finanças, a independência financeira é impossível. Em 2008, milhões de *baby boomers*[2] norte-americanos começaram a se aposentar, em uma taxa média de 10 mil por dia, esperando que o governo lhes dê assistência financeira e médica. Hoje, muitas pessoas estão finalmente entendendo que *um emprego seguro* não representa *segurança financeira* em longo prazo.

Em 1913, o Federal Reserve foi criado, apesar de os *Founding Fathers* ("Fundadores", em tradução livre, George Washington, James Madison, Thomas Jefferson, John Adams, Benjamin Franklin e Alexander Hamilton, que projetaram um sistema de governo em que os estados exerciam mais influência do que o poder federal), os criadores da Constituição dos Estados Unidos, terem sido contra um banco nacional que controlasse o suprimento de dinheiro. Sem educação financeira apropriada, poucas pessoas sabem que o Fed não é federal, não tem reservas e não é um banco. Assim que foi criado, passaram a existir dois conjuntos de regras no tocante a dinheiro: um para quem *trabalha por dinheiro* e outro para os ricos, que *imprimem seu dinheiro*.

Comentários dos Leitores

Eu me lembro de quando pararam de equiparar o dinheiro ao ouro. A inflação subiu de maneira insana. Eu era apenas um adolescente e tinha conseguido meu primeiro emprego. Eu mesmo tinha que comprar as coisas de que precisava — os preços subiam, mas o salário dos meus pais não os acompanhava.

As conversas dos adultos eram sobre como isso tinha acontecido. Eles achavam que prenunciava a queda de todo nosso sistema econômico. Demorou um pouco, mas aqui estamos.

— Cagosnell

Em 1971, quando o padrão-ouro teve fim, o complô dos ricos estava completo. Em 1974, o Congresso norte-americano aprovou uma lei denominada *Employee*

---

2 Depois da Segunda Guerra Mundial, a Europa (especialmente a Grã-Bretanha e a França), os Estados Unidos, o Canadá e a Austrália tiveram um aumento de natalidade repentino, que ficou conhecido como *baby boom*; daí pessoas nascidas nesses países, entre 1946 e 1964, serem chamadas de *baby boomers*. (N. E.)

12 | Parte 1

Retirement Income Security Act (ERISA — "Lei de Segurança da Aposentadoria dos Empregados", em tradução livre), que conduziu à criação de instrumentos financeiros do tipo previdência privada. Essa lei forçou efetivamente milhões de trabalhadores, que até então desfrutavam de benefícios definidos (BD), a confiar em contribuições definidas (CD), colocando seu dinheiro no mercado acionário e em fundos de investimentos. O mercado financeiro agora controla o dinheiro da aposentadoria das pessoas. As regras do dinheiro mudaram completamente, pendendo pesadamente a favor dos ricos e poderosos. A maior crise da história financeira mundial havia começado, vindo a explodir recentemente.

O que Posso Fazer?

Como falei, o segredo dos ricos criou dois grupos de regras no tocante a dinheiro, velhas e novas regras das finanças. Um grupo de regras é para os ricos, o outro, para as pessoas comuns. As pessoas mais preocupadas com a crise são as que estão jogando segundo as regras já obsoletas. Se estiver se sentindo inseguro a respeito de seu futuro, precisa conhecer as novas regras — as 8 novas regras do dinheiro. Este livro ensinará a você as regras vigentes e como usá-las a seu favor.

A seguir estão dois exemplos de regras ultrapassadas do dinheiro e as novas:

Antiga: Poupe Dinheiro

Depois de 1971, sem estar atrelado ao ouro, o dinheiro deixou de ser dinheiro e passou a ser moeda corrente (algo sobre o qual falei em *Desenvolva Sua Inteligência Financeira*). Como consequência, os poupadores se tornaram perdedores. Foi permitido ao governo imprimir dinheiro mais rápido do que se podia poupar. Quando um banqueiro elogia entusiasticamente o poder dos *juros compostos*, ele falha ao não falar sobre o poder da *inflação composta* — ou, na crise atual, o poder da deflação composta. Inflação e deflação são provocadas por governos e bancos na tentativa de controlar a economia, ao imprimir e emprestar dinheiro criado do nada — isto é, sem que nada lastreie seu valor além "da fé cega e do crédito" dos Estados Unidos.

Durante anos, pessoas ao redor do globo acreditaram que os títulos do governo norte-americano fossem o investimento mais seguro do mundo. Por anos, poupadores compraram diligentemente esses títulos, acreditando ser a coisa mais inteligente a ser feita. No início de 2009, um título de 30 anos do Tesouro dos Estados Unidos estava pagando menos de 3% de juros ao ano.

Para mim, isso significa que há muito dinheiro questionável no mundo, que poupadores serão perdedores e que os títulos norte-americanos podem ser o investimento mais arriscado de todos.

Se não entender por que funciona assim, não se preocupe. Muitas pessoas não compreendem, é por isso que a educação financeira (ou sua ausência) nas escolas é tão relevante. A temática de dinheiro, ações e dívidas ainda será abordada de forma mais completa neste livro — diferentemente de como conhece de suas aulas de economia. É interessante adiantar, no entanto, que o investimento considerado mais seguro, as ações norte-americanas, é o mais arriscado.

Nova: Gaste, Não Economize

Hoje, muitas pessoas despendem muito tempo para aprender como ganhar dinheiro. Vão para a faculdade visando conseguir um emprego bem-remunerado, onde passam anos trabalhando para ganhar dinheiro. Depois, fazem o melhor que podem para poupá-lo. Nas novas regras, é mais importante que você saiba *como gastar seu dinheiro*, não apenas como ganhar ou economizá-lo. Em outras palavras, as pessoas que gastam dinheiro com sabedoria serão sempre as mais prósperas.

Naturalmente, por gastar quero dizer *investir* ou convertê-lo em valor duradouro. Os ricos sabem que, na economia de hoje, não se enriquece com dinheiro embaixo do colchão — ou, pior ainda, em um banco. Eles sabem que o segredo para o enriquecimento reside em investir em ativos geradores de fluxo de caixa. Atualmente, você precisa aprender como gastar seu dinheiro em ativos que retenham valor, produzam renda, se ajustem à inflação e se valorizem — não o contrário. Trataremos melhor deste assunto nos próximos capítulos.

Antiga: Diversifique

A regra tradicional da diversificação diz que você deve comprar determinado número de ações, títulos e fundos mútuos. A diversificação, no entanto, não protegeu os investidores de uma queda de 30% no mercado de ações e de perdas em seus fundos mútuos. Acho estranho que os chamados "gurus dos investimentos", pessoas que vivem elogiando a diversificação, tenham gritado: "Venda, venda, venda!" quando o mercado caiu. Se a diversificação o protege, por que vender tudo de repente, quando o mercado quase atingiu o fundo do poço?

14 | Parte 1

Como diz Warren Buffett: "Diversificação ampla é coisa de investidor que não entende o que está fazendo." A diversificação é, no máximo, um jogo de soma zero. Se tiver diversificado de maneira equilibrada, quando uma classe de ativos sobe, a outra cai. Você perde dinheiro em um lugar e ganha em outro, mas não lucra no final das contas. Fica estático. Enquanto isso, a inflação não perde terreno.

Em vez de diversificar, investidores inteligentes se concentram e se especializam. Buscam saber mais do que qualquer outra pessoa sobre a categoria em que investem e como funciona. Por exemplo, quando investem no mercado imobiliário, alguns se especializam em terrenos, outros, em apartamentos. Ainda que sejam investimentos imobiliários, ambos tratam de categorias totalmente diferentes de negócios. Quando invisto em ações, procuro negócios que paguem dividendos consistentemente (ou seja, que permitam fluxo de caixa). Hoje, estou investindo em negócios que operem oleodutos de petróleo. Após a crise do mercado de ações, de 2008, os preços das ações dessas empresas caíram, criando verdadeiras barganhas em renda de dividendos. Em outras palavras, mercados ruins criam grandes oportunidades se você souber em que está investindo.

Investidores inteligentes com negócios que se ajustam às oscilações da economia ou que investem em ativos geradores de fluxo de caixa estão muito melhor do que se possuíssem uma carteira diversificada de ações, fundos e títulos — investimentos que caem com as quedas do mercado.

Nova: Controle e Concentre Seu Dinheiro

Não diversifique. Assuma o controle de seu dinheiro e faça investimentos focados. Durante a recente crise financeira, tive alguns baques, mas minha riqueza permaneceu intacta. Isso porque ela não é dependente das oscilações do mercado (conhecidas como *ganhos de capital*). Invisto quase que exclusivamente por *fluxo de caixa*.

Meu *fluxo de caixa*, por exemplo, decresceu um pouco quando o preço do petróleo caiu, mas minha riqueza continua sólida, porque ainda recebo um depósito em minha conta todo trimestre. Ainda que o preço das ações de petróleo, *ganhos de capital*, caia, não estou preocupado, porque recebo fluxo de caixa por meus investimentos. Não preciso me preocupar em vender minhas ações para criar lucros.

O mesmo é verdade para a maioria dos meus investimentos em imóveis. Invisto no mercado imobiliário em busca de fluxo de caixa, o que significa que todos os meses recebo o aluguel — renda passiva. As pessoas que se deram mal no mercado imobiliário, especialmente nos Estados Unidos, foram os investidores que pensaram em ganhos de capital, os *flippers*. Em outras palavras, como a maioria das pessoas investiu por *ganhos de capital*, esperando que os preços de suas casas ou ações subissem, hoje estão enfrentando problemas.

Quando eu era garoto, meu pai rico jogava *Banco Imobiliário* incansavelmente comigo e com seu filho. Com esse jogo aprendi a diferença entre *ganhos de capital* e *fluxo de caixa*. Por exemplo, se eu tivesse uma propriedade com uma casinha, receberia US$10 de aluguel por mês. Se tivesse três casas no mesmo terreno, receberia US$50 mensais. O objetivo final era ter um hotel na mesma propriedade. Para ganhar no *Banco Imobiliário*, você tem que investir por fluxo de caixa — não ganhos de capital. Saber a diferença entre renda e ganho de capital com apenas nove anos foi uma das lições mais importantes que o meu pai rico me ensinou. Em outras palavras, a educação financeira pode ser tão simples quanto um jogo de tabuleiro, e pode proporcionar segurança financeira por gerações — mesmo durante uma crise.

Hoje, não preciso de um *emprego seguro* porque tenho *segurança financeira*. A diferença entre *segurança financeira* e *pânico financeiro* pode ser tão simples quanto saber a diferença entre *ganhos de capital* e *fluxo de caixa*. O problema é que investir por fluxo de renda requer um grau maior de inteligência financeira do que por ganhos de capital. Aprender a ser sagaz para investir da maneira correta é um dos tópicos deste livro. Mas, por agora, apenas lembre-se disto: é mais fácil investir por fluxo de caixa durante crises financeiras. Assim, não desperdice uma boa crise fugindo dela. Quanto mais grave for uma crise, mais chances há de pessoas determinadas enriquecerem. Quero que você seja uma delas.

Atualmente, uma das novas regras do dinheiro é *focar* sua mente e dinheiro, em vez de *diversificar*. É mais vantajoso focar *fluxo de caixa* do que *ganhos de capital* porque quanto mais você sabe controlar seu *fluxo de caixa*, mais os *ganhos de capital* aumentam, assim como a segurança financeira. Você pode se tornar rico. Isso é educação financeira básica, ensinada no *Banco Imobiliário* e no meu jogo educativo *CASHFLOW*®, que tem sido chamado de *Banco Imobiliário* com esteroides.

Estas novas regras, *aprender a gastar em vez de poupar* e *focar em vez de diversificar*, representam alguns dos conceitos sobre os quais este livro trata, que serão abordados em detalhes nos próximos capítulos. Quero abrir seus olhos para o poder que você terá para controlar seu futuro financeiro se tiver a educação financeira apropriada.

Nosso sistema educacional levou milhões de pessoas à insolvência — mesmo as altamente instruídas. Há evidências de que o sistema financeiro conspira contra você. É uma história antiga. Hoje, você controla seu futuro, e é chegada a hora de educar a si mesmo — ensinar-se as novas regras do dinheiro. Ao fazê-lo, você controlará seu destino e saberá o segredo para apostar de maneira certeira no jogo do dinheiro.

Comentários dos Leitores

Penso que a maioria dos leitores de seus livros procura a solução em algum tipo de pílula mágica, porque isto faz parte do inconsciente coletivo norte-americano atual, com sua mentalidade de direito adquirido. Você faz um excelente trabalho deixando as pessoas saberem que este livro não opera milagres. Quando discute as novas regras do dinheiro, o que diz é perfeito para reformular as perspectivas das pessoas e indicar a maneira adequada de pensar.

— apcordov

Minha Promessa para Você

Após as mudanças efetuadas por Nixon em 1971, o assunto do dinheiro tornou-se muito confuso, não fazendo sentido para a maioria das pessoas honestas. Na verdade, quanto mais íntegro e trabalhador você for, menos sentido as novas regras fazem, que permitem, por exemplo, que os ricos imprimam o próprio dinheiro. Se você fizesse isso, seria mandado para a cadeia por falsificação. Mas, aqui, descreverei como produzo meu próprio dinheiro — legalmente. Emitir o próprio dinheiro é um dos maiores segredos daqueles que são verdadeiramente ricos.

Minha promessa a você é que farei o máximo para manter as explicações acessíveis. Uso a linguagem do dia a dia para explicar jargões financeiros complexos. Por exemplo, uma das razões para essa crise foi o uso de um instrumento financeiro denominado *derivativo*. Warren Buffett disse certa vez que os derivativos "são armas de destruição em massa", e sua descrição se provou verdadeira. Os derivativos derrubaram os maiores bancos do mundo.

O problema é que poucas pessoas sabem o que são derivativos. Para manter as coisas compreensíveis de verdade, usarei o exemplo de uma laranja e de seu suco. O suco de laranja é um derivativo — assim como a gasolina é do petróleo, um ovo, da galinha etc. É simples assim. Se você compra uma casa, um *financiamento imobiliário* é um *derivativo seu* e da *casa* que compra.

Uma das razões da crise é que os banqueiros de todo o mundo começaram a criar derivativos de derivativos de derivativos. Alguns tinham nomes sofisticados, como *obrigações de dívidas colateralizadas* ou *títulos corporativos de alto risco (também conhecidos como títulos podres)* e *padrões de crédito*. Neste livro, faço meu melhor para definir estes termos em vocabulário cotidiano. Lembre-se: um dos objetivos da indústria financeira é manter as pessoas confusas.

Derivativos multicategorizados estão no limite da mais alta fraude legal. Não é nada diferente de alguém usar um cartão de crédito para pagar outro cartão de crédito, usar o crédito de novo e, então, fazer um empréstimo para pagá-lo e esgotar novamente o crédito do cartão. Por isso, Buffett chamou os derivativos de armas de destruição em massa: derivativos multicategorizados estão destruindo o sistema bancário mundial, assim como os cartões de crédito e os empréstimos imobiliários destroem muitas famílias. Cartões de crédito, dinheiro, obrigações de dívidas, títulos podres e financiamentos imobiliários — tudo é derivativo com nomes diferentes.

Em 2007, quando a *casa dos derivativos* começou a ruir, as pessoas mais ricas do mundo começaram a gritar: "Resgate!" Resgate é falado quando o rico quer que o contribuinte pague por seus erros ou fraudes. Minha pesquisa revelou que um *resgate* é parte integrante do segredo dos ricos.

Uma das razões pelas quais acredito que *Pai Rico, Pai Pobre* é o maior best--seller de finanças pessoais de todos os tempos é por eu ter simplificado o jargão financeiro. Farei o possível para que também seja assim neste livro.

Um sábio disse certa vez: "A simplicidade é genial." Para manter a clareza das coisas, não entrarei em detalhes excessivos ou explanações complexas. Usarei histórias reais em vez de explicações técnicas em minhas considerações. Se quiser mais detalhes, listarei livros que tratam mais a fundo dos assuntos aqui expostos. Por exemplo, o livro de dr. Fuller, *Grunch of Giants*, pode ser uma boa pedida.

A simplicidade é importante porque muitas pessoas lucram quando o assunto é dinheiro por mantê-lo complicado e caótico. É mais fácil pegar seu dinheiro quando você está confuso.

Então, pergunto de novo: "O amor pelo dinheiro é a raiz de todo mal?" Digo que não. Acredito que é muito mais danoso manter as pessoas no escuro, ignorando o assunto. O mal se infiltra quando as pessoas desconhecem como o dinheiro funciona, e a ignorância financeira é um componente essencial, que alimenta o segredo dos ricos.

Comentários dos Leitores

Fui a Wharton e fico envergonhado de constatar que nada no curso explicou a criação de riqueza de maneira tão clara. Todos devem ler este livro (e todos os livros de Robert) desde o Ensino Médio.

— Rromatowski

Robert — eu diria que sim, o amor pelo dinheiro é a raiz de todo mal, pela mesmo razão que você diz que não. O mal em manter as massas financeiramente improficientes é apenas um "derivativo" do amor maligno pelo dinheiro.

— Istarcher

Capítulo 1

OBAMA VAI SALVAR O MUNDO?

Panorama da Crise

Em agosto de 2007, o pânico se espalhou silenciosamente ao redor do mundo. O sistema financeiro estava entrando em colapso. Isso colocou em ação um efeito dominó que ameaça até hoje a economia mundial. Apesar da ajuda maciça dos governos do mundo inteiro e dos pacotes de estímulo avaliados em torno de US$7 trilhões e US$9 trilhões, algumas das maiores instituições do planeta, como o Citigroup e a General Motors, continuam mal das pernas. A sobrevivência em longo prazo destas empresas ainda é questionável.

A crise ameaça não apenas as maiores corporações e os grandes conglomerados financeiros multinacionais, mas também a segurança das famílias dos trabalhadores. Hoje, milhões de pessoas que pensavam estar fazendo a coisa certa ao seguir a sabedoria tradicional de ir para boas universidades, conseguir um trabalho estável, comprar uma casa, poupar dinheiro, livrar-se de dívidas e investir de maneira diversificada em ações, títulos e fundos mútuos estão enfrentando problemas financeiros.

Ao conversar com várias pessoas nos Estados Unidos, descobri que estão preocupadas e assustadas, e um bom número delas está sofrendo com a perda de seus empregos, casas e reservas para a faculdade dos filhos e para a aposentadoria. Muitas não compreendem o que está acontecendo com a economia ou como isso ainda irá afetá-las. Muitas se perguntam o que causou a crise: "Há alguém a culpar? Quem pode resolver o problema? Quando tudo isso vai acabar?" Diante disso, creio ser importante despender um momento para rever os eventos que conduziram à crise. Segue-se, sem pretensão de ser completa, uma breve linha do

20 | Capítulo 1

tempo destacando alguns dos maiores eventos econômicos globais que nos levaram à atual precariedade financeira.

6 de agosto de 2007
A *American Home Mortgage*, uma das maiores empresas do setor de crédito imobiliário dos Estados Unidos, pediu concordata.

9 de agosto de 2007
O banco francês *BNP Paribas*, devido aos problemas dos empréstimos de alto risco aos Estados Unidos, anunciou que não mais poderia avaliar com precisão ativos de mais €1,6 bilhão.

Com o travamento do mercado de crédito, o Banco Central Europeu injetou quase €95 bilhões no sistema bancário da zona do euro em um esforço para estimular o crédito e manter a liquidez.

10 de agosto de 2007
Um dia depois, o Banco Central Europeu injetou outros €61 bilhões no mercado global de capitais.

13 de agosto de 2007
O Banco Central Europeu liberou outra parcela de €47,6 bilhões, a terceira infusão, totalizando quase €204 *bilhões* em um lapso de apenas três dias úteis.

Setembro de 2007
O *Northern Rock*, o maior banco de financiamento imobiliário na Grã-Bretanha, experimentou a síndrome dos correntistas desesperados. Foi a primeira vez que isto aconteceu em mais de cem anos.

A Campanha Presidencial Se Inflama

Enquanto a crise financeira se espalhava pelo mundo em 2007, a campanha presidencial norte-americana — que acabaria sendo a mais longa e cara da história — pegava fogo.

No início da campanha, mesmo havendo claros sinais de que a economia do mundo estava à beira de um colapso, os principais presidenciáveis raramente mencionavam que a economia era um problema. Em vez disso, os tópicos mais inflamados eram a guerra do Iraque, o casamento homoafetivo, o aborto e a imigração. Quando os candidatos discutiam a economia, falavam dela desdenhosamente. (Isso nunca ficou tão aparente como quando o presidenciável John McCain disse: "Os fundamentos da economia norte-americana estão fortes", no mesmo dia em que o índice da Bolsa de Nova York, o Dow Jones, passaria por uma queda recorde de 504 pontos.)

Diante de toda evidência de uma monstruosa crise financeira se avolumando, onde estava o presidente norte-americano? Onde estavam os principais candidatos e os líderes financeiros? Por que os queridinhos da mídia financeira não estavam alertando os investidores para pularem fora? Por que os especialistas ainda encorajavam as pessoas a investirem em longo prazo? Por que os líderes políticos e financeiros não soaram o alarme para essa tempestade financeira? Para parodiar a canção famosa, eles estavam "cegos pela luz" ("Blinded by the light", música de Manfred Mann). Superficialmente, tudo parecia bem, como evidenciado pelo próximo evento em nosso panorama...

9 de outubro de 2007
O Dow Jones fecha a uma alta histórica de 14.164.

Um Ano Depois

Setembro de 2008
O presidente Bush e o Tesouro norte-americano pedem US$700 bilhões para salvar a economia, um ano depois de o Banco Central Europeu já ter injetado US$204 bilhões, em agosto de 2007, e quase um ano depois de o índice da Bolsa de Nova York, Dow Jones, ter atingido o pico de todos os tempos.

Derivativos financeiros tóxicos resultaram no colapso do *Bear Stearns* e do *Lehman Brothers* e na nacionalização dos bancos *Fannie Mae*, *Freddie Mac* e de uma das maiores seguradoras do mundo, AIG.

Adicionalmente, a indústria automobilística norte-americana revelou que também estava mal das pernas e a GM, a Ford e a Chrysler pediram resgate. Muitos estados e governos municipais também o pediram.

22 | Capítulo 1

29 de setembro de 2008

Em uma segunda-feira negra, após o presidente Bush pedir assistência financeira, o índice Dow Jones caiu 777 pontos. Foi a maior queda em um único dia na história, e ele fechou a 10.365.

1 a 10 de outubro de 2008

Em um dos piores momentos jamais registrados, o Dow Jones caiu 2.380 pontos em pouco mais de uma semana.

13 de outubro de 2008

O índice Dow Jones exibe volatilidade extrema, subindo 936 pontos em um dia, o melhor ganho da história, fechando a 9.387.

15 de outubro de 2008

O índice Dow Jones despenca 733 pontos, fechando a 8.577.

28 de outubro de 2008

O Dow recupera 889 pontos, o segundo maior ganho na história, fechando a 9.065.

4 de novembro de 2008

Barack Obama é eleito presidente dos Estados Unidos com o slogan de campanha "Podemos Acreditar na Mudança". Ele assumiria um governo que até aquele momento já havia comprometido US$7,8 trilhões de maneiras variadas para salvar a economia.

Dezembro de 2008

Foi anunciado que os norte-americanos haviam perdido 584 mil empregos em novembro, a maior perda desde dezembro de 1974. Dois milhões de empregos perdidos apenas em 2008, com uma taxa de desemprego de 6,7%, a maior em quinze anos. Além disso, foi anunciado que a China, a economia de maior crescimento do mundo, havia perdido 6,7 milhões de empregos em 2008, uma indicação de que a economia global estava à beira do caos.

Os economistas finalmente admitiram que a economia norte-americana estava em recessão desde dezembro de 2007. Um ano depois, os economistas finalmente compreenderam o que estava acontecendo?

Warren Buffett, considerado por muitos o investidor mais inteligente do mundo, viu sua empresa, a *Berkshire Hathaway*, perder 33% de seu valor de mercado em um ano. Os investidores se consolaram com o fato de que o fundo havia superado em muito o mercado — ao perder menos do que a média. Isso é consolador.

As universidades de Yale e Harvard anunciaram que seus fundos de doação perderam mais de 20% em um ano.

A GM e a Chrysler receberam US$17,4 bilhões em empréstimos governamentais.

O presidente eleito, Obama, anunciou um pacote de estímulo de US$800 bilhões centrado em projetos gigantescos de infraestrutura para suavizar o recorde norte-americano de perdas de emprego — isso ocorreu adicionalmente aos US$7,8 trilhões já comprometidos pelo governo anterior.

31 de dezembro de 2008
O índice Dow fecha a 8.776, ou seja, 5.388 pontos abaixo do recorde conquistado um ano antes. Foi o pior desempenho anual para o Dow Jones desde 1931 e equivaleu a uma perda em valor de US$6,9 trilhões.

De Volta para o Futuro

Diante de uma economia assustadoramente ruim, o presidente Bush elaborou um plano de resgate para salvá-la, e disse: "Essa legislação salvaguardará e estabilizará o sistema financeiro norte-americano e fará reformas permanentes para que esses problemas jamais ocorram novamente."

Muitas pessoas respiraram aliviadas, pensando: "Finalmente, o governo nos salvará!" O problema é que essas *não* são palavras do presidente George W. Bush. São de seu pai, George H. W. Bush. Em 1989, o primeiro presidente Bush pediu US$66 bilhões para salvar a indústria de poupança e empréstimos. Os US$66 bilhões não resolveram o problema, e a indústria de poupança e empréstimos desapareceu do mapa. Além disso, o pacote estimado em US$66 bilhões acabou custando aos contribuintes US$150 bilhões — mais do que o dobro da quantia inicialmente estimada. Para onde foi todo o dinheiro?

Tal Pai, Tal Filho

Vinte anos depois, em setembro de 2008, o presidente George W. Bush pediu mais US$700 bilhões, e fez uma promessa similar. "Garantimos que isso não acontecerá novamente. Mas, nesse meio-tempo, precisamos resolver o problema. Foi por isso que as pessoas me mandaram para Washington." Por que pai e filho disseram quase a mesma coisa sobre salvar a economia em um lapso de quase vinte anos? Por que a promessa do primeiro presidente Bush de consertar o sistema foi quebrada?

Os Homens de Confiança

O slogan principal da campanha de Obama era: "Podemos Acreditar na Mudança." Dada esta chamada, podemos nos perguntar: "Por que Obama contratou tantas pessoas que trabalhavam na gestão de Clinton?" Isso não parece mudança. Parece uma permanência do *status quo*.

Por que Obama consultou Robert Rubin durante a campanha, que havia acabado de sair da presidência do Citigroup, uma empresa à beira do próprio colapso e que havia recebido US$45 bilhões em fundos de assistência do governo, em busca de conselhos sobre a economia? Por que ele designou Larry Summers para ser diretor do *White House National Economic Council* (Conselho Nacional de Economia para a Casa Branca) e Timothy Geithner, ex-presidente do Federal Reserve, para ser seu secretário do Tesouro? Todos esses homens eram membros da equipe econômica de Clinton e participaram da revogação da lei Glass-Steagall sobre transparência, de 1993, uma lei que proibia os bancos de venderem investimentos. O fato de os bancos venderem investimentos na forma de derivativos é uma das razões pelas quais estamos no meio da confusão dos dias de hoje.

Em termos excessivamente simplistas, a proposta de Glass-Steagall, de 1933, criada durante a última depressão, era separar os bancos de poupança e empréstimos, que tinham acesso aos fundos do Federal Reserve, dos bancos de investimento, que não tinham. Clinton, Rubin, Summers e Geithner conseguiram revogar a lei para legitimar a formação do Citigroup, o maior "supermercado financeiro" da história norte-americana. Muitas pessoas desconhecem isso, mas a formação do Citigroup se deu na violação à lei de Glass-Steagall.

A seguir, cito um comentário de Kenneth Guenther, CEO do *Independent Community Banker of America* (representante dos pequenos bancos da América) feito à PBS, o canal público de televisão, em 2003, sobre a formação do Citigroup:

O Segredo dos Ricos | 25

Quem eles pensam que são? Outras pessoas, empresas, não podem agir dessa forma... Citicorp e Travelers são tão imensos que foram capazes de criar isto. Montaram o maior conglomerado financeiro — incluindo banco, seguradora e distribuidora de valores — quando a legislação ainda estava valendo, ou seja, a criação era ilegal. E fizeram isso com as bênçãos do presidente dos Estados Unidos, Bill Clinton, o ex-presidente do Federal Reserve, Alan Greenspan, e o ex-secretário do Tesouro, Robert Rubin. Então, quando tudo termina, o que acontece? O ex-secretário do Tesouro se tornou o vice-presidente do emergente Citigroup.

A linha mais reveladora é a última: "O secretário do Tesouro [Robert Rubin] será o vice-presidente do emergente Citigroup." Como já dissemos, Robert Rubin tornou-se conselheiro de Obama durante a campanha presidencial.

O secretário do Tesouro de Obama, Timothy Geithner, foi subsecretário do Tesouro. De 1998 a 2001, trabalhou para os secretários Robert Rubin e Lawrence Summers. Summers é o mentor de Geithner, e muitos dizem que Geithner é protegido de Robert Rubin. Ah, que teia nós tecemos.

Em outras palavras, esses são homens parcialmente responsáveis por disparar essa crise financeira. Ao permitir que os bancos comerciais se juntassem aos bancos de investimento, esses sujeitos aceleraram a venda de derivativos financeiros exóticos, a que Warren Buffett chamou de "armas de destruição financeira em massa", e que ajudaram a economia global inteira a cair de joelhos. Como pode haver mudanças se as mesmas pessoas que espalharam essa bagunça financeira ainda estão no poder? O que o presidente Obama quer dizer quando promete mudanças nas quais podemos acreditar?

Republicanos, Democratas e Banqueiros

Uma das razões pelas quais os dois presidentes Bush disseram quase as mesmas palavras, de que um resgate salvaria a economia e isso nunca mais aconteceria de novo, foi porque eles foram eleitos para proteger o sistema — e não consertá-lo. Pode-se concluir que o presidente Obama contratou virtualmente a mesma equipe financeira da administração Clinton porque queria proteger o mesmo sistema — um sistema projetado para tornar os ricos ainda mais ricos? Só o tempo dirá. Ainda que o presidente Obama tenha se orgulhado de não ter aceitado dinheiro de campanha proveniente de lobistas, permanece o fato de que sua equipe financeira está cheia de

26 | Capítulo 1

pessoas com informações privilegiadas que ajudaram a engendrar a crise que agora estão designadas a consertar.

O único candidato que consistentemente mencionou a economia e o crescimento da crise financeira durante o começo da corrida presidencial de 2008 foi o representante do Texas, Ron Paul, um republicano atípico. Ao escrever para a *Forbes.com*, em 4 de março de 2008, afirmou: "A menos que adotemos reformas fundamentais, seremos pegos por uma terrível tempestade financeira que destruirá esse país como nenhum outro inimigo conseguiu." Infelizmente, não houve um número necessário de eleitores que lhe dessem ouvidos.

Comentários dos Leitores

Votei em Obama porque acreditei que ele era um líder sincero e compassivo. Não importa quão inteligente ele possa ser ou qualquer um que trabalhe para ele, você, Robert, me ensinou que a educação financeira é escassa! Fico preocupado por que as pessoas no poder não têm QI financeiro muito alto.

— virtualdeb

Comentários dos Leitores

Parece que o presidente Obama e sua equipe estão mais concentrados nas táticas de curto prazo, que só remediam, do que com os objetivos de longo prazo. Até agora, parece que todas as ações da nova administração têm sido fechar os buracos na represa e escorá-la um pouco. Parece não haver interesse em se determinar as causas e mudar as falhas das fundações que nos conduziram a essa crise financeira.

— egrannan

As Raízes da Crise

Diz-se que Mayer Amschel Rothschild, fundador de um dos mais poderosos grupos de banqueiros da Europa, observou certa vez: "Dê-me o controle da oferta de moeda de um país e eu não me importarei com quem fará as leis." Para entender a crise financeira global é importante compreender a relação entre o governo norte-americano, o conjunto que forma o Federal Reserve e algumas das pessoas mais influentes do mundo. Este relacionamento é descrito no diagrama a seguir de maneira incrivelmente simples:

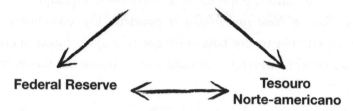

Em 1913, a criação do Federal Reserve concedeu aos muito ricos de todo o mundo o poder de controlar a oferta de moeda dos Estados Unidos, tornando realidade para muitos o desejo expresso na afirmação de Rothschild. Muitas pessoas não sabem ou não entendem que o Federal Reserve não é uma instituição governamental ou um banco, nem tem qualquer reserva. Na verdade, é um cartel de bancos administrado por alguns dos homens mais poderosos do mundo financeiro. A criação do Federal Reserve foi basicamente uma licença para imprimir dinheiro.

Outra razão para a criação do sistema do Federal Reserve foi proteger os maiores bancos, ao prover liquidez a eles em caso de problemas financeiros, o que significa proteger o dinheiro dos ricos, e não o dos contribuintes.

Vemos esse tipo de ação até mesmo nos dias de hoje. Em 2008, quando o presidente Bush autorizou um resgate de US$700 bilhões, o ex-secretário do Tesouro, Henry Paulson (ex-Goldman Sachs), em conjunto com o Federal Reserve, imediatamente concedeu bilhões para o programa de ajuda denominado *Troubled Asset Relief Program* (TARP — "Programa de Alívio de Ativos Problemáticos"), o dinheiro foi para os maiores bancos do país, seus amigos, sem qualquer questionamento.

A realidade da situação é que quando o dinheiro do TARP saiu dos nossos bolsos — dos contribuintes — foi diretamente para o bolso dos próprios bancos e corporações que, para começar, criaram a confusão financeira que aflige o mundo.

28 | Capítulo 1

Foi dito que o dinheiro foi dado aos bancos para que eles emprestassem para o público, mantendo o sistema de crédito operante, mas o governo foi incapaz, ou não fez questão — ou ambos — de executar essa obrigatoriedade.

Em meados de dezembro de 2008, quando o jornal *USA Today* perguntou aos bancos o que estavam fazendo com o dinheiro do resgate, o JP Morgan Chase, um banco que recebeu US$25 bilhões dos contribuintes, respondeu: "Nós não vamos revelar isso ao público. Recusamo-nos a divulgar." Morgan Stanley, um banco que recebeu US$10 bilhões, respondeu: "Recusamos dar qualquer resposta para seu artigo." O *Bank of New York Mellon* respondeu: "Optamos por não divulgar isso." O dinheiro do resgate dos bancos foi apenas a ajuda financeira de um amigo rico usada para encobrir os erros e, obviamente, as fraudes de tais amigos, não para salvar a economia.

A prova está nos fatos. Como o *Wall Street Journal* publicou em 26 de janeiro de 2009, em um artigo intitulado "Empréstimos caem nos maiores bancos norte-americanos": "Dez dos treze maiores beneficiários do TARP apresentaram declínio nos empréstimos na ordem de US$46 bilhões, ou 1,4%, entre o primeiro e o quarto trimestre de 2008." E eles cavaram US$148 bilhões dos contribuintes para estimular o crédito.

Se o presidente Obama realmente quer fazer mudanças em Washington, precisa mudar essa relação íntima entre o Federal Reserve e os ricos e poderosos. Talvez ele queira, um dia. Não é o que parece, ao colocar em sua administração a equipe financeira do presidente Clinton. Parece que ele fará exatamente o que os presidentes anteriores desde Woodrow Wilson fizeram — proteger o sistema, e não mudá-lo.

De acordo com algumas estimativas, as perdas mundiais combinadas em ações, títulos, mercadorias e imóveis superaram os US$60 trilhões. Até agora os bancos e governos do mundo já colocaram no mercado quase US$10 trilhões em um esforço para consertar os problemas. E o resto dos US$50 trilhões? Quem cobrirá essas perdas? Para onde foi esse dinheiro? Quem irá nos resgatar? De onde virá o resgate para nós, as pessoas que realmente perderam dinheiro, e agora precisam pagar pelas suas perdas e também pelas dos ricos, com o dinheiro dos impostos?

O ano de 2013 marcará o centenário do Federal Reserve, instituição que por quase cem anos criou o maior esquema de roubo de dinheiro do mundo. Esse roubo é um assalto em que os bandidos não usam máscaras; pelo contrário, usam ternos com broches da bandeira norte-americana nas lapelas. É um assalto no qual os ricos roubam dos pobres por meio dos bancos e do governo.

Comentários dos Leitores

Devo dizer que ler o primeiro capítulo de seu livro abriu os meus olhos. Tenho apenas 23 anos e nunca entendi bem o Federal Reserve ou o que fazia para o nosso país. Devo dizer que não me surpreende; sou realmente grato por ter sido honesto e destemido para explicar a definição verdadeira de muitas coisas. É realmente triste que os contribuintes sejam afetados por isso, e muitos deles sequer sabem ou entendem os fatos!

— jacklyn

Ouvimos a mídia falar do "Fed" como uma força mística, quando, na realidade, não é como o público em geral o enxerga. Não tinha ideia de que não era governamental ou uma instituição bancária. Realmente me preocupa que esta entidade tenha poderes quase ilimitados sem uma supervisão eficaz. A questão é: como eles atingiram uma posição tão proeminente?

— Kthompson5

Quando eu era um estudante nas aulas do dr. Buckminster Fuller, em 1981, fiquei perturbado ao escutá-lo dizer que: "O primeiro propósito do governo é ser o veículo utilizado pelos ricos para meter a mão em nossos bolsos." Ainda que eu não tivesse gostado do que ele estava dizendo, porque queria pensar apenas coisas fabulosas sobre meu país e seus líderes, no fundo, e com base em minhas próprias experiências, sabia que havia alguma verdade naquilo que ele dizia.

Até então eu tinha minhas próprias e secretas dúvidas sobre o papel do governo. Ainda criança, pensava com frequência sobre qual seria a razão para o dinheiro não ser ensinado nas escolas. Como piloto da Marinha norte-americana no Vietnã, eu me perguntava por que estávamos lutando aquela guerra. Também testemunhei meu pai pobre demitindo-se de sua posição de secretário da educação para ser candidato a vice-governador do estado do Havaí, porque estava profundamente decepcionado com a corrupção que via no governo. Um homem honesto, meu pai pobre não conseguia engolir as coisas que presenciava depois que assumiu um alto posto no governo como membro da administração do governador. Assim, embora as palavras do dr. Fuller não fossem o discurso que eu quisesse ouvir, porque realmente amo meu país e não gosto de criticá-lo, foram suficientemente perturbado-

30 | Capítulo 1

ras para que eu despertasse. No início dos anos 1980, meus estudos começaram, e meus olhos se abriram para os fatos que muitas pessoas poderosas não querem que vejamos.

Como Isto Me Afeta?

No grande universo das finanças pessoais, há quatro forças que fazem com que as pessoas trabalhem arduamente e, ainda assim, passarem por dificuldades financeiras. São elas:

1. Impostos

2. Dívidas

3. Inflação

4. Aposentadoria

Pense um momento e reflita brevemente sobre o quanto essas quatro forças afetam você financeiramente. Por exemplo, quanto você paga em impostos? Não apenas pagamos imposto sobre a renda, mas também impostos sobre vendas, gasolina, imóveis e muito mais. Mais importante, para quem vão os impostos e com que objetivo?

A seguir, quanto lhe custa os juros sobre dívidas? Quanto lhe cobram de juros em seu empréstimo imobiliário, cartão de crédito, empréstimos educativos ou para o automóvel?

Em seguida pense um momento sobre como a inflação tem afetado sua vida. Você pode se lembrar de que não há muito tempo desde que as pessoas tentavam vender imóveis porque seus preços subiam rapidamente. Durante o mesmo período, os preços de gasolina, educação, alimentação e vestiário sobem exponencialmente — mas os salários permanecem estagnados. Muitas pessoas não economizavam porque era mais inteligente gastar hoje do que pagar mais no futuro. Isto é inflação em ação.

E muitas pessoas têm descontos em seus pagamentos, antes de recebê-los, que são aplicados em fundos de aposentadoria. Este dinheiro vai direto para Wall Street, onde é "gerido" por pessoas que os contribuintes desconhecem. Além disso, deste dinheiro adicional são debatidas taxas e comissões. E, hoje, muitas pessoas não têm dinheiro suficiente para se aposentar porque perderam todas as economias com a queda da bolsa.

O Segredo dos Ricos | *31*

É importante entender que as forças de impostos, dívidas, inflação e aposentadoria mantêm ativa a licença do Federal Reserve para imprimir dinheiro. Antes do Federal Reserve, os norte-americanos pagavam bem menos em impostos, não havia dívida nacional, e a individual era menor, havia pouca inflação, e as pessoas não se preocupavam com a aposentadoria, porque o dinheiro e a poupança não se desvalorizavam. Aqui está uma explicação sucinta da relação entre o Fed e estas quatro forças.

1. **Impostos:** Os Estados Unidos estavam relativamente livres de impostos em seus primórdios como nação. Em 1862, foi cobrado o primeiro imposto de guerra, para arcar com a Guerra Civil. Em 1895, o Supremo Tribunal dos Estados Unidos decretou que o imposto de renda era inconstitucional. Em 1913, no entanto, o mesmo ano que o Federal Reserve foi criado, a 16º Emenda foi aprovada, tornando o imposto de renda permanente. As causas desta restauração foram a capitalização do Tesouro norte-americano e o Federal Reserve. Agora, os ricos podem mexer nos nossos bolsos permanentemente através dos impostos.

2. **Dívidas:** O Federal Reserve deu aos políticos a possibilidade de realizar empréstimos em vez de aumentar impostos. A dívida, porém, é uma faca de dois gumes, que resulta em impostos maiores ou inflação. O governo norte-americano cria o dinheiro, em vez de aumentar impostos, vendendo títulos e promissórias dos contribuintes do país, que eventualmente precisarão ser quitados com impostos mais elevados — ou imprimindo mais dinheiro, o que amplia a inflação.

3. **Inflação:** Ela é causada porque o Federal Reserve e o Tesouro norte-americano pegam emprestado ou imprimem dinheiro para pagar as contas do governo. É por isso que a inflação é comumente chamada de "imposto silencioso". A inflação enriquece os ricos, e isso aumenta os custos de vida para os pobres e a classe média. Isso porque aqueles que imprimem dinheiro são beneficiados. Eles adquirem os bens e serviços que desejam com o dinheiro recém-criado *antes* que se dilua no mar de dinheiro existente. Eles auferem todos os benefícios, mas sem as consequências. Ao mesmo tempo, os pobres e a classe média assistem a seu dinheiro encolher.

4. **Aposentadoria:** Como já dito, em 1974, o Congresso dos Estados Unidos aprovou a ERISA. Ela forçou os norte-americanos a investir no mercado de

ações para suas aposentadorias através de veículos de investimento como o plano 401(k), que costuma ter altas taxas e retornos baixos, e permite que Wall Street detenha o controle total sobre a aposentadoria no país.

Comentários dos Leitores

Quando vivi no Zimbábue, que já teve o maior índice de inflação do mundo, acima de 5 bilhões por cento, compreendi a vantagem de não guardar dinheiro (moeda corrente). Basicamente, o preço de uma mercadoria mudava três vezes ao dia e havia necessidade de travar o preço de manhã para revender o produto à tarde, o que significava um lucro bastante interessante.

— drtaffie

Eu acho que o mais cruel dos quatro é a inflação. Ela afeta os pobres e a classe média igualmente. A classe média paga mais impostos do que os pobres, mas todos pagam igualmente quando se trata da inflação.

— kammil2

O Começo do Fim

Comecei este capítulo com uma data importante, 6 de agosto de 2007, o dia em que o *American Home Mortgage*, um dos maiores provedores de crédito imobiliário dos Estados Unidos, pediu concordata.

Essa data é importante porque marca o momento em que o endividamento foi longe demais. O sistema global não podia absorver mais dívida. Em 6 de agosto de 2007, a bolha das dívidas estourou, e hoje temos *deflação* nos Estados Unidos, que é um problema muito mais sério do que a inflação — algo que veremos nos próximos capítulos.

Para salvar o mundo, o presidente Barack Obama tem que estancar a *deflação*. A primeira ferramenta que ele tem para combater a *deflação* é a *inflação*. Isso significa que teremos que utilizar quantidades maciças de dívidas e imprimir ainda mais dinheiro do nada. Hoje, isso representa mais impostos, mais endividamento e, se for bem-sucedido, inflação.

Pense na economia global como um enorme balão de ar quente. As coisas iam esplendidamente bem até 6 de agosto de 2007, quando ar quente demais — *dívida* — provocou uma fissura no balão. Quando o som horripilante do rasgo se espalhou, os bancos centrais do mundo começaram a bombear mais e mais ar quente — *dívida* — para o balão, em uma tentativa de evitar que ele descesse ao solo e provocasse uma *depressão*.

Em seu famoso livro *O Conto de Duas Cidades*, Charles Dickens escreveu: "Foi o melhor dos tempos, foi o pior dos tempos; foi a época da sabedoria, foi a época da imbecilidade." Curiosamente as coisas não mudaram muito desde que Dickens escreveu isso, em 1859.

Para algumas pessoas, a deflação faz com esses sejam os melhores dos tempos. O custo de vida nos Estados Unidos está caindo, assim como os preços de petróleo, imóveis, ações e mercadorias, tornando tudo mais acessível. Os bancos centrais e os governos do mundo, achando que as pessoas, as empresas e os governos contrairão ainda mais dívidas, estão injetando trilhões de dólares na economia a taxas próximas do zero — dinheiro virtual e gratuito.

Os detentores de grandes reservas de dinheiro estão como abutres à espera do momento certo em que o mercado suba novamente, e eles possam catar a xepa das empresas falidas com a crise. Para os investidores bem posicionados, esta é a oportunidade de uma vida para comprar ativos com grandes descontos. Para as empresas, é a hora de ganhar fatias de mercado, dado que muitos de seus competidores estão à beira da falência. Essas pessoas veem a abundância.

Para os outros, estes são os piores tempos.

O custo de vida pode estar caindo, mas essas pessoas são incapazes de colher os benefícios porque não possuem mais um emprego para cobrir até mesmo as necessidades básicas, ou estão tão afundadas em dívidas que devem mais dinheiro do que o valor de seus ativos — e os ativos que possuem são, na verdade, passivos, como, por exemplo, suas casas.

Os bancos centrais do mundo estão inundando o sistema com dinheiro, mas não ajudam as pessoas porque elas não podem fazer empréstimos para carros ou casas. À medida que a oferta de dinheiro infla como um balão, o acesso a ele encolhe.

Essas pessoas não veem a oportunidade de uma vida. Elas não têm dinheiro esperando pelo negócio ideal. Elas enxergam a escassez e sentem medo. Muitas se perguntam se perderão seus empregos, casas, poupanças e a aposentadoria, se é que ainda os têm.

34 | Capítulo 1

A diferença entre essas pessoas que percebem ser esse o melhor dos tempos e as que o consideram o pior são conhecimento e QI financeiro. A grande falha de nosso sistema educacional é que ele não educa sobre finanças, e o que ensina é antiquado e obsoleto — as regras *antigas* do dinheiro. Eles o ensinam a usar talões de cheques, mas não a ampliar seu balanço patrimonial — nem mesmo a entender um.

Eles o ensinam a economizar, mas não sobre inflação e como roubam sua riqueza. Eles ensinam a preencher um cheque, mas não a diferença entre ativos e passivos. Alguns se perguntam se isso é proposital para o deixar na ignorância.

Nos dias de hoje, você pode ser um gênio acadêmico, mas, ainda assim, financeiramente estúpido. Isso vai contra a sabedoria convencional, especialmente quando julgamos pessoas que têm empregos de altos salários, como advogados e médicos, como sendo financeira e academicamente inteligentes, já que ganham muito dinheiro. Mas isso não significa que você é financeiramente inteligente, especialmente quando gasta e investe tal dinheiro com pouca sabedoria — ou o entrega para pessoas que não dão a mínima se você perde ou ganha. Lembre-se sempre de que há uma enorme diferença entre segurança no trabalho e segurança financeira, e a verdadeira independência financeira requer a proficiência financeira, baseada no mundo real do dinheiro.

Por isso *não* me surpreendi quando a crise econômica norte-americana se espalhou para além das fronteiras dos financiamentos imobiliários de alto risco. Comentaristas e líderes pareceram surpresos. Foi por isso que os candidatos à presidência não mencionaram os problemas durante a campanha. Eles mantiveram a postura durante o tempo que puderam de que não houve crise e que nossos problemas financeiros estavam limitados a pessoas pobres que não quitavam seus financiamentos. Mas, como sabemos agora, o problema não foram as pessoas pobres com muitas dívidas. O problema começou nas altas esferas do governo e do sistema financeiro. Milhões perderam as economias de uma vida inteira de trabalho porque não entenderam as novas regras do dinheiro e como afetam nossas vidas. Esse é um problema sistêmico, que não pode ser resolvido por um líder carismático.

Então, aqui estamos de volta à pergunta do título deste capítulo: "Obama vai salvar o mundo?" A pergunta correta deveria ser: "Podemos salvar a nós mesmos?" A resposta, e a chave para nossa liberdade da tirania de nossa economia, é o conhecimento. Ao se educar sobre o funcionamento do mundo do dinheiro, você libera o potencial que existe dentro de você para se livrar da mentalidade da escassez, e passa a enxergar a abundância a seu redor. Para você, esse pode realmente ser o melhor dos tempos.

Pessoalmente, não espero pelo governo ou pelas grandes empresas para me salvar. Simplesmente observo o que eles *realmente* estão fazendo, mais do que dizem ou prometem, e respondo de acordo com essas ações. Saber como responder em vez de seguir o fluxo e como tomar decisões confiantes em vez de esperar que lhe digam o que fazer requer coragem e educação financeira.

Acredito que os problemas são enormes e continuam a crescer. Está fora de controle. É um problema monetário mais do que político. É global, não apenas norte-americano. Há pouco que Obama possa fazer, e o que ele pode fazer temo não ser suficiente. O pior de tudo é que as pessoas que comandam o espetáculo no mundo financeiro não respondem ao presidente dos Estados Unidos. Elas não precisam de sua aprovação para fazer o que fazem. Estão acima do controle dos governos do mundo e de seus líderes eleitos.

Como Podemos Nos Salvar?

Quando me perguntam o que eu ensinaria se estivesse no comando da educação financeira do sistema escolar, respondo: "Eu me certificaria de que os alunos entendessem a relação entre impostos, dívidas e inflação antes que se formassem." Se entendem isso, já têm maior segurança financeira para o futuro. Eles serão capazes de tomar decisões financeiras para si próprios em vez de esperar que o governo ou os chamados "especialistas em finanças" os salvem.

Comentários dos Leitores

Por causa do que aprendi com a educação financeira, já sabia que os planos de aposentadoria não eram o melhor investimento a se fazer, e hoje estou em uma boa posição em termos financeiros por ter este conhecimento. Lembro-me sempre do que Robert diz: "Não são o ouro, a prata ou o investimento em imóveis que o tornam rico; é o que você sabe sobre ouro, prata e imóveis."

— dafirebreather

Basicamente, este livro é sobre a relação entre impostos, dívidas, inflação e aposentadoria. Isso forma a fundação das novas regras do dinheiro. Este livro lhe dará o conhecimento necessário para entender essas forças e, assim, as novas regras do dinheiro. Uma vez que as compreenda, poderá entender e livrar-se do segredo dos ricos, e viver uma vida de verdadeira independência financeira.

Capítulo 2
O SEGREDO NO ENSINO

Por que Não Se Ensina Sobre Dinheiro nas Escolas

O propósito da fundação do General Education Board foi usar o poder do dinheiro não para aumentar o nível educacional da América, como se acreditava naquela época, mas para influenciar os caminhos educacionais... O objetivo era usar a sala de aula para ensinar atitudes que encorajassem as pessoas a serem passivas e submissas a seus governantes. O objetivo era — e é — criar cidadãos que sejam suficientemente instruídos para trabalhar sob supervisão, mas não o suficiente para questionar a autoridade ou buscar uma posição acima de sua classe social. A verdadeira educação deveria ser restrita aos filhos da elite. Para os demais, era melhor produzir trabalhadores especializados sem nenhuma outra aspiração a não ser aproveitar a vida.

— G. Edward Griffin, em *A Criatura da Ilha Jekyll*, sobre o General Education Board de Rockefeller, fundado em 1903

A Nova Escola

Quando minhas suspeitas sobre a escola começaram, eu tinha nove anos. Naquela época, minha família havia se mudado para o outro lado da cidade para que meu pai pudesse ficar mais perto do trabalho, e onde eu começaria o quarto ano em uma nova escola.

Vivíamos em uma pequena cidade rural de Hilo, na Ilha Grande do Havaí. A principal indústria da cidade era a açucareira, e cerca de 80% a 90% da população era descendente de imigrantes asiáticos trazidos ao Havaí no final dos anos 1800. Eu mesmo sou da quarta geração de japoneses.

Em minha antiga escola, a maioria de meus colegas de classe se parecia comigo. Na nova escola, 50% dos alunos eram brancos, a outra metade, asiática. A maioria das crianças, brancas ou asiáticas, era de famílias ricas. Pela primeira vez na vida eu me senti pobre.

Meus amigos ricos viviam em mansões em vizinhanças exclusivas. Nossa família vivia em uma casa alugada atrás de uma biblioteca. A maioria das famílias de meus amigos tinha dois carros. Minha família, um. Boa parte daquelas famílias tinha uma segunda residência, de veraneio. Quando meus amigos faziam aniversário, as festas aconteciam em countries clubs. Minhas festas de aniversário aconteciam em uma praia pública. Quando meus amigos começaram a jogar golfe, eram ensinados por profissionais de countries clubs. Eu nem ao menos tinha tacos de golfe. Eu era auxiliar no clube, ou seja, carregava tacos de golfe para outros jogadores. Meus amigos ricos tinham bicicletas novas, alguns tinham até seus próprios barcos a vela, e passavam as férias na Disney. Minha mãe e meu pai prometeram que um dia iríamos à Disney, mas nunca fomos. Nós nos divertíamos indo a parques nacionais locais para ver os vulcões em erupção.

Foi nessa nova escola que conheci o filho do meu pai rico. Na época, ele e eu estávamos entre os 10% de menor renda da escola e, ocasionalmente, entre os de menor desempenho acadêmico também. Nós nos tornamos amigos porque éramos as crianças mais pobres da classe e nos apoiávamos.

A Esperança da Educação

Nos anos 1880, meus ancestrais imigraram do Japão para o Havaí. Eles foram mandados para os campos de cana-de-açúcar e abacaxi. A princípio, o sonho deles era trabalhar no campo, poupar dinheiro e voltar ricos para o Japão.

Meus parentes trabalhavam arduamente nos campos, mas o pagamento era ínfimo. Além disso, os donos das plantações tiravam dinheiro dos salários para pagar pelo aluguel das casas que as fazendas forneciam. Era deles também o único mercado, o que significava que os trabalhadores precisavam comprar seus suprimentos na própria fazenda. Ao final do mês sobrava pouco dinheiro de seus salários depois que o aluguel e as despesas eram debatidos.

Meus parentes queriam sair das plantações o mais rápido possível e, para eles, a educação era a esperança. Pelas histórias que me contaram, meus ancestrais viveram na mais extrema parcimônia para poupar dinheiro e mandar seus filhos para a universidade. A falta de uma educação universitária significava permanecer na fazenda. Já na segunda geração, a maioria de meus ancestrais estava fora do mundo rural. Hoje, minha família se orgulha de ter várias gerações de graduados — a maioria com pelo menos um diploma de bacharel, muitos com mestrado e alguns com doutorado. Estou em um dos níveis mais baixos do pódio acadêmico da família: tenho um diploma de bacharel.

A Escola do Outro Lado da Rua

Mudar de escola aos nove anos foi um evento importante em minha vida devido à localização da nova escola. O diagrama a seguir mostra a mudança de ambiente social.

	R	Escritório do meu pai
Hilo Union School	U	Riverside School
	A	Minha nova casa

Exatamente do outro lado da minha nova escola, Riverside, ficava a Hilo Union. Esta escola era para crianças cujos pais trabalhavam nas lavouras, muitos dos quais eram sindicalizados. A escola Riverside, por outro lado, era para as crianças cujos pais eram os donos das fazendas.

No quarto ano comecei a frequentar a escola de Riverside com as crianças dos donos das plantações. Nos anos 1950, enquanto caminhava para a Riverside, eu olhava para a escola Hilo Union do outro lado da rua e via uma escola segregada não pela raça, mas pelo dinheiro. Foi nessa época que meu processo de desconfiança acerca das escolas e do sistema educacional começou. Eu sabia que alguma coisa estava errada, mas não sabia o quê. Se nossa casa não fosse do mesmo lado da rua da Riverside, eu, provavelmente, teria ido para a Hilo Union.

Do quarto até o sexto ano, fui para a escola com as crianças que eram descendentes dos proprietários de terra — as mesmas pessoas e o mesmo sistema dos quais meus ancestrais quiseram escapar. Durante todo o Ensino Fundamental cresci com esses meninos, pratiquei esportes com eles e frequentei suas casas.

Quando o ensino fundamental terminou, muitos desses meus amigos foram enviados para internatos no exterior. Fui para uma escola pública um pouco acima na nossa rua. Lá me reuni às crianças do outro lado da rua, os meninos da Hilo Union, e me tornei ainda mais consciente das diferenças entre a criação e a educação de crianças ricas e pobres.

Meu pai pobre era altamente graduado, e comandava o sistema educacional no Havaí. Não apenas saiu do mundo rural, mas se tornou um funcionário público de alto escalão. Ainda que meu pai pobre tenha ido para a escola e conquistado diplomas de alto grau e um emprego que lhe pagava bem, nossa família ainda era financeiramente pobre — ao menos em comparação com as dos meus amigos ricos. Todas as vezes que eu ia à casa de algum desses amigos ricos, sabia que algo estava errado, mas não sabia exatamente o quê. Comecei a pensar a razão pela qual a escola não havia feito minha mãe e meu pai ricos.

As Fazendas

Meus ancestrais viveram na miséria para poupar e investir em uma boa educação; assim, seus filhos poderiam sair do campo. Vi a relação entre Riverside e Hilo Union e passei pela experiência de ter amigos ricos que eram descendentes dos donos das fazendas e amigos que eram descendentes dos trabalhadores rurais. Na escola fundamental a educação básica é a mesma — sim, algo está errado, mesmo hoje.

Meus parentes queriam seus filhos fora do campo. O problema era, e ainda é, que a escola nunca nos ensinará a ser *o dono da fazenda*.

Muitos de nós vão para *o trabalho nas novas fazendas* — as grandes corporações do mundo, as Forças Armadas e o governo. Precisamos ir para a escola para conseguir um bom trabalho. Somos ensinados a trabalhar para os ricos, comprar em suas lojas, pegar dinheiro emprestado de seus bancos, investir em seus negócios por meio de fundos mútuos e planos de aposentadoria — mas não nos ensinam a *ficar rico*.

A maioria das pessoas não gosta de ouvir que foi ensinada a se enredar nesta teia, a teia da trama dos ricos. Elas não gostam de saber que os ricos manipulam nosso sistema educacional.

O Sequestro do Sistema Educacional

Um dos maiores pecados do sistema educacional é que ele não nos ensina sobre o dinheiro. Em vez disso, ensina você a ser um bom empregado e descobrir em qual posto se encaixa. Alguns dizem que isso é intencional. No livro *A Criatura da Ilha Jekill*, por exemplo, Griffin extrai do primeiro trabalho do General Education Board, intitulado "A Escola Rural do Amanhã", escrito por Frederick Gates: "Em nossos sonhos, temos recursos ilimitados e as pessoas se entregam com perfeita docilidade às nossas mãos moldadoras. As convenções educacionais atuais desaparecem de nossas mentes e, desvencilhados da tradição, fazemos nosso próprio trabalho com o pessoal do campo receptivo e agradecido... Para a tarefa, estabelecemos algo simples e ao mesmo tempo magnífico: treinar essas pessoas para terem uma vida perfeitamente ideal exatamente onde já estão..."

Tenha em mente que o General Education Board dos Estados Unidos foi inaugurado em 1903 pela Fundação Rockfeller — uma das empresas mais poderosas e ricas de todos os tempos. O que vemos aqui é uma atitude que remonta a uma centena de anos atrás, da elite rica dos Estados Unidos, ou até mesmo do mundo, aparentemente orquestrando um currículo escolar que fosse ao encontro de suas necessidades, e não necessariamente das necessidades dos alunos. Isso é importante hoje porque embora essas atitudes tenham ocorrido há mais de um século, elas não desapareceram e ainda são as forças diretrizes por trás do sistema educacional, de minha educação e da educação de nossas crianças. São as forças por trás da supressão da educação financeira mesmo nos dias de hoje. Você não precisa saber sobre o funcionamento do dinheiro quando está destinado a ser apenas uma engrenagem na máquina de fazer dinheiro de outra pessoa ou um trabalhador na fazenda alheia.

Após ler o livro do dr. Fuller, *Grunch of Giantes*, em 1983, passei a entender a razão para que o assunto dinheiro não fosse ensinado nas escolas. Até então, eu não tivera a coragem de criticar o sistema escolar; afinal, meu pai pobre era a figura principal do sistema educacional havaiano. Mas à medida que os anos passavam, cruzei com pessoas que possuíam uma visão similar à minha sobre o ensino de finanças.

Capítulo 2

> **Comentários dos Leitores**
>
> *Concordo com o que diz, Robert. Fui professor do Ensino Fundamental por trinta anos, até que desisti. Estava frustrado com o sistema educacional. Sentia que estávamos conduzindo os jovens para o fracasso, porque os educamos principalmente com coisas que não os preparam para a vida. Os gregos da Antiguidade acreditavam que deveriam ensinar as pessoas a pensar. Ensinamos os jovens a fazer o que lhes é ordenado.*
>
> — henri54

Uma dessas pessoas foi John Taylor Gatto, autor, entre outros livros, de *Weapons of Mass Instruction* e *Dumbing Us Down*. Gatto ganhou o prêmio de melhor professor da cidade de Nova York três vezes e também foi designado Professor do Ano uma vez. Em 1991, desistiu da docência com uma carta aberta de demissão publicada no *Wall Street Journal*, que dizia: "Não posso mais ensinar dessa maneira. Se você souber de um emprego em que eu não machuque as crianças, me avise. No outono estarei procurando por trabalho." Ele me alertou para o atual sistema educacional norte-americano, que vem da Prússia, um sistema desenhado para criar bons soldados e trabalhadores, pessoas que seguem ordens cegamente, que esperam que lhes digam o que fazer, inclusive o que fazer com o próprio dinheiro.

Como o senhor Gatto me disse recentemente: "O sistema escolar não foi projetado para ensinar as crianças a pensar. Nem ao menos foi desenvolvido para sustentar a noção de hoje de que todos podem ser livres. Na verdade, nossa educação vem do sistema prussiano, preparado para fazer o oposto — ensinar as crianças a obedecer às ordens que lhes forem dadas. Estudantes obedientes e cordatos se tornam empregados, e ficam contentes em trabalhar para os ricos ou se tornar soldados que sacrificam suas vidas para proteger a riqueza dos outros."

Agora, você pode ou não acreditar que há uma conspiração intencional contra ensinar educação financeira nas escolas. Mas o que você não pode negar é que as escolas não ensinam sobre finanças. Quer seja proposital, quer não, o sistema educacional falha em ensinar e instruir que o dinheiro é a força motriz por trás da opressão financeira que muitas pessoas enfrentam hoje. É a falta de educação financeira que faz muitas pessoas altamente graduadas se preocuparem com a crise financeira global. Existem milhões de pessoas mundo afora que perderam suas economias da aposentadoria após o aconselhamento de vendedores de produtos financeiros. Muitas pessoas estão pasmas com o que aconteceu.

Trocando Independência Financeira por Dinheiro

Se as pessoas não aprendem a administrar seu dinheiro, acabam trocando a independência financeira por um salário — um emprego estável e dinheiro suficiente para pagar as contas. Algumas pessoas passam a vida inteira temendo perder seus empregos. É por isso que, para milhões de trabalhadores bem treinados, a segurança no trabalho é mais importante do que a independência financeira. Quando eu estava na Marinha, por exemplo, tinha a impressão de que muitos de meus colegas queriam permanecer vinte anos no serviço, recebendo um pagamento mensal do governo por toda a vida, e não necessariamente lutar por nosso país. No mundo acadêmico, muitos professores sonham com a segurança da estabilidade mais do que com o orgulho de ensinar.

A falta de educação financeira nas escolas resultou em milhões de pessoas livres que passam a desejar que o governo assuma o controle sobre suas vidas. Porque não temos inteligência financeira suficiente para resolver nossos problemas, esperamos que o governo faça isso por nós. No processo, abrimos mão de nossa liberdade e damos ao governo mais e mais controle sobre nossas vidas e dinheiro. A cada vez que o Tesouro norte-americano *resgata* um banco, não ajudamos as pessoas, protegemos os ricos. Em cada resgate, cedemos ainda mais nossa liberdade, e nossa parcela de dívida pública cresce. O governo resolver nossos problemas através de programas de assistência social é uma forma de socialismo. Acredito que o socialismo enfraquece as pessoas e as mantém impotentes. Na escola dominical, aprendi a ensinar as pessoas a pescar — não a esperar pelo peixe. Para mim, programas sociais e assistência financeira são a forma mais pura de entregar o peixe às pessoas em vez de ensiná-las a produzir o próprio sustento.

Impostos, Dívidas, Inflação e Aposentadoria

Como afirmado no Capítulo 1, as quatro forças que mantêm as pessoas presas em armadilhas financeiras são impostos, dívidas, inflação e aposentadoria. Sempre falo que estas forças estão diretamente atreladas ao Fed e ao Tesouro norte-americano. De novo, uma vez que o Federal Reserve tenha tido permissão para imprimir dinheiro, a dívida nacional, os impostos, a inflação e a aposentadoria foram afetados. Dito de outra maneira, enfraquecer financeiramente as pessoas com impostos, dívidas, inflação e contribuições previdenciárias permite que o governo consolide seu poder. Quando as pessoas enfrentam problemas financeiros, ficam mais propensas a esperar uma salvação do governo, trocando compulsoriamente sua independência financeira por um respaldo.

Desde 2009, o porcentual de norte-americanos que são donos do imóvel em que moram caiu. As execuções hipotecárias se elevam como nunca. A classe média encolhe. Poupanças estão cada vez menores, das poucas que ainda existem. A dívida familiar aumenta. O número de pessoas oficialmente abaixo da linha da pobreza cresce. O número de pessoas com mais de 65 anos que ainda trabalham é vultoso. A bancarrota atinge níveis recordes. E muitos norte-americanos não têm dinheiro para se aposentar.

Mas este fenômeno não é exclusivo dos Estados Unidos. A crise financeira pessoal é global. O segredo que os ricos escondem afeta cada nação e pessoa do mundo.

Independentemente de você seguir alguma teoria da conspiração, os fatos mostram que o mundo hoje se defronta com a maior crise financeira da história, e as pessoas estão esperando que o governo as salvem. E, à parte as teorias, as estatísticas provam que a maioria das pessoas sai da escola sem muito conhecimento sobre dinheiro, impostos, dívida, inflação e aposentadoria, e sobre como estas forças influenciam suas vidas.

Quem Mexeu no Meu Dinheiro?

Observe as realidades financeiras com as quais convivemos.

Realidades e como se aplicam a ricos e pobres:

Escola
A maioria das pessoas nada aprende sobre dinheiro na escola. Os ricos aprendem em casa.

Trabalho
A maioria das pessoas consegue um emprego no qual trabalhará para os ricos.

Impostos
Os impostos vão para as empresas de propriedade dos ricos e dos amigos de líderes políticos, na forma de assistência financeira. Nos Estados Unidos,

estima-se que de cada US$1 mil pagos em impostos, apenas US$200 voltem em benefícios para o contribuinte. Os ricos sabem como manipular o sistema. Eles possuem os negócios, fazem mais dinheiro e pagam menos impostos do que os trabalhadores.

Dívida pública
Os resgates de trilhões de dólares são dívidas que passarão para muitas gerações, significando que nossos filhos, por muitos e muitos anos, pagarão pelo resgate dos ricos. E pagarão com taxas de juros e inflação maiores.

Habitação
O pagamento dos empréstimos imobiliários vai para os bancos dos ricos. Se fizer um financiamento imobiliário a 5% por trinta anos, pagará US$93 mil somente em juros e isso não inclui impostos, comissões e taxas de serviços.

Aposentadoria
A maioria das pessoas que investem para a aposentadoria o faz por meio de ações, títulos e fundos mútuos. Muito desse dinheiro é investido na empresa dos ricos. Se o investimento perde dinheiro, você também perde — e o planejador financeiro, o corretor de ações ou imobiliário, fica com a comissão.

Comentários dos Leitores
O desequilíbrio no tratamento médico dispensado às diferentes classes sociais é notável. Nos Estados Unidos você precisa ser rico (com seguro ou capaz de pagar por tudo) ou muito pobre (com assistência gratuita do governo) para conseguir tratamento. Fico curioso em saber quantos proprietários de pequenos negócios são realmente capazes de pagar por um bom seguro de saúde e não somente algum plano catastrófico. Acredito que a maioria das pessoas permanece em um emprego que odeia e nunca assume qualquer risco que seja requerido para começar o próprio negócio por medo de perder o plano de saúde de sua família.

— Bryan P

Custo de vida

Quem fica com o dinheiro que gastamos com seguros, gasolina, eletricidade e outras necessidades cotidianas? Os ricos. Quem se beneficia se os serviços básicos encarecem? Os ricos.

As Maiores Mentiras sobre Dinheiro

Meu pai pobre era um grande homem, intelectual bem formado, trabalhador dedicado, professor de caráter incorruptível e funcionário público dedicado. Ainda assim, ao tratar de dinheiro, ele foi um mentiroso. Quando falava sobre o trabalho, o ensino ou a vida, costumava repetir com frequência: "Não estou interessado em dinheiro", "Não faço isso por dinheiro" ou "Dinheiro não é importante". Todas as vezes que eu o escutava dizendo tais coisas, sacudia minha cabeça em desacordo. Para mim, esses comentários eram falaciosos. Um dia, perguntei a ele: "Se não está interessado em dinheiro, por que aceita um salário? Por que sempre diz: 'Não recebo aquilo que valho'? Por que sempre anseia por um aumento?" Ele nunca respondia.

Como meu pai pobre, muitas pessoas se sentem desconfortáveis perante ao assunto dinheiro. Muitas pessoas mentem ou vivem em negação sobre a importância do dinheiro em suas vidas. É comum escutarmos: "Nunca discuta sexo, dinheiro, religião ou política." Esses assuntos são muito voláteis e primários por natureza. É por isso que a maioria das pessoas fala do clima, de esportes, de assuntos da televisão ou da última dieta da moda. Essas coisas são superficiais — podemos viver com ou sem elas. Mas não podemos viver sem dinheiro.

Muitas pessoas acreditam no ditado que discutimos no começo da Parte 1 deste livro: "O amor pelo dinheiro é a raiz de todo mal." O que falham em reconhecer é que, no contexto do ditado, o dinheiro em si *não* é a raiz de todo mal. Muitas pessoas acreditam que o dinheiro tem o poder de corromper, e ele realmente pode fazer isso. Muitas acreditam que se as crianças souberem como ganhar dinheiro, podem não querer estudar, e isso também é possível. Ainda assim, para se viver é preciso dinheiro; portanto, dinheiro é uma das realidades da vida. Muitas passam a maior parte das horas de seu dia trabalhando por dinheiro. Muitos divórcios e rupturas familiares ocorrem por causa do dinheiro.

Impedir que as pessoas aprendam sobre o dinheiro é uma maldade, já que tantas pessoas fazem coisas terríveis por ele, como trabalhar em um emprego que detestam, para pessoas que não as respeitam, casar-se com quem não amam, tomar aquilo que não é delas e esperar que alguém — como a família ou governo — assuma a responsabilidade quando não forem mais capazes de cuidar de si.

Ideias Obsoletas

A ideia de que o *dinheiro não é importante* está ultrapassada.

Em termos realmente simples, os seres humanos evoluíram por quatro períodos sociais básicos. São eles:

1. **Era do Caçador:** Na pré-história, o dinheiro não era importante. Desde que você tivesse uma lança, frutas secas, castanhas, uma caverna e fogo, suas necessidades básicas seriam atendidas. A propriedade da terra era indiferente porque os seres humanos eram nômades e iam atrás de comida. As pessoas viviam em tribos com pouca hierarquia. A vida do chefe não era muito diferente das dos outros. Nessa época, havia apenas uma classe de pessoas, e o dinheiro não era importante.

2. **Era Agrícola:** Quando os seres humanos aprenderam a cultivar e domesticar animais, a terra se tornou importante. O escambo iniciou o conceito de mercado. O dinheiro não era importante porque mesmo que não o tivesse, você ainda conseguia sobreviver. Durante essa época, reis e rainhas detinham a propriedade da terra. Os camponeses que as usavam pagavam impostos sob a forma de colheitas e animais para quem possuísse a propriedade. Durante esse período havia duas classes de pessoas: nobres e camponeses.

3. **Era Industrial:** Acredito que a Era Industrial começou nos anos 1500. Cristóvão Colombo, procurando uma passagem para a Ásia, desafiou a ideia de que o mundo era plano. Ele não estava buscando o Novo Mundo, como é ensinado na maioria das escolas. Estava em busca de rotas comerciais que trouxessem recursos como ouro, cobre, borracha, petróleo, madeira, peles, temperos, metais industriais e têxteis, que eram essenciais para a Era Industrial.

   As pessoas saíam do campo e iam para as cidades, provocando um mundo novo de problemas e oportunidades. Na Era Industrial, em vez de os camponeses pagarem ao rei, os novos capitalistas pagavam aos empregados. Em vez de terra, o novo capitalismo possuía corporações.

48 | Capítulo 2

> **Comentários dos Leitores**
>
> *O rei Salomão, cerca de 850–900 a.C., o mais sábio e rico de sua época, escreveu em Eclesiastes 10:19: "O festim faz-se para rir, o vinho alegra a vida, mas o dinheiro atende a tudo!"*
>
> — drmlnichols

Estas eram formadas principalmente para proteger os ricos, seus investidores e dinheiro. Antes que um navio zarpasse para o Novo Mundo, por exemplo, os ricos fundavam uma companhia. Se o navio se perdesse e os marinheiros morressem, os ricos não poderiam ser responsabilizados. Tudo o que os ricos perdiam era dinheiro.

Hoje, ocorre mais ou menos o mesmo. Se o presidente de uma empresa a conduz ao naufrágio, se contrai dívidas arrasadoras, se paga salários e bônus milionários para seus executivos, se desvia o dinheiro do fundo de pensão de funcionários, os empregados perdem tudo, mas os ricos muitas vezes estão protegidos das perdas e dos passivos — até mesmo dos crimes.

Mesmo durante a Era Industrial, o dinheiro não era importante. Isso porque o acordo entre empregados e empregadores eram um emprego e um pagamento vitalícios — trabalho estável e segurança financeira. Para as pessoas da geração de meus pais, o dinheiro não era relevante porque eles tinham pensões do governo e/ou de empresas privadas, um imóvel quitado e uma poupança no banco. Não precisavam investir seu dinheiro.

Tudo mudou em 1974, quando o Congresso norte-americano aprovou a ERISA. Ela alterou os planos de aposentadoria em vigor, 401(k), IRA, Keogh, entre outros. Em 1974, o dinheiro passou a ser importante, e as pessoas tiveram que aprender a administrá-lo ou morrer pobre à custa da Previdência Social, como meu pai pobre depois de perder seu emprego público.

4. **Era da Informação:** Vivemos na Era da Informação. Agora o dinheiro é importante. Mais especificamente, o *conhecimento* sobre o dinheiro é essencial na Era da Informação. O problema é que o sistema educacional

ainda está preso à Era Industrial e, na mente dos intelectuais e acadêmicos, o dinheiro não é relevante. A maioria das pessoas age com base em ideias antigas e obsoletas sobre o dinheiro. Mas ele é crucial. Hoje, o dinheiro é um aspecto-chave de nossa existência. A *segurança financeira* é mais importante do que a *segurança de um emprego formal.*

Comentários dos Leitores

Até recentemente, sempre equiparei a segurança no trabalho à financeira; nunca pensei de outra forma. Agora, sei que não é bem assim.

— jamesbzc

Proficiência Financeira

Atualmente, três diferentes formas de educação são necessárias. São elas:

1. **Acadêmica:** Inclui as habilidades de ler, escrever e resolver problemas lógicos. *Na Era da Informação, a habilidade de se manter atualizado com o fluxo constante de informações é mais importante do que o que foi aprendido no passado.*

2. **Profissional:** É a especialização em algo com a qual se ganha dinheiro. Por exemplo, ir para a faculdade de Medicina para se tornar médico ou para a Academia de Polícia para se juntar à força policial. Hoje, é necessário muito mais educação profissional para se conseguir sucesso financeiro. *Na Era da Informação, a educação profissional é essencial para a estabilidade financeira.*

3. **Financeira:** É essencial para a proficiência financeira, que não trata apenas de como você ganha dinheiro, mas de quanto consegue acumular, por quantas gerações o faz e quão arduamente seu dinheiro trabalha para você. *Na Era da Informação, a educação financeira é essencial para a independência financeira.*

A maioria dos sistemas escolares faz um bom trabalho com as educações acadêmica e profissional. Mas falha quando se trata da financeira.

Por que a Educação Financeira É Crucial Hoje

Também vivemos em um mundo de sobrecarga informacional. A informação está em todo lugar: internet, televisão, rádio, revistas, jornal, computadores, telefones celulares, escolas, negócios, igrejas, e muito mais. A educação é essencial para processar toda essa informação, e é por isso que a educação financeira é tão relevante.

Hoje, a educação financeira chega até nós de todas as direções. Sem ela, uma pessoa não é capaz de processar e aplicar a informação financeira em sua vida pessoal. Por exemplo, quando alguém lhe diz que uma ação tem um índice P/L de 6, o que isso significa para você? Quando um corretor lhe diz que o mercado imobiliário tem uma taxa de capitalização de 7%, o que pensa a respeito? Ou quando um planejador financeiro fala que o mercado de ações sobe em uma média de 8% ao ano, o que lhe ocorre? Talvez você se pergunte: "Essa informação é verdadeira, 8% anuais é um retorno bom ou ruim?" Mais uma vez, sem instrução, uma pessoa não pode traduzir informação em significado pessoal. Informação sem educação tem valor limitado. Este livro dedica-se a lhe ensinar as novas regras do dinheiro e como afetam sua vida, quer você perceba ou não.

<u>Nova Regra do Dinheiro #1: Conhecimento É Poder</u>

A principal nova regra do dinheiro é: "*Conhecimento é poder.*"

Atualmente, você não precisa de dinheiro para ganhar dinheiro. Precisa de conhecimento. Por exemplo, se o preço de uma ação é US$100, você pode *vender a descoberto*, que significa vender ações que não possui. Vamos dizer que eu pegue emprestado mil ações que valham US$100, venda-as e coloque US$100 mil em minha conta. Então, a ação cai para US$65, eu volto ao mercado e compro mil ações por US$65 mil, retorno integralmente as mil ações que havia pegado emprestado e fico com os US$35 mil da diferença, descontados taxas, comissões e custos transacionais. É isso que, em essência, significa a venda a descoberto. Para ganhar esse dinheiro, só precisei de conhecimento. Primeiro eu tinha que saber que o método de venda a descoberto existe e, segundo, saber usá-lo. Posso fazer transações similares com empresas ou no mercado imobiliário.

Ao longo deste livro, usarei outros exemplos similares de como ganhar dinheiro a partir do nada — nada, exceto conhecimento. Muitos dos exemplos são transações reais que concluí pessoalmente, criando dinheiro do zero, e, além disso, com retornos maiores, ganhos muito menos arriscados do que se investisse em renda fixa e impostos reduzidos.

Na Era da Informação, em que vivemos, fortunas são conquistadas e perdidas em um piscar de olhos como resultado de informações boas ou ruins. Como a maioria de vocês sabe, muitas pessoas recentemente perderam trilhões de dólares em virtude de maus conselhos, informações inaplicáveis e falta de educação financeira. O que mais assusta é que as mesmas pessoas que espalharam estes maus conselhos ainda divulgam informações inválidas. Uma citação bíblica famosa diz: "Meu povo se perde por falta de conhecimento." Atualmente, muitas pessoas estão se perdendo financeiramente porque seguem regras ultrapassadas, como poupar dinheiro e livrar-se de dívidas. Ou porque acreditam que investir é arriscado, quando arriscados são improficiência financeira, inexperiência e conselhos financeiros prejudiciais. Hoje, você pode ganhar dinheiro sem ter dinheiro. Mas também pode perder as economias de uma vida inteira em um piscar de olhos. É a essa diferença que me refiro quando falo que conhecimento é poder.

Comentários dos Leitores

Eu gostaria de dizer que esta noção está correta, mas acrescento enfaticamente que AÇÃO baseada em conhecimento é, na verdade, mais importante. O fato de alguém saber como funciona a venda a descoberto, como construir um site, ou seja lá o que for, não necessariamente significa que a pessoa irá criar riqueza.

— ramasart

Resumo

Já é suficientemente ruim que as escolas não ensinem muito, quando ensinam, sobre dinheiro. Mas desde 2009, muitos dos ricos lutam contra o plano de estímulo econômico do presidente Obama de investir mais para melhorar a educação. Só o tempo dirá se seu plano funcionará, mas, independentemente disto, acredito que despender mais com educação é vital para o desenvolvimento de uma economia e um país fortes e para um mundo livre.

Capítulo 2

> **Comentários dos Leitores**
>
> *Eu diria que a afirmativa é o inverso, mas a essência desta regra é que a informação certeira é muito mais importante do que dinheiro. Uma pessoa rica pode não ter medo de ir à insolvência, porque conhece as táticas para recuperar sua riqueza. Por outro lado, alguém que tem uma quantidade significativa de dinheiro agora pode experimentar incertezas, porque não sabe como fazê-lo prosperar através de novas habilidades — informações que não conseguiu aplicar à prática.*
>
> — dlsmith29

Sou um defensor da educação. Na cultura asiática, o profissional mais respeitado é o professor. Na ocidental, os professores são os profissionais graduados que recebem os menores salários. Acredito que se valorizássemos a educação, como costumamos dizer que fazemos, pagaríamos melhor os professores e construiríamos escolas melhores e mais seguras. Para mim, é um crime que nos Estados Unidos os impostos imobiliários determinem a qualidade da educação recebida. Em outras palavras, escolas em bairros pobres recebem menos dinheiro do que as em bairros ricos. É o segredo no ensino!

Também acredito que se valorizássemos verdadeiramente a educação, tornaríamos as pessoas financeiramente proficientes, porque estaríamos reconhecendo que o dinheiro é um aspecto central e importante de nossas existências. Porém, como vários dos chamados "defensores da educação" menosprezam minhas ideias, simplesmente pergunto: "Por que continuar a defender um sistema que é projetado para criar joões-ninguém em vez de pensadores livres, um sistema moldado para excluir o conhecimento financeiro em vez de criar pessoas financeiramente independentes, que podem prosperar em um sistema capitalista?"

Quer acredite na existência de uma conspiração na educação, como eu acredito, ou não, é verdadeiro que uma educação sólida, que inclua a educação financeira, é mais importante hoje do que jamais foi em qualquer época. Quando eu era criança, se qualquer um de meus colegas de sala não se desse bem na escola, ainda poderia conseguir um emprego bem-remunerado em uma fábrica ou no campo. Hoje, as fábricas fecham e os empregos mudam para outros países, e uma criança que fracassa na escola provavelmente também fracassará na vida. É por isso que o mundo precisa de escolas melhores e de mais educação financeira.

Na Era da Informação, estamos sobrecarregados com conteúdos e estatísticas. A educação nos dá o poder de traduzir essa informação em algo significativo, que possa tornar nossas vidas melhores. Deem a nós o poder de resolver nossos problemas financeiros em vez da expectativa de que o governo os solucionará. Parem com o assistencialismo, os resgates e todas as esmolas de programas sociais. É hora de desvendar o segredo dos ricos. É hora de nos ensinarem a pescar.

Capítulo 3

O SEGREDO NAS FINANÇAS: BANCOS NÃO VÃO À FALÊNCIA

O Banco não "vai à falência". Se o Banco ficar sem dinheiro, pode emitir tanto dinheiro quanto for necessário simplesmente ao escrever as quantias em qualquer pedaço de papel.

— Regra do jogo *Banco Imobiliário*

O Dia em que o Dólar Morreu

Em 15 de agosto de 1971, o dólar norte-americano morreu. Naquele dia, sem autorização do Congresso, o presidente Nixon acabou com a relação entre o dólar e o ouro, e o dólar se tornou dinheiro de *Banco Imobiliário*. Depois disso, começou a maior crise econômica da história.

Em 2009, no colapso da economia global, os bancos centrais criaram trilhões de dólares, ienes, pesos, euros e libras, seguindo as regras do *Banco Imobiliário* para banqueiros.

O problema é que o *Banco Imobiliário* é apenas um jogo. Aplicar suas regras à vida real é a receita para a destruição da sociedade do jeito que a conhecemos. Como o famoso economista John Maynard disse certa vez: "Não há maneira mais sutil nem mais segura de subverter a ordem social da sociedade do que o aviltamento da moeda corrente. Trata-se de um processo que mobiliza todas as forças ocultas da lei econômica a favor da destruição, e o faz de maneira tal que em 1 milhão de pessoas não há uma única que seja capaz de fazer um diagnóstico." Hoje, nossa economia está doente porque a corrida do Federal Reserve para imprimir dinheiro inunda nosso sistema monetário de dinheiro falso, que

56 | Capítulo 3

desvaloriza nossa moeda, e ninguém é capaz de identificar o problema, como Keynes nos advertiu anos atrás.

Comentários dos Leitores

Dinheiro do Banco Imobiliário... *John Kenneth Galbraith tem uma frase famosa: "A forma como os bancos criam dinheiro é tão simples que o cérebro a repudia."*

— hellspark

Nunca soube que essa regra existia no Banco Imobiliário. *É assustadora a forma como retrata a realidade. Os exemplos em que penso são os empréstimos bancários e os cartões de crédito.*

— ajoyflower

Dinheiro que Não Valia Nada

Uma das razões pelas quais as pessoas ignoraram os conselhos de Keynes, a mudança de 1971 de Nixon e depreciações financeiras análogas é porque a desvalorização da moeda faz as pessoas se sentirem ricas. Os cartões de crédito chegavam pelo correio e comprar se tornou o esporte nacional nos Estados Unidos. Muitas pessoas da classe média se tornaram pseudomilionárias, já que suas casas pareciam aumentar magicamente de preço. As pessoas passaram a acreditar que suas aposentadorias seriam patrocinadas pelos lucros das bolsas de valores. Refinanciaram suas casas para ter mais dinheiro para as viagens da família. Em vez de terem apenas um carro, as famílias tinham um Mercedes, uma minivan e uma caminhonete. Os jovens iam para as universidades e se endividavam com empréstimos estudantis, comprometendo uma renda que levarão muitos e muitos anos de suas vidas para gerar. A classe média festejava a descoberta da riqueza indo a restaurantes caros da moda, vestindo roupas de grifes, dirigindo Porsches e vivendo em mansões — tudo financiado pela dívida.

Agora estamos saindo da maior crise econômica da história. O problema é que ela foi financiada por dívidas, e não renda; por inflação, não produção; por empréstimos, não trabalho. De muitas maneiras, foi *dinheiro que não valia nada*

— porque dinheiro *era* nada. Como diria Keynes, nosso dinheiro foi aviltado. Parecíamos ricos, mas a sociedade como a conhecíamos estava desmoronando.

Após 1971, os banqueiros dos bancos centrais poderiam criar dinheiro ao imprimir papel. Na era digital de hoje, nem sequer precisam imprimir papel para criar dinheiro. Enquanto lê isso, trilhões de dólares, ienes, euros, pesos e libras estão sendo criados eletronicamente — do nada. De acordo com as regras do *Banco Imobiliário*, você e eu podemos ir à insolvência, mas o banqueiro não quebra. Afinal, o *Banco Imobiliário* mundial precisa continuar.

Testemunhando a Mudança

Em 1972, eu era um piloto da Marinha a bordo de um porta-aviões posicionado na costa do Vietnã. A guerra não ia muito bem. Sabíamos que estávamos perdendo, mas, sendo da Marinha, não podíamos parar os ataques. Como oficial, meu trabalho era manter meus subordinados com moral alto e foco na sobrevivência e, ao mesmo tempo, prontos para dar suas vidas pelos companheiros e pelo país. Não podia deixar transparecer minhas inseguranças e medos, e eles não me permitiam perceber os deles tampouco.

Manter a positividade era difícil, porque sabíamos que a maré da batalha havia se virado contra nós. Também sabíamos que estávamos perdendo a guerra em casa. Cada vez que víamos fotos dos protestos dos estudantes queimando papéis de alistamento e a bandeira norte-americana, questionávamos quem estava certo e quem estava errado.

Os rocks mais populares da época eram contra a guerra. A letra de um deles dizia: "War, what is it good for? Absolutely nothin" ("Guerra, para que serve isso? Absolutamente nada!", tradução livre da música "What Is It Good For?", de Edwin Starr). Em vez de deixar esta frase nos abalar, minha equipe e eu a gritamos a plenos pulmões quando voamos para a batalha. Por alguma razão desconhecida, a música nos deu a coragem para fazer o que precisávamos frente à vertiginosa realidade — a morte.

De noite, antes de cada missão, eu ia até a cabine da minha aeronave e, sozinho, deixava que o vento separasse meus pensamentos de meus medos. Eu não pedia para viver. Eu pedia que, se aquele fosse meu último alvorecer, pudesse escolher como enfrentar a morte. Não queria morrer como um covarde. Queria que o medo não comandasse minha vida.

58 | Capítulo 3

Foi por isso que, ao retornar da guerra, não busquei a segurança de um trabalho formal — não permiti que o fantasma da instabilidade financeira ditasse minha vida. Tornei-me empresário. Quando perdi tudo após o fracasso de meu primeiro negócio, não deixei que o medo, a frustração e a dúvida me impedissem de fazer o que queria fazer. Juntei os cacos e voltei a trabalhar para reconstruir meu negócio. Aprender com os erros foi a melhor escola de negócios que pude ter. Hoje, ainda frequento essa escola.

Nos últimos anos, quando os mercados acionário e imobiliário estavam no auge e os tolos corriam para investir, não permiti que a ganância sobrepujasse a lógica. Hoje, durante a crise econômica, tenho os mesmos medos que qualquer outra pessoa. Entretanto, não os deixarei me impedir de fazer o que devo. Em vez de apenas ver a crise, faço o melhor que posso para enxergar as oportunidades que surgem com ela. Aprendi essa lição no Vietnã, e foi para isso que a guerra serviu para mim.

A guerra foi útil também para algo a mais. Permitiu-me o privilégio de testemunhar a maior mudança da história do mundo: as regras do dinheiro.

Uma Carta de Casa

Na zona de guerra, a entrega das cartas de casa era a parte mais importante de nosso dia. Elas eram a conexão sagrada com as pessoas mais importantes de nossas vidas.

Certo dia, recebi uma carta de meu pai rico. Eu raramente tinha notícias dele, porque não era meu pai de fato. Era o pai do meu melhor amigo. Desde os meus nove anos, meu pai rico foi um segundo pai para mim, além de meu mentor financeiro. Sua carta começou com letras em negrito: **"As regras do dinheiro mudaram."** Mais adiante na carta, ele me aconselhava a ler o *Wall Street Journal* e a acompanhar o preço do ouro. O presidente Nixon retirara os Estados Unidos do padrão-ouro em 1971, explicou meu pai rico, afirmando mais de uma vez que o preço do ouro não estava mais fixado em US$35 por onça. Depois que Nixon desatrelou o dólar do ouro, o preço deste começou a subir. Quando li sua carta, flutuava entre US$70 e US$80 a onça.

Na época, eu não tinha a menor ideia da razão da empolgação do meu pai rico. Quando eu era criança, ele raramente falava sobre ouro, exceto para dizer que lastreava nosso dinheiro. O que isso significava e sua relevância passavam pela minha mente ingênua. No entanto, apenas pelo tom em sua carta que recebi aquele dia no Vietnã, eu sabia que ele estava entusiasmado com a mudança de Nixon. Sua mensagem era simplesmente: com o dólar separado do ouro, os ricos estavam prontos para jogar com o dinheiro como o mundo jamais vira. Ele explicava: "Como o preço do ouro oscila em relação ao dólar, haverá a maior crise que o mundo já viu. Com essa separação, entramos em um período de extrema instabilidade financeira. A inflação irá para o espaço. Alguns ricos ficarão muito ricos e outros serão depenados." Ele encerrou a carta com: "O dólar é agora, oficialmente, dinheiro de *Banco Imobiliário* e as regras do jogo são as novas regras do dinheiro mundial."

Naquela época, não entendi completamente sua mensagem. Agora, que estou mais velho e sábio, acredito que ele estava dizendo que aquele era o momento de se tornar muito rico. Era a oportunidade de sua vida — e ele estava certo. Meu pai rico se tornou muito rico com a economia em crise. Meu pai pobre agarrou-se à segurança do trabalho e perdeu a maior oportunidade econômica da história.

Finalmente Lendo as Regras

Alguns dias mais tarde, fui até o acampamento dos oficiais, encontrei um tabuleiro muito velho do *Banco Imobiliário* e joguei com um grupo de pilotos. Como já havia jogado inúmeras vezes, não me dei ao trabalho de reler as regras. No entanto, à medida que o jogo progredia, me lembrei das palavras do pai rico sobre as regras do *Banco Imobiliário* serem as novas regras do dinheiro mundial. Procurei no manual de instruções e encontrei aquela à qual ele se referiu. Dizia:

O Banco não "vai à falência". Se o Banco ficar sem dinheiro, pode emitir tanto dinheiro quanto for necessário simplesmente ao escrever as quantias em qualquer pedaço de papel.

Hoje, graças, em parte, ao simples alerta do pai rico, sei por que temos uma crise financeira global em nossas mãos. Para os ricos e poderosos, a mudança das regras significou que poderiam imprimir dinheiro em qualquer pedaço comum de papel. Nosso dinheiro havia sido corrompido.

Antes de 1971, o dinheiro era ouro porque era lastreado. Hoje, o dinheiro é tóxico, fazendo pessoas e empresas ficarem doentes. É como alguém beber água poluída e indagar-se por que adoeceu. Ao mudar as regras do dinheiro, os ricos puderam roubar riqueza legalmente ao usar o próprio sistema financeiro.

Sabedoria das Ruas

Em 1972, seguindo o conselho de meu pai rico, eu lia o *Wall Street Journal* religiosamente, procurando por artigos sobre ouro. Assim começou minha educação sobre o ouro e sua relação com o dinheiro. Li cada artigo que pude encontrar sobre o assunto, mas não precisava apenas ler para aprender essas lições importantes. Exemplos práticos estavam a meu redor o tempo inteiro.

Um dia, voei até uma pequena vila perto de Da Nang, uma das maiores cidades do Vietnã. Com apenas algumas poucas horas à disposição antes do horário de retornarmos para o navio, meu chefe de tripulação e eu caminhamos pela vila. Ele queria comprar mangas e mamões, frutas exóticas que não tínhamos no navio.

Após selecionar alguns frutos, ele colocou a mão no bolso do uniforme e tirou um maço de piastras, o papel-moeda do Vietnã do Sul. "Não, não, não", disse a vendedora de frutas, balançando as mãos em negativa. Ela estava explicando que não aceitaria piastras, ou "p", como o dinheiro era conhecido. Meu chefe então estendeu uma nota de US$50 e entregou a ela. Ela relutantemente pegou o dinheiro e inspecionou o verso da nota. Finalmente, disse: "Ok, você espera", e foi a outra barraca, fez algum tipo de transação, correu de volta e entregou a meu chefe a sacola de frutas.

"O que aconteceu?", perguntei ao comandante.

"Ela está se preparando para fugir", respondeu. "Está planejando deixar o país."

"Como sabe?", perguntei.

"Ela está seletiva em relação ao dinheiro", falou. "Sabe que o dinheiro de seu país, a piastra, é inútil. Ninguém fora do Vietnã do Sul a aceita. Por que alguém aceitaria o dinheiro de um país que brevemente deixará de existir? Ela também sabe que o dólar norte-americano está se desvalorizando à medida que o preço do ouro sobe. Foi por isso que ela foi até a outra barraca trocar o dinheiro por ouro."

Caminhando de volta para o helicóptero, falei: "Percebi que ela lhe deu o troco em piastra."

"Também percebi", disse o comandante sorrindo.

"Tenho uma sacola de frutas e o bolso cheio de Ps, e ela tem ouro. Ela pode ser uma simples vendedora de frutas, mas quando se trata de dinheiro, não é nada tola."

Três semanas mais tarde, meu comandante e eu voamos para o Norte em busca de uma antiga mina de ouro na esperança de comprar o metal. Pensei que poderíamos comprar ouro por um preço melhor atrás das linhas inimigas.

Arriscando minha vida e a de minha tripulação, descobri que não importa em que lugar do mundo você esteja, o preço do ouro é o mesmo. Eu estava começando a entender a sabedoria das ruas sobre as novas regras do dinheiro e a relação entre dinheiro do *Banco Imobiliário* e ouro.

Preocupação Coletiva

Desde 2009, com a economia decaindo, cresce uma agitação. Até agora, as pessoas sabem que há algo errado. O problema é que não sabem o que *exatamente* está errado. Mais uma vez, cito John Maynard Keynes: "Trata-se de um processo [de desvalorização da moeda corrente] que mobiliza todas as forças ocultas da lei econômica a favor da destruição, e o faz de maneira tal que em 1 milhão de pessoas não há uma única que seja capaz de fazer um diagnóstico."

Hoje, as pessoas fazem o que as ensinaram a fazer; vão à escola, trabalham arduamente, pagam suas contas, investem seu dinheiro em fundos mútuos e esperam que as coisas se estabilizem. É por isso que todos esperam sua vez no resgate. Poucos reparam que a raiz do problema *é* o nosso dinheiro — pelo que trabalhamos e do qual dependemos. Poucos percebem que os que controlam a oferta de dinheiro querem que precisemos mais e mais de seu dinheiro tóxico. Quanto mais precisamos de dinheiro, mais eles podem imprimir. Quanto mais precisamos, mais nos enfraquecemos. Quanto mais precisamos, mais nos direcionamos para o socialismo. Em vez de ensinar as pessoas a pescar, o governo lhes *dá* peixes, e elas se tornam dependentes do governo para resolver seus problemas financeiros.

Não Conte com Isso

Ironicamente, o mundo está contando com o Federal Reserve e o Tesouro norte-americano para resolver nossos problemas financeiros, mesmo sendo estas instituições as causadoras deles. Conforme já mencionado, o Federal Reserve não é federal nem norte-americano. Ele pertence às famílias mais ricas do mundo. O Fed é um cartel financeiro, do mesmo modo que a OPEP é um cartel de petróleo. Poucas pessoas sabem que ele não tem reservas porque não tem dinheiro. O Fed não precisa de um cofre grande para armazenar dinheiro. Por que você precisaria de um cofre quando as regras do *Banco Imobiliário* se aplicam aos banqueiros de hoje? O Federal Reserve Bank não é um banco — essa ideia é uma ilusão, assim como nosso dinheiro.

62 | Capítulo 3

Algumas pessoas dizem que a criação do Federal Reserve foi inconstitucional. Acham que sua criação prejudicou a economia mundial — o que é verdade. Outros acham que o sistema do Fed foi a melhor coisa que já aconteceu para o mundo. Dizem que ajudou a trazer riqueza global como nunca acontecera antes — e isso também é verdadeiro.

Pouco importa saber os motivos dos fundadores do Federal Reserve. A realidade é que hoje ele comanda o jogo. Em vez de se perguntar o que o Obama fará a respeito da crise econômica, o ideal é perguntar a si mesmo: "O que farei?" Em vez de se perguntar se um incentivo de trilhões de dólares é a solução, é mais sagaz questionar: "De onde os trilhões vieram? Estão estagnados no cofre de alguém?"

Em termos simples, os bancos centrais do mundo podem fazer apenas duas coisas. São elas:

1. Criar dinheiro do nada, como as regras do *Banco Imobiliário* permitem — algo que hoje fazem na casa dos trilhões.

2. Emprestar dinheiro que não têm. Quando você pega um empréstimo de um banco, isso não significa que o banco precisa ter a quantia no cofre.

Jogo de Soma Zero

Historicamente, todas as vezes que um governo imprimiu o próprio dinheiro sem lastro, esse dinheiro em algum momento voltou a seu verdadeiro valor: zero. Isso acontece porque o dinheiro de papel é um jogo de soma zero. Será que o mesmo acontecerá com o dólar, o iene, a libra, o euro e outras moedas? A história se repetirá?

Muitos cidadãos orgulhosos dirão: "Não, isso nunca acontecerá nos Estados Unidos. Nosso dinheiro nunca vai se equiparar a zero." Infelizmente, já aconteceu antes — inúmeras vezes. Durante a Guerra Revolucionária, o governo norte-americano imprimiu a moeda conhecida como "continental". Depois de imprimir muitos continentais, nosso dinheiro caiu no descrédito, originando a piada: "Não vale um continental." O mesmo aconteceu com o dólar confederado. Quando preciso de um lembrete sobre como o dinheiro pode valer zero, tudo que preciso fazer é pensar na vendedora de frutas no Vietnã e sua aversão pelas piastras. Não faz tanto tempo. Não é história antiga.

O Segredo dos Ricos | *63*

Hoje, o mundo inteiro funciona com dinheiro de *Banco Imobiliário*. Mas e se a festa acabar? Os resgates vão nos salvar? Ironicamente, a cada vez que acontece um resgate, a dívida do governo cresce, os impostos aumentam, os ricos ficam mais ricos e o valor do dinheiro se aproxima ainda mais do zero. A cada vez que o governo imprime mais dinheiro, menos valor passa a ter. Trabalhamos mais e mais, e a poupança vale menos e menos.

Não estou dizendo que o dinheiro do *Banco Imobiliário* de hoje chegará a zero, mas também não estou dizendo que não chegará. Se a história se repetir, e o dólar norte-americano chegar a zero, o caos mundial será cataclísmico. Ocorrerá a maior transferência de riqueza de toda a história mundial. Os ricos ficarão mais ricos e os pobres, definitivamente mais pobres. A classe média desaparecerá.

Apocalypse Now[1]

Conforme a crise cresce, fica difícil de esconder os segredos sobre as novas regras do dinheiro. Esta crise está nos levando a um apocalipse financeiro.

Para muitas religiões, a palavra *apocalipse* é muitas vezes utilizada representando o fim do mundo. Não é esse tipo de apocalipse ao qual me refiro. A palavra *apocalipse* vem do grego, e significa "o levantar dos véus". É um termo relacionado a desvendar algo que é desconhecido de grande parte da humanidade. Apocalipse quer dizer que "segredos estão sendo revelados".

Se você leu *Pai Rico, Pai Pobre*, talvez se lembre da frase na capa "O que os Ricos Ensinam a Seus Filhos sobre Dinheiro". Para muitas pessoas, este livro é um apocalipse, um levantar dos véus, o desvendar de algo secreto para a maior parte da humanidade. Em 1997, quando *Pai Rico, Pai Pobre* foi publicado pela primeira vez, provocou uma avalanche de protestos, porque declarava: "Sua casa não é um ativo." Poucos anos mais tarde, quando a confusão do financiamento imobiliário de alto risco veio à tona, milhões de pessoas perderam suas casas e, ao redor do mundo, muitos perderam trilhões de dólares investidos nesses financiamentos e em outras formas de dívidas tóxicas parcialmente provocadas pelos banqueiros que criaram dinheiro corrompido, que não valia nada. *Pai Rico, Pai Pobre* não é um livro sobre o mercado imobiliário, como alguns julgam. É sobre conhecimento financeiro — sabedoria passada de um pai para seu filho.

---

1 Referência ao filme *Apocalypse Now*, sobre a guerra do Vietnã. (N. E.)

O Nome do Jogo É Dívida

Em termos excessivamente simples, depois de 1971, o dinheiro se tornou dívida. Para a economia expandir, você e eu temos que nos endividar. É por isso que os cartões de crédito são oferecidos a todo tempo, e empréstimos para financiamento estão disponíveis para pessoas que não têm comprovação de renda.

Tecnicamente, o dinheiro em sua carteira não é dinheiro. É uma promissória. Essa crise é tão grave porque as regras do *Banco Imobiliário* admitem que nossos grandes bancos e Wall Street criem pacotes de dívidas e os vendam ao mundo como ativos. De acordo com a revista *Times*, de 2000 a 2007, a maior exportação norte-americana foi de dívida. O que as mentes mais brilhantes no universo dos bancos e do investimento estão fazendo não é tão diferente do refinanciamento que os pobres fazem para quitar seus cartões de crédito.

Se soubéssemos que o dinheiro estava corrompido, que equivalia a dinheiro do *Banco Imobiliário*, talvez não estivéssemos na armadilha em que estamos hoje. Se as pessoas fossem financeiramente proficientes, haveria mais de uma pessoa em um milhão capaz de diagnosticar nosso problema financeiro. Se tivessem mais educação financeira, não teriam acreditado cegamente que suas casas eram ativos, que poupar é uma atitude inteligente, que a diversificação as salvaria dos riscos e que investir em longo prazo em fundos mútuos é a forma correta de se investir. Mas, devido à falta de conhecimento financeiro, o poder no comando continuará com suas políticas monetárias destrutivas. É para o benefício deles que você e eu estamos no escuro. É por essa razão que os ricos tinham que assumir o sistema educacional antes de afundar o mundo em dívidas. É por isso que as escolas não nos ensinam sobre finanças.

Comentários dos Leitores

Ao ler isso, me lembrei do que Henry Ford disse sobre a Grande Depressão de 1930, e o parafraseio: ele estava receoso de que a depressão não durasse o suficiente, já que as pessoas não tiveram tempo suficiente para aprender com ela.

— kuujuarapik

Nova Regra do Dinheiro #2: Use as Dívidas

Muitas pessoas ensinam que as dívidas são ruins, até mesmo malignas. Apregoam que o sensato é pagar todas as dívidas e ficar longe delas. Até certo ponto, elas têm razão. Existem dívidas boas e ruins. É *aconselhável* pagar as dívidas ruins — ou não entrar nelas, para começar. Resumindo, dívidas ruins tiram dinheiro de seu bolso, e as boas colocam. Um cartão de crédito é uma dívida ruim porque as pessoas o usam para comprar coisas que se depreciam, como televisões de telas imensas. Um empréstimo para um imóvel que renda um bom aluguel é uma dívida boa se a renda que recebe cobre o pagamento da dívida e ainda coloca dinheiro em seu bolso.

As pessoas que apregoam os malefícios das dívidas não compreendem que são essenciais para a economia de um país. Se isso é bom ou ruim é questionável. O que não é discutível é que sem dívida a economia inteira seria destruída. É por isso que o governo emite um número incontável de títulos para financiar dívidas. É por isso que está se *endividando* como nunca na história. O maior medo de um governo é a deflação, e uma forma de combatê-la é com a inflação. E uma forma de criar a inflação é com dívidas.

Comentários dos Leitores

Este é o conceito-chave sobre enriquecer. É o segredo! Não pretendo ser um grande empresário. Tenho uma clínica, e exerço minha profissão. Atuo principalmente no quadrante A, mas estou indo lentamente para o D em termos de produção de renda e conhecimento. Descobri em primeira mão como uma peça de equipamento médico pode se tornar um ativo incrível, além de ser financiada com dívidas.

— grgluck

Eu sei que o Obama promete transformações e esperanças. Mas considerando a escalação de Tim Geithner como secretário do Tesouro e o ex-secretário do Tesouro Larry Summers como chefe do Conselho Nacional de Economia — pessoas que catalisaram a crise durante a gestão de Clinton —, nada vai mudar se não nos afundarmos em dívidas. Se pararmos de pegar empréstimos e os bancos de os fazerem, haverá uma crise, e, provavelmente, uma depressão.

66 | Capítulo 3

Um congelamento longo de crédito pode nos conduzir a uma recessão por causa de uma economia que, hoje, cresce quando você e eu nos endividamos, e não pela produção de mercadorias. Em 2003, o presidente Bush disse: "É de nosso maior interesse que mais e mais pessoas possuam casas próprias." Obviamente, ele estava encorajando a propriedade porque queria que as pessoas se endividassem para salvar a economia. Hoje, quando os bancos executam uma dívida, não estão interessados na propriedade. Casas não são ativos. Você é o ativo — ou melhor, sua habilidade em pagar os juros do empréstimo daquele ativo.

É claro que viver na corda bamba das dívidas também representa um desequilíbrio. Em 2007, conforme o montante esmagador dos cartões de crédito e os financiamentos imobiliários atingiam o ápice, os Estados Unidos e o mundo não puderam mais absorver as dívidas. Agora, milhões de pessoas entendem por que, em 1997, afirmei em *Pai Rico, Pai Pobre:* "Sua casa não é um ativo."

In Gold We Trust[2]

Em 1957, as palavras "*In God We Trust*" ("Em Deus Confiamos") foram grafadas no dólar norte-americano. Em 1971, o dólar foi desatrelado do ouro. Conforme um artigo recente da *Vanity Fair*, o poder de compra do dólar caiu 87%. Como afirmado anteriormente, todas as moedas de mentira, dinheiro do *Banco Imobiliário* autorizado pelo governo, eventualmente chegaram a seu real valor — zero. Em 1970, US$1 mil comprariam aproximadamente 28 onças de ouro. Em março de 2009, com o ouro valendo aproximadamente US$900 a onça, aquelas 28 onças seriam vendidas por US$25 mil — mesmo após a maior crise do mercado de ações da história.

Em 1924, John Maynard Keynes, quem alertou sobre a desvalorização do dinheiro, destituiu o ouro de seu posto de "*barbarous relic*" ("relíquia dos bárbaros", em tradução livre, é uma alusão às grandes expedições). Infelizmente, ele não sabia o quanto o Federal Reserve e nosso governo conseguiriam corromper nossa moeda após as transformações das regras do dinheiro em 1971.

Em 1952, a parcela da dívida sobre a renda familiar era menor que 40%. Em outras palavras, se houvesse US$1 mil após pagar os impostos, apenas US$400 eram

---

2 Em tradução livre, "No Ouro Nós Confiamos" (*Gold*) faz um trocadilho com "Em Deus Confiamos" (*In God We Trust*). Da música "The Star-Spangled Banner", de Francis Scott Key, a frase é o lema nacional dos Estados Unidos e do estado da Flórida, adotado em 1956 por um ato do Congresso. (N. E.)

dívidas. Em 2007, atingia 133%. Como os salários não aumentavam, as pessoas viviam à custa de cartões de crédito e empréstimos. Atualmente, os norte-americanos têm mais de US$2,56 trilhões em dívidas com bens de consumo.

Mesmo nossos melhores e mais brilhantes banqueiros caíram na armadilha. Em 1980, a dívida bancária atingia cerca de 21% da produção total dos Estados Unidos. Em 2007, 116%.

Em 2004, a *Securities and Exchange Commission* (SEC — equivale à Comissão de Valores Imobiliários, no Brasil) permitiu que os cinco principais bancos imprimissem tanto dinheiro quanto precisassem, independentemente do limite reserva 12 para 1— apenas para salvar a economia. O limite reserva 12 para 1 significa que para cada dólar nas contas do banco podem ser emprestados US$12 em dívidas. Ao permitir que a regra não fosse cumprida, os bancos podiam imprimir dinheiro à vontade.

Novamente, as regras do *Banco Imobiliário* afirmam:

O Banco não "vai à falência". Se o Banco ficar sem dinheiro, pode emitir tanto dinheiro quanto for necessário simplesmente ao escrever as quantias em qualquer pedaço de papel.

Infelizmente, permitir que os grandes bancos imprimam quantidades quase ilimitadas de dinheiro não salvou a economia. Só tornou o problema pior.

Nova Regra do Dinheiro #3: Controle o Fluxo de Caixa

Se quiser ter segurança financeira e possivelmente ser rico, você precisa saber controlar seu fluxo de caixa, assim como monitorar a movimentação global de empregos, pessoas e dinheiro.

Dinheiro Fugidio

A razão pela qual escrevi anteriormente sobre a vendedora de frutas no Vietnã foi para enfatizar a relação entre dinheiro e "fuga" durante crises econômicas. Em 2 de março de 2009, o índice da Bolsa de Valores de Nova York, o Dow Jones, despencou de 14.164 pontos, desde 9 de outubro de 2007, o ponto mais alto até então, para 6.763. Em termos muito simples, isso significava que o dinheiro era *fugidio* no mercado acionário, assim como a vendedora de frutas fugiu para conversão de piastras e dólares para o ouro. Desde 2009, usando as palavras do meu pai rico, o caixa está *fluindo* para fora do mercado de ações. A questão é: para onde?

68 | Capítulo 3

A expressão mais importante no mundo das empresas e dos investimentos é *fluxo de caixa*. É por isso que o jogo educativo de tabuleiro que criei se chama *CASHFLOW®* (fluxo de caixa). Uma das coisas mais importante que meu pai rico me ensinou foi a controlar meu fluxo de caixa *pessoal* e a monitorar o fluxo de caixa *mundial*. Ele me ensinou a dominar o fluxo de caixa global observando três coisas.

1. **Empregos:** Há anos que os empregos estão sendo exportados. Nos Estados Unidos, hoje, os empregos saem de Detroit enquanto a General Motors colapsa. Isso significa que a economia de Detroit está encolhendo.

2. **Pessoas:** Assim como aquela mulher vietnamita fugia, as pessoas hoje buscam outros lugares. Vão para cidades em que haja emprego. Gosto de investir em mercados para onde as pessoas estão indo e não naqueles dos quais fogem.

3. **Dinheiro:** Aquela mulher vietnamita queria o dinheiro que fosse global. Por isso trocou seus dólares e piastras por ouro. O mesmo está acontecendo hoje. O mercado acionário está quebrando porque o dinheiro foge das ações para poupanças, colchões, títulos e ouro.

Dívida, Dinheiro e Fluxo de Caixa

Aprender sobre a utilização das dívidas é uma das maiores habilidades que uma pessoa pode conquistar. E uma lição importante é que essa dívida é tão boa quanto seu fluxo de caixa. Se eu comandasse o sistema educacional, ensinaria aos estudantes a diferença entre dívida boa e dívida ruim e a usar as boas para fazer o dinheiro fluir para sua conta-corrente, e não dela. Para usar efetivamente uma dívida boa, é preciso um QI financeiro elevado. Dado que nosso dinheiro é dívida agora, ensinar as pessoas a usar o endividamento sabiamente faria a economia se fortalecer.

No meu livro *Desenvolva Sua Inteligência Financeira*, explico os detalhes de como usar dívidas com riscos baixos e retornos altos. Mesmo com o colapso econômico atual, meus investimentos feitos com dívidas continuam a gerar fluxo de caixa positivo. Uma razão para que continuem fortes é que meus sócios e eu compramos imóveis em locais em que há oferta de empregos — áreas para onde as pessoas estão se mudando e para onde o dinheiro está fugindo. Em outras palavras, o mercado imobiliário não vale muito onde não há empregos, já que eles atraem pessoas; e, para onde as pessoas fogem, o dinheiro as segue.

Comentários do Leitor

O que é mais surpreendente é que não aprendi nada sobre fluxo de caixa nas aulas de contabilidade avançada e finanças no meu mestrado em administração de empresas. Não parece óbvio que isso deveria ser ensinado? Aprendi a entender números e a posicioná-los para que seja possível acompanhá-los. Eles não ensinam o SIGNIFICADO do fluxo da caixa na construção de riqueza.

— drmbear

Esperança versus Educação

Em vez de esperar que o presidente Obama salve o mundo, acredito que é mais inteligente se tornar versado em relação ao dinheiro. A primeira nova regra do dinheiro, *conhecimento é poder*, incluir o uso da dívida e o controle de seu fluxo de caixa, assim como o monitoramento do fluxo de empregos, pessoas e dinheiro ao redor do mundo.

Criei o jogo *CASHFLOW®* para ensinar as habilidades para controlar seu fluxo de caixa pessoal e usar as dívidas para que o dinheiro fuja para sua conta bancária — e não dela. O jogo *CASHFLOW®* tem sido chamado de "*Banco Imobiliário* com esteroides".

CASHFLOW® for Kids, para crianças de cinco a doze anos

Em vez de palavras e números, *CASHFLOW® for Kids* usa cores e imagens para ensinar às crianças os fundamentos do dinheiro e do fluxo de caixa, e a administrá-los de maneira sagaz.

CASHFLOW® 101, o básico do investimento

Este jogo ensina as diferenças entre ativos e passivos, e usa as dívidas de forma inteligente. Combina princípios da contabilidade e do investimento.

Você encontra mais informações sobre os jogos no meu site RichDad.com (conteúdo em inglês). Também existem centenas de clubes CASHFLOW ao redor do mundo, em que você aprende a jogá-lo gratuitamente ou com baixo custo.

Clubes CASHFLOW foram criados para aumentar seu QI financeiro, e coadunam com a filosofia da *Rich Dad Company*. Se não houver nas proximidades, você pode começar um, afinal, ensinar é uma das melhores maneiras de se aprender.

Resumo

Por fim, lembre-se de que o banco nunca vai à falência — você e eu sim. Mas eis as boas-novas! O banco pode imprimir sua moeda, e você e eu também. Nos capítulos finais, mostrarei a você como imprimo meu próprio dinheiro ao pôr minha inteligência financeira para trabalhar, muitas vezes com o uso da dívida e o controle do meu fluxo de caixa.

Capítulo 4

O SEGREDO NA NOSSA RIQUEZA

Você Está Pronto para uma Depressão Iminente?

Pergunta: *Quantos anos durou a Grande Depressão?*

A. 25

B. 4

C. 16

D. 7

A resposta para esta pergunta depende do ângulo pelo qual a examina. Se usar o mercado acionário como medida, a última depressão durou 25 anos. Em setembro de 1929, o índice Dow Jones atingiu o pico de 381. Em 8 de julho de 1932, o mercado havia perdido 89% de seu valor. Neste dia, o volume de ações negociadas na Bolsa caiu para cerca de um milhão, e o Dow Jones chegou a 41 pontos. Esta baixa atingiu o limite de um mercado ruim, e, desde então, ele subiu de maneira otimista — mesmo no meio de uma recessão. Porém, mesmo em um mercado em ascensão, foram necessários 25 anos, de 1929 a 1954, para o Dow Jones ultrapassar o pico de 381 pontos que atingira.

Em um passado recente, testemunhamos outra alta histórica do Dow Jones. Em outubro de 2007, ele subiu para 14.164. Pouco mais de um ano depois, o índice estava quase 50% menor. Se o período de 1929 a 1954 serve como parâmetro, o Dow Jones pode atingir 14.164 novamente em 2032.

Em 10 de março de 2009, o Dow Jones subiu 379 pontos em apenas um dia, atingindo 6.926 — quase a mesma pontuação que ganhara de 1932 a 1954, depois da depressão. Wall Street celebrou, mesmo tendo sido anunciado uma

72 | Capítulo 4

semana antes que os Estados Unidos haviam perdido mais de 650 mil postos de trabalho em fevereiro.

Como escrevi, as pessoas diziam: "O pior já passou. Finalmente atingimos o limite." O ex-presidente do Fed, Ben Bernanke, esperava que a recessão acabasse em 2009. Mas a recuperação do mercado de ações, em 10 de março, foi causada por um memorando "vazado" do Citigroup sobre os dois primeiros meses de 2009 terem sido lucrativos — apesar de bilhões em dívidas tóxicas. Eu me pergunto que tipo de entorpecente estas pessoas estão usando.

Mesmo em meio ao recente otimismo do mercado, o espectro de uma possível depressão ainda ameaça o mundo financeiro. Não estou tão esperançoso sobre uma recuperação em curto prazo das economias norte-americana e global. Não me interprete mal. *Não* desejo uma depressão. Longe disso. Ninguém em seu juízo perfeito pensaria nisso. Mas se a recessão atual se transformar em uma depressão, é melhor estarmos preparados agora, porque nem todas as depressões são parecidas ou deprimentes.

A Experiência dos Ricos e dos Pobres na Depressão

Tanto meu pai rico quanto meu pai pobre estavam no Ensino Fundamental quando a Grande Depressão começou. A experiência afetou o curso de suas vidas para sempre. Um deles se tornou muito rico com as lições aprendidas durante a depressão. O outro permaneceu pobre, e tornou-se financeiramente covarde pelo resto de sua vida.

A Depressão dos Pobres

Meu avô, pai do meu pai pobre, perdeu tudo que tinha na Grande Depressão. Perdeu sua empresa e também sua inestimável casa de frente para o mar na ilha de Maui, no Havaí. Meu avô era empresário, então não tinha um salário fixo para proteger a família. Quando os negócios dele afundaram, a família de meu pai pobre perdeu quase tudo o que tinha. A Grande Depressão foi uma experiência terrível para meu pai pobre.

A situação de privação da Grande Depressão fez meu pai pobre adotar a mentalidade de buscar um emprego estável, poupar dinheiro, comprar uma casa, livrar-se das dívidas e garantir uma aposentadoria de funcionário público. Ele não quis empreender. Buscou a segurança de um emprego público. Ele não acreditava em investimentos porque vira seu pai perder tudo nos mercados acionário e imobiliário. Meu pai se apegou a esses valores pelo resto de sua vida. Para meu pai pobre, *segurança* era mais importante do que *riqueza*. Suas memórias da última depressão nunca se apagaram.

Comentários dos Leitores

Minha avó, que era adulta durante a Grande Depressão, reaproveitava tudo, inclusive toalhas de papel. Ela as enxaguava e colocava para secar, como panos de prato, e as reusava até que se desmanchassem. Nas raras ocasiões em que ia a um restaurante, guardava em sua bolsa as sobras. Aquilo seria o café da manhã do dia seguinte!

— Rromatowski

A Depressão dos Ricos

A família de meu pai rico enfrentou dificuldades financeiras mesmo antes da Grande Depressão. O pai dele adoecera anos antes e morreu pouco depois do início da depressão. Muito cedo, meu pai rico se tornou o único provedor da casa. Por ser tão jovem, sem qualificações e com poucos empregos disponíveis em um mercado em crise, a Grande Depressão forçou meu pai rico a se transformar em empreendedor ainda adolescente. Ele assumiu a loja da família e a fez crescer.

Embora sua família estivesse com problemas financeiros, meu pai rico não pediu ajuda ao governo. Não pediu por assistência social. A depressão o fez crescer mais rápido e aprender a prosperar. As lições da depressão o transformaram em um homem rico.

Socialistas versus Capitalistas

Meu pai pobre se tornou *socialista* quando cresceu. Ele tinha a sabedoria da educação formal, mas não a sabedoria da malícia das ruas. Ele acreditava piamente que o governo deveria cuidar das pessoas.

Meu pai rico virou *capitalista*. Ele não terminou a escola, mas tinha a esperteza do mundo real. Ele acreditava na construção de empresas que fornecessem renda constante para os trabalhadores e suas famílias. Ele sabia que as pessoas devem

74 | Capítulo 4

aprender a tomar conta de si mesmas. Sendo um capitalista, acreditava em ensinar a pescar.

O Socialismo Assume o Controle

O socialismo assumiu o controle durante a última depressão. Programas assistenciais vultosos foram criados. Em vez de ensinar as pessoas a pescar, nós lhes damos peixes — mesmo aos ricos. Se os Estados Unidos fossem verdadeiramente capitalistas, deixaríamos a economia cair e não colocaríamos escoras com um resgate atrás do outro. Mercados em queda, quebra e depressão são a forma de a economia apertar o botão de reinicializar. Recessões e depressões corrigem os erros cometidos e revelam os crimes que ocorreram.

Hoje, em vez de apertar reiniciar, distribuímos trilhões de dólares para os incompetentes, fraudadores e ultrapassados. O mercado em baixa existe para limpar deslizes, embustes e a ineficiência que proliferam nos mercados em alta. Em vez de deixar o mercado em baixa fazer seu trabalho, deixamos o governo pagar bilhões de dólares em resgates para banqueiros que encharcaram o mundo com dívidas fraudulentas, quando deveríamos mandá-los para a cadeia. Empresas como a General Motors, que ficaram imensas e indolentes para competir em tempos ruins, são salvas da falência. Executivos que demitem pessoas aos montes recebem bônus generosos mesmo ao encolherem empresas que deveriam fazer prosperar, e ainda saem ganhando ao fazer acordos para o funcionário pedir a demissão em troca de alguns benefícios. E quando os preços das ações dessas empresas caem, são os investidores que perdem seu dinheiro.

Isso *não* é capitalismo. O resgate do governo atual é socialista — para os ricos. De muitas maneiras, é muito pior do que o marxismo ou comunismo, porque nesses sistemas, ao menos, se tem a ilusão de que algo é feito para o povo. Tais sistemas, no mínimo, apregoam a redistribuição de dinheiro dos ricos para os pobres, mesmo que isso não seja posto em prática. Os resgates, na verdade, tiram dinheiro dos pobres na forma de imposto e o dão aos ricos. Não estou acusando o presidente Obama. Esta patifaria vem acontecendo há muitos anos. Tornou-se um hábito para os muitos ricos usar o governo para tirar dos pobres e da classe média. Hoje, é corriqueiro taxar os que produzem e recompensar os preguiçosos, desonestos e incompetentes.

A História Se Repete

Diz-se que uma depressão acontece a cada 75 anos. Se fosse verdade, então a depressão que se aproxima deveria ter começado em 2005. Uma das razões pelas quais é difícil apontar sua ocorrência é não haver uma definição real para *depressão*. Os economistas apenas definem as *recessões*.

Um dos prováveis motivos para que não tenhamos entrado em recessão antes foi que o Federal Reserve e o governo norte-americano manipularam a emissão de moeda para manter a economia à tona. Eles fazem o mesmo agora. Se fizerem um bom trabalho, a economia será salva. Se falharem, este fracasso conduzirá a uma depressão.

Melhores Definições

Foi necessário um ano para que os economistas finalmente declarassem, em 2008, que estávamos em uma recessão. Durante esse ano, Lehman Brothers faliu, o mercado acionário passou por uma crise de grandes proporções, os grandes bancos aceitaram bilhões de dólares de resgate, fabricantes de automóveis faliram, pessoas perderam suas casas e trabalhos e a Califórnia se preparou para imprimir promissórias, porque isso equivaleria ao dinheiro. Apesar de todas as más notícias, foi preciso um ano inteiro para que os economistas compreendessem que estávamos em uma recessão. Imagino quanto tempo será necessário para que eles declarem uma depressão. Obviamente, precisamos de definições melhores para *recessão* e *depressão* — ou pelo menos de economistas mais expertos! Pessoalmente, tenho definições bem simples para *recessão* e *depressão*. Cito um velho ditado: *"Se seu vizinho perde o emprego, é uma recessão. Se você o perde, uma depressão."*

Em 2008, mais de 2 milhões de norte-americanos haviam perdido seus empregos. Apenas em fevereiro de 2009, mais de 651 mil empregos foram perdidos.

A Depressão que Nunca Terminou

Olhando 75 anos para trás, pode-se argumentar que a Grande Depressão nunca terminou. Muitos dos problemas financeiros que enfrentamos hoje resultam de questões da última depressão, que nunca foram resolvidas. Elas foram simplesmente empurradas para a geração seguinte. Por exemplo, a Previdência Social foi criada em 1933, e o custo dos programas governamentais explodiu com a aposentadoria de 75 milhões de *baby boomers* em 2008. Uma solução criada para combater a última depressão transformou-se em megaproblema hoje. A criação da

76 | Capítulo 4

Previdência Social levou à criação do Medicare e do Medicaid[1], que se traduzem em problemas financeiros cinco vezes maiores do que os da Previdência Social. A criação da *Federal Housing Administration* ("Administração Federal de Habitação") conduziu à criação da Fannie Mae e da Freddie Mac, e estas duas agências estão no cerne da confusão do crédito de alto risco dos dias de hoje. Em outras palavras, pensando bem, a última depressão nunca terminou; as soluções socialistas criadas para mantê-la em xeque apenas a tornaram mais cara.

Reparos ou Maquiagem?

Segue um breve resumo das soluções governamentais criadas para enfrentar a Grande Depressão.

1. **Previdência Social, Medicare e Medicaid:** Representam hoje um problema de US$65 trilhões, que está aumentando.

2. **A Federal Deposit Insurance Corporation (FDIC):** A FDIC ("Corporação Federal de Seguro de Depósito") protege mais os banqueiros do que os poupadores. Como os depósitos são segurados, a FDIC recompensa os banqueiros que correm maiores riscos, pune os prudentes e cobre as fraudes bancárias. Depósitos segurados dão aos poupadores uma sensação ilusória de segurança, enquanto suas economias enfrentam riscos enormes. A FDIC fomentou as crises bancária e de crédito. Falarei melhor sobre isso nos próximos capítulos.

3. **A Federal Housing Administration (FHA):** A FHA delegou o controle da moradia ao governo, como a criação da Fannie Mae e da Freddie Mac, duas empresas públicas que são o núcleo da crise do crédito de alto risco, que custou bilhões de dólares aos contribuintes. Atualmente, a Fannie Mae se tornou um problema financeiro ainda maior que a AIG.

4. **Seguro-desemprego:** O seguro-desemprego foi criado em 1935. Por padrão, uma pessoa pode recebê-lo por até 26 semanas nos Estados Unidos. Quando as coisas ficam realmente difíceis, o governo federal pode estender o prazo. Em junho de 2008, o Congresso adicionou mais treze semanas, conforme o número de demissões se ampliou.

---

1 O Medicare, bem como o Medicaid, é um programa norte-americano de assistência aos idosos. (N. E.)

5. **O Acordo de Bretton Woods:** Em 1944, quando a Segunda Guerra Mundial estava próxima de seu fim, foi realizado um encontro de líderes do sistema bancário em um hotel em Bretton Woods, New Hampshire — a Conferência Monetária e Financeira dos Estados Unidos. O encontro resultou na criação do Fundo Monetário Internacional (FMI) e do Banco Mundial. Ainda que as pessoas pensem que estas duas instituições foram projetadas para o bem da humanidade, na verdade só acarretam prejuízos — como a disseminação de um sistema monetário ilusório em todo o mundo.

Em 1971, quando o dólar foi separado do ouro, o FMI e o Banco Mundial exigiram que o restante do mundo também desatrelasse sua moeda do ouro, ou seria excluído do sistema. A atual crise global se espalhou porque a economia mundial gira em torno de dinheiro do *Banco Imobiliário*.

NOTA DE ROBERT

Em 1944, o mundo passou a seguir o padrão do dólar norte-americano, e o tornou a moeda de troca global. Isso significa que todo o mundo tinha que negociar em dólar norte-americano, da mesma forma que os cidadãos do país pagavam seus impostos. Os Estados Unidos são um dos países mais ricos do mundo atualmente porque pagamos nossas dívidas com o dinheiro que imprimimos — uma legalização do dinheiro falso. Se as moedas de outros países, como Argentina ou China, servissem como reserva mundial, também os enriqueceriam. Se o dólar norte-americano perder muita credibilidade, países como a China realmente podem criar uma nova moeda de reserva. Se isto acontecer, os Estados Unidos estão acabados. Não seremos capazes de sobreviver com nosso dinheiro de mentira por muito tempo.

---

6. **Programas de fomento ao emprego:** Durante a última depressão, foram criados programas de incentivo ao trabalho. Um deles foi o *Civilian Conservation Corps* (CCC — "Corpo de Conservação Civil"). Esta iniciativa governamental pagava às pessoas para que participassem em seus programas de conservação. Também havia o *Works Progress Administration* (WPA — "Administração do Progresso Civil"). Este pagava aos participantes para

78 | Capítulo 4

completar projetos de construção civil, como pontes, e se envolvia em atividades de arte, teatro, grandes mídias e de alfabetização em massa. De certo modo, constituiu a maior base de emprego dos Estados Unidos.

Em 2009, os governos passaram a promover programas de incentivo ao emprego. O principal intuito era possibilitar que as pessoas arcassem com sua subsistência. Se não têm as necessidades básicas atendidas, elas se voltam contra seus governantes. O maior medo dos representantes é o levante político, que pode gerar uma revolução.

A última depressão nunca terminou. Os problemas foram maquiados, e hoje crescem mais dispendiosos e temerários.

Dois Tipos de Depressão

Ao longo da história tem havido dois tipos básicos de depressão:

1. Causadas por *deflação*

2. Decorrentes de *inflação*

A última depressão dos Estados Unidos foi causada pela deflação. Por outro lado, a última da Alemanha, por inflação.

Mesma Depressão, Dinheiro Diferente

A depressão norte-americana se originou da *deflação* porque o dólar tecnicamente ainda carregava um valor real. Era dinheiro lastreado em ouro e prata: recibo de dinheiro. O dinheiro era lastreado em ouro e prata: era um *recibo*. Isso é basicamente uma promissória para o ouro ou a prata supostamente guardados no cofre do Tesouro norte-americano.

Após a crise de 1929, o medo se espalhou, os norte-americanos se agarraram a seus dólares, a economia murchou, empresas fecharam, as pessoas perderam seus empregos e a depressão se estabeleceu. O governo não imprimiu dinheiro para resolver seus problemas porque era tecnicamente ilegal — embora algumas regras tenham sido quebradas. Os poupadores foram vencedores porque, nesse caso, o dinheiro era escasso e ainda tinha valor tangível. A depressão foi causada pela *deflação*.

A depressão alemã foi causada pela *inflação*, pois o dinheiro alemão não era mais tangível. Era dinheiro do *Banco Imobiliário* e promissórias do governo — *dinheiro de mentira* — que não valiam nada.

Dado que o marco alemão era dinheiro do *Banco Imobiliário* — um pedaço de papel com tinta por cima, lastreado por nada —, o governo alemão manteve as impressoras funcionando. Era a forma de resolver seus problemas financeiros. Os poupadores eram perdedores porque o dinheiro valia cada vez menos conforme circulava na economia. A depressão foi causada por *inflação*.

Há uma história sobre uma mulher que levou um carrinho de mão cheio de dinheiro para uma padaria apenas para comprar pão. Quando saiu, descobriu que seu carrinho de mão havia sido roubado, mas os ladrões despejaram o dinheiro no chão, sem se preocupar em levá-lo. Essa história cômica ilustra os efeitos devastadores da hiperinflação.

Preparando-se para a Próxima Depressão

Assim, a pergunta é: Se há uma depressão iminente, será igual à *norte-americana* ou à *alemã*? Na próxima depressão o dinheiro será o rei ou um lixo?

Tipo a Norte-americana

A maioria das pessoas está se preparando para a repetição de uma depressão no estilo da norte-americana. Essas pessoas se sentem seguras resguardando suas economias, recebendo um cheque de aposentadoria do fundo de pensão da empresa para a qual trabalharam ou da Previdência Social, reduzindo suas dívidas e vivendo uma vida mais simples.

Ainda que essas pessoas estejam bem preparadas para uma depressão do tipo a norte-americana, seriam completamente arrasadas se ocorresse uma depressão no estilo da alemã. Muitos administradores de fundos mútuos se sentem espertos hoje porque conseguiram sair do mercado a tempo e agora estão cheios de dinheiro. Mas o que acontecerá se a depressão que está no horizonte for do tipo da germânica? O dinheiro valerá algo? Eles ainda serão sagazes o suficiente?

Tipo a Alemã

Poucas pessoas estão prontas para encarar algo nesta linha. Essas pessoas acumulam moedas de ouro e prata, algum dinheiro e investimentos que se ajustam à inflação. Exemplos de tais investimentos são petróleo, alimentos, ações de ouro e prata e habitações patrocinadas pelo governo.

> **Comentários dos Leitores**
>
> *Moro em Metro Detroit, e a próxima depressão já chegou aqui. Não é germânica ou norte-americana, mas uma extirpação da classe média e seus modos de vida.*
>
> — cindyri

O que o Destino Nos Reserva?

Particularmente, vejo uma depressão do tipo alemã — não norte-americana. As razões por que afirmo isso estão abaixo.

1. **O efeito Warburg:** Um dos primeiros fundadores do Federal Reserve foi Paul Warburg, que representou as famílias europeias dos Rothschild e dos Warburg. Ele era um dos membros da M. M. Warburg, que tinha escritórios na Alemanha e na Holanda. Seu irmão, Max Warburg, foi o conselheiro financeiro do kaiser antes da Segunda Guerra Mundial, e foi diretor do Reischbank da Alemanha. Ambos os Warburg eram antiouro. Eram a favor de um suprimento monetário flexível que pudesse ser expandido ou contraído para acomodar as necessidades das empresas. Eles eram a favor do dinheiro artificial. Naturalmente, isso geralmente leva à inflação, que é um imposto silencioso sobre a classe média e os poupadores. O resultado devastador da filosofia monetária dos Warburg foi historicamente demonstrado na Alemanha. Max, um homem judeu, fugiu da Alemanha em 1938 — mas apenas depois que a hiperinflação já havia se estabelecido. A mentalidade dos irmãos sobre a moeda corrente está sendo aplicada nos Estados Unidos atualmente, ilustrada pelo Fed bombeando trilhões de dólares na economia.

    Também é importante observar que antes de 1913 não havia imposto sobre a renda nos Estados Unidos. O imposto de renda foi estabelecido para prover o governo com dinheiro suficiente para pagar as taxas de juros que se devia ao Federal Reserve. Então, em essência, o Fed é responsável tanto pelo imposto silencioso da inflação quanto pelo imposto não oculto sobre a renda que tira dinheiro dos nossos bolsos e o coloca no dos ricos.

2. **Imprimindo nossa saída das dívidas:** A crise de 1929 foi catalisada pela compra de ações *on margin* (que se empresta antes de comprar). A de 2007

foi disparada pela compra de imóveis *on margin*. A principal diferença, entretanto, como já dissemos anteriormente, é que o governo norte-americano *não podia* imprimir moeda em 1929, porque o dólar estava atrelado ao ouro. Hoje, o dólar é uma moeda que oscila livremente, atrelada a absolutamente nada a não ser à boa-fé e ao crédito do governo dos Estados Unidos. Agora que o governo tem a autoridade de imprimir dívidas a seu bel-prazer, o que você acha que fará?

3. **Ouro de tolo:** Roosevelt pediu ao povo norte-americano para entregar seu ouro em 1933, pelo qual foram pagos US$20,22 a onça em recibos. Então, o preço da onça subiu para US$35, ou seja, para cada onça que foi entregue a US$20,22, as pessoas foram roubadas em cerca de US$15. Um furto de 58%. Se alguém fosse pego carregando moedas de ouro, a punição seria uma multa de US$10 mil e dez anos de cadeia. O intuito disso era acostumar o mundo ao uso exclusivo de moeda corrente. E também esconder o fato de que os Estados Unidos tinham imprimido dólar em papel em excesso e não havia ouro em reserva suficiente para assegurá-lo — em outras palavras, o governo dos Estados Unidos estava quebrado.

Só em 1975 o presidente Gerald Ford permitiu que as pessoas voltassem a possuir ouro — somente depois que Nixon cortou permanentemente a ligação entre o dólar e o ouro. Quem se importa com ouro quando aqueles que controlam nossos governos e bancos podem imprimir papel-moeda a seu bel-prazer?

Hoje, as pessoas estão muito acostumadas ao papel-moeda. A maioria delas nem sequer sabe onde adquirir moedas de ouro e prata e, principalmente, por quê. Tudo o que conseguem enxergar são empregos desaparecendo, preços de imóveis despencando e o dinheiro da aposentadoria desaparecendo com o mercado de ações. Muitos querem desesperadamente o dinheiro do resgate governamental, o que provavelmente significa que, sem saber, preferem a hiperinflação à deflação.

4. **Um mundo de moedas de carrinhos de mão:** Como afirmado anteriormente, em 1944, o encontro de Bretton Woods criou o Banco Mundial e o FMI. Essas agências são extensões do Federal Reserve e de outros bancos centrais europeus. O FMI e o Banco Mundial exigiram que os bancos do mundo trocassem seu dinheiro por moeda de mentira, não lastreada por

ouro e prata, similar à moeda corrente da Alemanha da pré-Segunda Guerra Mundial. Em outras palavras, os Estados Unidos, o FMI e o Banco Mundial começaram a exportar o modelo de sistema monetário alemão, *dinheiro largado no carrinho de mão*, para o mundo.

Até 1971, o dólar norte-americano era a principal moeda utilizada pelo FMI. Dado que o dólar era resgatável a US$35 por onça, a quantidade de dinheiro internacional que podia ser criada era muito limitada. Para operar como um verdadeiro banco central, o FMI precisava ser capaz de imprimir quantidades ilimitadas de dinheiro falso. Assim, em 15 de agosto de 1971, Nixon decretou que os Estados Unidos não resgatariam mais o dólar com ouro. Em 1971, o dólar se tornou completamente dinheiro do *Banco Imobiliário* a nível mundial.

O Dinheiro Mundial É o Deixado no Carrinho de Mão

Hoje, todas as principais moedas do mundo são basicamente dinheiro de *Banco Imobiliário* — aquele deixado no carrinho de mão. Então, de novo, precisamos perguntar a nós mesmos: "A próxima depressão será do tipo *deflacionário dos Estados Unidos* ou *hiperinflacionário da Alemanha*? O dinheiro nos salvará ou não terá valor? Os poupadores serão perdedores ou um exemplo a seguir? Os pensionistas terão vez? Os preços vão cair ou aumentar?

O primeiro passo para se preparar para uma depressão é conhecer sua história, checar os fatos, olhar para o futuro e tomar uma decisão. Escolher seguir o caminho do meu pai pobre ou do meu pai rico. Hoje, em tempos de trevas, tenho em mente que meu pai rico ficou ainda mais rico e meu pai pobre permaneceu pobre, ambos influenciados pela mesma depressão.

Comentários dos Leitores

Nesse momento o dinheiro ainda reina porque as moedas do mundo ainda estão atreladas ao dólar. À medida que o Fed continue a imprimir moeda, o dólar se tornará menos e menos atraente como moeda de reserva. Então, os outros países procurarão desatrelar suas moedas do dólar e atrelá-las a algo mais estável, como o ouro (talvez). Aí, então, os Estados Unidos experimentarão a hiperinflação.

— deborahclark

NOTA DE ROBERT

Atualmente, o Fed e o Tesouro norte-americano estão tentando controlar a deflação. Ela é muito pior do que a inflação e muito mais difícil de ser estancada. É por isso que estamos vendo pacotes de estímulo e resgate que, se forem bem-sucedidos, trarão de volta a economia inflacionária. Mas, e esta é uma ressalva significativa, se isso não funcionar, haverá ainda mais impressão maciça de dinheiro, o que nos conduzirá à hiperinflação. Isso aconteceu recentemente com o Zimbábue, era necessário 1 bilhão de dólares zimbabuanos para comprar três ovos. Se o impensável acontecer e os Estados Unidos entrarem em uma hiperinflação, será a morte do dólar. Se isso acontecer, a economia do mundo entrará em colapso. Este é o maior medo de nossos líderes.

Exportando Dívidas

Pode ser que não haja uma depressão. Obama pode conseguir unificar o mundo e possibilitar uma impressão global indefinida de dinheiro sem valor. Talvez os países ao redor do mundo continuem aceitando a principal exportação norte-americana — dívidas — como pagamento por seus bens e serviços. Enquanto a sociedade estiver disposta a aceitar nossas dívidas, promissórias do Tesouro e títulos como dinheiro, o carrossel continuará girando. Mas se o mundo começar a recusar o dólar norte-americano, o motor vai parar, e a depressão que se seguirá terá proporções sem precedentes.

Capítulo 4

Em 18 de março de 2009, uma quarta-feira, o Fed anunciou que injetara US$1,2 trilhão na economia. Isso significa que você deve apertar os cintos para uma decolagem ou se preparar para um pouso forçado? Significa que o Fed agora imprime dinheiro, exatamente como o governo germânico fez durante a última depressão. Em uma economia estabilizada, quando o Tesouro norte-americano oferece títulos, países como China, Japão e Inglaterra e investidores privados os compram. *Mas quando o Fed compra suas ações, significa que os Estados Unidos estão realmente imprimindo dinheiro.* Significa que a economia está em colapso, como um balão de ar quente rasgado.

Como você deve saber, Ben Bernanke, o ex-presidente do Fed, era um estudante na última depressão. Ele sempre afirmou que salvaria a economia imprimindo dinheiro. Quando falou que ia jogar dinheiro de um helicóptero para salvá-la, foi apelidado de "Ben Helicóptero". Esta mudança em 18 de março de 2009 é a comprovação de seus propósitos — inflação a qualquer preço. Se ele seguir em frente e o dinheiro superinflacionar, veremos uma depressão como a germânica.

Nova Regra do Dinheiro #4: Prepare-se para o Pior e Fique Sempre Bem

Quando eu frequentava a Escola Dominical, contaram-me uma história sobre o faraó do Egito que teve um sonho perturbador. Em seu sonho, viu sete vacas gordas serem devoradas por sete vacas magras. Perturbado, buscou alguém que pudesse interpretar seu sonho. Finalmente soube, por um jovem escravo, que a interpretação indicava que teria sete anos de abundância seguidos de sete anos de escassez. O faraó imediatamente começou a se preparar para os sete anos de fome e, assim, o Egito se tornou uma nação poderosa, que alimentou toda aquela região do mundo.

Em 1983, após ler *Grunch of Giants*, do dr. Fuller, comecei a me preparar para a crise financeira atual. Hoje, minha mulher e eu, nossa empresa e investimentos prosperam, porque sempre nos preparamos para os tempos ruins. É por isso que a nova regra do dinheiro #4 é *prepare-se para o pior e fique sempre bem*. Você vai ler mais sobre isso ainda neste livro.

Fique Sempre Bem

Minha geração — os *baby boomers* — e seus filhos conheceram a maior ascensão econômica da história. Os *baby boomers* não sabem o que é depressão. A maior parte deles só conheceu tempos bons. Foram abençoados por terem nascido em meio a um levante econômico maciço que começou em 1971, quando quase todo dinheiro do mundo se tornou dinheiro de *Banco Imobiliário*. Muitas pessoas da minha geração fizeram carrinhos e carrinhos cheios de dinheiro. Após a crise de 2007, muitos os perderam. Mas, pior do que estarem sem dinheiro, talvez estejam sem tempo.

Temo que minha geração e seus filhos não estejam preparados para o declínio financeiro, a depressão que pode estar vindo. Se uma pessoa apenas conheceu uma *economia em expansão*, pode não estar preparada para viver em uma *economia deflacionária ou hiperinflacionária*.

Um bom exercício é encontrar alguém que tenha vivido a última depressão e levá-lo para almoçar. Almocei com sobreviventes das duas depressões, a alemã e a norte-americana. É uma boa forma de se preparar para a próxima. Como você está fazendo isso?

Comentários dos Leitores

Primeiro, concordo que isso esteja próximo de alguma maneira, e que a maioria das pessoas será surpreendida porque foi acostumada a viver tempos de expansão econômica, como eu. Entendo que os ativos são a maneira de sobreviver à depressão. Idealmente, os ativos vão gerar fluxo de caixa para poder investir em ouro e prata, o que espero que seja suficiente para compensar a redução no fluxo de caixa quando o dólar norte-americano já não valer nada.

— dkosters

Capítulo 5

O SEGREDO NA NOSSA PROFICIÊNCIA FINANCEIRA

O Jeito Perfeito de Roubar um Banco

Pergunta: *Qual é a diferença entre um banqueiro e Jesse James?*

Resposta: Jesse James roubava bancos do lado de fora. Banqueiros roubam de dentro.

Pergunta: *Qual é o jeito perfeito de roubar um banco?*

Resposta: Sendo dono de um.

— William Crawford, responsável pelo
Departamento de Poupança e Crédito da Califórnia

As Pessoas São Perspicazes

Assim como as pessoas, o dinheiro também evolui. Muitas pessoas enfrentam problemas financeiros hoje porque o dinheiro evoluiu e ficamos para trás. Não evoluímos porque existe um segredo que conspira contra nossa proficiência financeira. Nossa evolução foi estancada.

A maioria das pessoas é ativa quando se trata de dinheiro. Até mesmo um menino de cinco anos sabe a diferença entre uma nota de US$5 e uma de US$50. Se oferecermos uma nota de US$5 e uma de US$50, quase todas as crianças pegarão a de US$50.

Para diminuir nossa habilidade financeira, tivemos que ser financeiramente imbecilizados. Isso foi conseguido por meio do sistema bancário, um esquema complexo e confuso em que o dinheiro é criado. O sistema financeiro moderno, de muitas maneiras, não faz o menor sentido. Como se pode, por exemplo, criar trilhões de dólares sem valor?

Comentários do Leitor

Quantas vezes você já assinou "aqui, aqui e aqui" sem realmente olhar os detalhes do que assinava ou apenas com uma breve explicação de quem lhe pedia para assinar? Essa prática é utilizada para facilitar as coisas para os clientes; entretanto, na maioria das vezes, também os emburrece.

— dafirebreather

Contos de Fadas Financeiros

Quando criança, eu acreditava em contos de fadas; mas quando estava com sete ou oito anos, já sabia que eles eram apenas para criancinhas pequenas. Assim, quando o presidente dos Estados Unidos nos pediu para ter *esperança* ao mesmo tempo em que o Federal Reserve imprimia trilhões de dólares de mentira, comecei a imaginar se os líderes esperam que as pessoas acreditem em galinha dos ovos de ouro, criando riqueza do nada. Vamos torcer para que nossa história não termine do jeito que a da galinha dos ovos de ouro terminou.

O Número de Mágica

Quando criança, eu também acreditava em mágica. Um dia aprendi que ela não existia — eram apenas truques e habilidades manuais. Infelizmente, é exatamente assim que o dinheiro é criado hoje — por um truque de ilusionismo. O Tesouro norte-americano emite um título, o Federal Reserve assina um cheque mágico por ele, que é depositado em um banco comercial, e depois escreve cheques para os bancos menores.

Mas essa não é o cadafalso completo dos truques de mágica. A mágica de verdade é que o suprimento de dinheiro aumenta em cada banco. Para cada centavo que o banco recebe, ele pode, na verdade, imprimir ainda mais dinheiro graças ao truque de ilusionismo chamado *sistema fracionário de reservas*, que discutiremos mais à frente, ainda neste capítulo. Todos os bancos podem tentar esse truque. Tudo que um banco precisa fazer é encontrar pessoas como você e eu, desesperadas por dinheiro e desejosas de desperdiçar suas vidas ao assinar um empréstimo de dinheiro mágico — e quanto mais desesperado estiver, mais alta será a taxa de juros.

Todos os bancos, pequenos ou grandes, recebem essa licença para imprimir dinheiro. Você não precisa de máscaras para roubar um banco. Tudo de que precisa é ser dono de um.

As pessoas têm extrema dificuldade para entender o dinheiro hoje. Se você é um trabalhador honesto, diligente, provavelmente não faz o menor sentido para você como os bancos criam esse dinheiro mágico. O segredo dos ricos diminui nossa inteligência financeira utilizando-se de um sistema que pessoas íntegras não compreendem. Possuir um banco não é apenas uma licença para imprimir dinheiro — mas também para roubá-lo, legalmente.

Não estou chamando as pessoas que trabalham em seu banco de aproveitadoras. A maioria é honesta e não tem a menor ideia de como essa roubalheira acontece. Muitas não têm consciência de como são usadas para roubar as riquezas de seus clientes. Elas não são nada diferentes de um planejador financeiro ou um corretor imobiliário que estende a mão, dizendo: "Como posso ajudá-lo?" A maior parte dos que trabalham em bancos só faz seu trabalho, ganhando seu sustento como a maioria de nós. É *o sistema de criação de dinheiro* que rouba nossa riqueza. O mesmo sistema que também torna algumas pessoas muito ricas.

A Evolução do Dinheiro

O dinheiro evolui à medida que a sociedade se torna mais complexa e as pessoas passam a requerer maneiras mais elaboradas de efetuar negócios.

Esta seção descreve em termos simples a evolução dos estágios do dinheiro — de algo tangível para uma ilusão.

1. **Escambo:** Foi um dos primeiros sistemas monetários. Escambo é a troca de um produto ou serviço por outros. Se, por exemplo, um fazendeiro tem uma galinha e precisa de sapatos, pode trocá-la por sapatos. O problema óbvio com esse sistema é que é lento, tedioso e cansativo. É difícil medir os valores relativos. E se o sapateiro não quiser a galinha? Ou se quiser várias

90 | Capítulo 5

galinhas para equipará-las ao valor de seus sapatos? Um meio mais rápido e eficiente de troca se tornou necessário, por isso a evolução do dinheiro.

Se a economia continuar a derrapar e o dinheiro continuar apertado, você verá o escambo crescer. Uma coisa boa sobre ele é que é difícil para o governo taxá-lo. A receita federal não aceita galinhas como pagamento.

2. **Commodities:** Para acelerar o processo de troca, grupos de pessoas acordaram utilizar itens tangíveis que *representassem um valor*. Conchas foram algumas das primeiras formas de dinheiro em mercadoria. Assim como pedras, pérolas, contas, gatos, cabras, ouro e prata. Em vez de trocar galinhas por sapatos, o criador de galinhas pagaria o sapateiro com apenas seis pedras coloridas. O uso de mercadorias acelerou o processo de troca. Mais negócios podiam ser feitos em menos tempo.

    Hoje, o ouro e a prata continuam sendo as mercadorias internacionalmente aceitas como dinheiro. Essa foi a lição que aprendi no Vietnã. O papel-moeda era *local*, mas o ouro era *universal*, aceito como dinheiro até mesmo atrás das linhas inimigas.

3. **Recibos:** Para manter os metais e pedras preciosas em segurança, as pessoas os entregavam para aqueles em quem confiavam. Essa pessoa emitia um recibo para o proprietário, como garantia para seus metais e pedras preciosas. Assim nasceram os bancos.

    Recibos de depósitos foram um dos primeiros *derivativos* financeiros. Mais uma vez, *derivativo* quer dizer que "deriva de algo" — como o suco de laranja e o ovo da galinha. Conforme o dinheiro evoluiu de algo tangível para um derivativo de um valor, um recibo, a velocidade das trocas aumentou.

    Em tempos antigos, quando um mercador atravessava o deserto para chegar a outros mercados, não carregava ouro ou prata consigo por medo de assaltos ao longo do caminho. Ele carregava um *recibo* no lugar do ouro, da prata ou da pedra preciosa. O recibo era um derivativo dos valores que ele possuía e que estavam guardados. Se comprasse produtos no caminho, poderia pagá-los com os recibos — um derivativo de valor tangível.

O Segredo dos Ricos | *91*

O vendedor pegaria o recibo e depositaria em seu banco. Em vez de carregar ouro, prata e pedras preciosas através do deserto para levar a outro banco, os dois banqueiros, nas duas cidades, equilibravam débitos e créditos com os recibos. Isso foi o início dos bancos e do sistema financeiro moderno. Mais uma vez, o dinheiro evoluiu e os negócios se aceleraram. Hoje, os recibos modernos são conhecidos como cheques, recibos de retiradas, transferências e cartões de débito. O mote das negociações bancárias foi mais bem descrito pelo terceiro Lord Rothschild como "facilitador do movimento do dinheiro de um ponto A, onde está, para B, onde é necessário."

4. **Sistema de reservas fracionárias:** À medida que a riqueza aumentava por meio das trocas, os cofres dos banqueiros começaram a ficar abarrotados de commodities, como ouro, prata e pedras preciosas. Logo os banqueiros perceberam que seus clientes faziam pouco uso delas. Os recibos eram muito mais convenientes, seguros e fáceis de carregar. Para fazer mais dinheiro, os banqueiros começaram, além de estocar riqueza, a emprestá-la. Quando um cliente buscava dinheiro emprestado, emitiam um recibo com juros. Em outras palavras, eles perceberam que não precisavam de seu próprio dinheiro para fazer mais dinheiro. Os banqueiros começaram, efetivamente, a imprimir dinheiro.

O termo financeiro *em espécie* foi criado para quando se usava gado como colateral, garantia, para emprestar dinheiro do banqueiro. Se o gado do credor tivesse bezerros enquanto ele era usado como garantia, então as *espécies* pertenciam ao banqueiro, como parte do acordo.

Dado que os banqueiros fazem dinheiro com os pagamentos de juros, não demorou para que estivessem fazendo mais dinheiro com empréstimos do que com o dinheiro que armazenavam em seus cofres. Foi aí que o show de mágica começou. É assim que os banqueiros tiram seus coelhos das cartolas. Eles poderiam, por exemplo, ter mercadorias no valor de US$1 mil no cofre, em ouro e prata, mas podiam emitir US$2 mil em recibos em circulação baseados nos US$1 mil em valores do cofre. Nesse caso, criaram uma reserva fracionária de 2 para 1 — dois dólares em recibos para cada dólar em ouro, prata ou pedras preciosas em seu cofre. A quantidade de dinheiro no banco era apenas uma fração dos recibos em circulação. Os banqueiros coletavam juros sobre o dinheiro

92 | Capítulo 5

que tecnicamente não possuíam. Se você ou eu fizéssemos isso, seríamos considerados fraudadores ou falsificadores — ainda assim, é perfeitamente legal para os bancos.

Com mais dinheiro em circulação, as pessoas se sentiam mais ricas. Não havia problema com essa expansão da base monetária conquanto que ninguém quisesse seu ouro, prata ou pedra preciosa de volta ao mesmo tempo. Nos termos modernos, você diria: "A economia cresceu porque o suprimento de dinheiro aumentou."

Antes dos bancos centrais, como o Federal Reserve, muitos pequenos bancos emitiam o próprio dinheiro. Muitos deles explodiram quando ficaram gananciosos demais e começaram a emitir muito mais *dinheiro fracionário* do que possuíam em reservas em seu cofre, e se tornaram incapazes de cobrir os pedidos de retiradas. Essa é uma das razões pelas quais foram criados o Banco da Inglaterra, o Federal Reserve e tantos outros. Eles queriam apenas uma forma de dinheiro — o próprio dinheiro — e regular o sistema de reservas fracionárias.

Embora os bancos centrais tenham recebido uma oposição forte dos *Founding Fathers* — os signatários da Constituição dos Estados Unidos —, o Federal Reserve, em 1913, foi criado com a bênção do presidente Woodrow Wilson e do Congresso norte-americano, selando a parceria dos super-ricos com o Tesouro nacional. Todo o dinheiro dos Estados Unidos passou a ser controlado por esta parceria. Nenhum outro banco poderia emitir o próprio dinheiro. Por isso a afirmação de Mayer Amschel Rothschild foi tão profética: "Dê-me o controle da oferta de moeda de um país e eu não me importarei com quem fará as leis."

Hoje, o presidente Obama está tentando resolver a crise financeira ao mudar ou exigir que se cumpram as regras. Mas, como disse Rothschild, o segredo dos ricos não se importa com as regras. Tudo com que os cartéis de bancos que controlam os bancos centrais do mundo realmente se importam é com os resgates e estímulos que os governos bombeiam nas economias combalidas. Tudo que os cartéis querem é o pagamento de juros daquele dinheiro, os trilhões do dinheiro mágico criado para os resgates e os programas de estímulo.

O Segredo dos Ricos | 93

Em 2009, quando o presidente do Congresso falou sobre uma nova rodada de resgate, de US$800 bilhões, uma série de operações governamentais foi criada para injetar dinheiro na economia, a maioria na surdina, com nomes peculiares como *crédito facilmente negociável* ou *facilitador de financiamento*. Raramente ouvimos falar dessas operações na mídia. Mas através delas o Fed bombeou pelo menos US$3 trilhões em empréstimos e até US$5,7 trilhões em garantias para investimentos privados.

Então, quem tem mais poder? O presidente do Fed ou o Obama?

Comentários dos Leitores

Temos um ponto muito intrigante aqui. Ao entender mais o assunto, cheguei à conclusão de que o Federal Reserve é mais do que uma entidade socialista criada pelo governo para controlar o dinheiro. Assim, o que me preocupa não é que a instituição tenha mais poder, mas que juntos eles tenham domínio total sobre as pessoas.

— rdeken

A patifaria dos bancos atinge *gerações* de pessoas. Independentemente de você concordar ou não com a ideia de um segredo, a realidade é que trilhões do dinheiro mágico, mais taxas de juros, terão que ser pagos pelas futuras gerações. Usaremos o dinheiro do futuro de nossos filhos para arcar com nossos erros de hoje.

5. **Dinheiro artificial:** Quando o governo retirou o lastro do dinheiro em ouro, nada mais era necessário em seus cofres, como ouro, prata ou pedras preciosas, para criar dinheiro.

   Tecnicamente, antes do final do lastro, o dinheiro era um *derivativo do ouro*. Tirar o padrão-ouro da moeda foi um assalto a banco de proporções inimagináveis.

   O dinheiro artificial é lastreado basicamente na boa-fé e no crédito do governo. Se alguém se envolver com o dinheiro de *Banco Imobiliário* que vigora, o governo tem o poder de colocá-lo na cadeia por fraude e falsificação. O dinheiro artificial é um representativo de que todas as contas a serem pagas ao governo, como impostos, precisam ser pagas na moeda corrente daquela nação. Você não pode pagar seus impostos com galinhas.

Lapidar Moedas

Quando o dinheiro vinha em commodities, especialmente ouro e prata, era muito mais fácil saber se você estava sendo roubado. No começo dos tempos romanos, os varões tentavam enganar as pessoas lapidando as bordas das moedas. Por isso as moedas romanas são desproporcionais e de formatos esquisitos. E também é por isso que as moedas de hoje em dia têm sulcos nas bordas. Se você recebesse uma moeda de dólar norte-americano, cujas bordas são lisas, com o formato irregular, saberia imediatamente que alguém aparou o metal da moeda e que ela não tem valor. Alguém roubou seu dinheiro. Quando se trata de dinheiro, as pessoas são espertas, mas apenas se puderem ver, tocar e senti-lo.

Desvalorizar Moedas

Outra forma com que os romanos eram enganados era por meio de moedas desvalorizadas. Isso significa que em vez de moedas feitas exclusivamente de ouro e prata, o governo misturava *metais básicos* como níquel e cobre, diluindo o ouro e a prata da moeda. Isso tornava a moeda inútil em termos práticos e aumentava a inflação. *A inflação é um derivativo da desvalorização monetária.*

Em 1964, o governo norte-americano imitou o governo romano ao tomar nossas moedas e transformá-las em *moedas de metais básicos.* É por isso que hoje você vê uma borda de cobre ao redor de algumas moedas. Enquanto os sulcos evitam que as pessoas sejam enganadas com moedas falsas, o governo também a desvaloriza metaforicamente, reduzindo a prata em sua composição. Depois de 1964, ninguém mais lapidava moedas, porque elas já não eram valiosas.

Um dia, em 1964, eu estava no colégio e comecei a recolher tantas moedas antigas de prata quanto consegui carregar nas mãos. Não entendi muito bem por que fiz aquilo, simplesmente me senti compelido a fazê-lo. Eu sabia que algo estava mudando e que era melhor juntar mais prata do que moedas em geral. Anos depois, descobri que eu seguira a lei de Gresham. Esta lei afirma que quando o dinheiro em circulação está desvalorizado, existe um dinheiro valioso escondido. Assim como aquela vendedora de frutas vietnamita de que falei anteriormente, eu estava conectado com a mudança no sistema monetário. Eu estava trocando dinheiro desvalorizado por dinheiro valioso — as moedas de prata — na minha coleção. Tenho algumas dessas moedas até hoje.

O Segredo dos Ricos | 95

O Furto dos Bancos

Hoje, a lapidação e a desvalorização do dinheiro continuam, mas não de uma forma material. Considerando que o dinheiro é invisível, um derivativo das dívidas, os furtos que os bancos fazem são silenciosos. Isso significa que a maioria das pessoas não consegue ver que os bancos estão roubando seu dinheiro.

A seguir estão duas maneiras modernas de furto dos bancos.

1. **Sistema de reserva fracionária:** Assumindo um limite de 12 para 1 de reservas (esta proporção muda dependendo das condições econômicas), quando você deposita US$100 em seu banco, ele pode emprestar até US$1.200 em empréstimos garantidos pelos US$100 depositados. Quando isso acontece, seu dinheiro é diluído e a inflação aumenta.

   Por exemplo, digamos que o banco pague juros de 5% ao ano, o que representa US$5 por ano de juros em pagamentos. O banco pode emprestar US$1.200 a taxas de 20% ao ano, gerando para ele US$240 de pagamentos de juros. O banco furtou sua riqueza ao desvalorizar seu dinheiro por meio da reserva fracionária, e fez US$240 em taxas de juros baseado em seus US$100. Você fez US$5.

   O sistema de reserva fracionária é a maneira moderna de lapidar e desvalorizar moedas. Poucas pessoas a percebem, porque cada um dos bancos cria dinheiro sem valor do seu jeito. Quando o banco recebe seu dinheiro, ele diz: "Obrigado." Ele pode imprimir mais dinheiro mágico. Quando o banco empresta mais dinheiro do que você depositou, a oferta monetária se expande e a inflação aumenta.

   Em junho de 1983, os banqueiros tiveram a ideia de criar pacotes de financiamento, assegurando e os chamando de dívida garantida, uma obrigação financeira derivativa das dívidas. Então os venderam pelo mundo como uma alternativa aos títulos públicos e privados.

   Agências de classificação de risco de crédito transformaram esses pacotes em investimentos, e companhias de seguro, em transações de permuta. Essas seguradoras usam a palavra *permuta* em vez de *seguro* porque a empresa é obrigada a ter o dinheiro que respalde o seguro. *Permutas* não precisam deste respaldo financeiro, o que foi a principal razão para empresas como a AIG quebrarem quando o mercado de financiamentos

96 | Capítulo 5

entrou em crise. É como fazer um seguro para seu carro depois que estragou — só após o acidente.

À medida que essas dívidas garantidas cresceram, os bancos tiveram que dar um jeito de atender à demanda. Eventualmente encontram clientes para fazer empréstimos, pessoas pobres necessitadas de dinheiro e dispostas a comprar um novo imóvel sem entrada ou a refinanciar suas casas, e lhes retiram todo seu patrimônio. Uma nova expressão entrou no vocabulário nacional: *crédito de alto risco.*

Tudo estava bem até que os emprestadores de alto risco não conseguissem mais arcar com suas contas, e a casa caiu em 2005. Essa bagunça financeira deriva da permissão do Federal Reserve aos bancos de emprestar dinheiro que não possuem por meio do sistema de reserva fracionária.

O problema é que o governo federal estava pronto para arcar com esses derivativos, algo estimado em mais de US$600 trilhões.

O governo arcaria com eles da segunda forma usada pelos bancos para furtar seu dinheiro: seguro de depósitos.

2. **Seguro de depósitos:** Os seguros de depósitos protegem os bancos — não os poupadores. Nos Estados Unidos foi o criado o *Federal Deposit Insurance Corporation* (FDIC) para proteger as poupanças, mas o primeiro propósito era proteger os grandes bancos como Citigroup, Bank of America e JPMorgan Chase — os mesmos que ajudaram a causar a crise.

    Quando os poupadores se alinham em massa para retirar seu dinheiro, dizemos que está ocorrendo uma *corrida aos bancos*. Esses fundos que garantem os depósitos, como o FDIC, existem para evitar tal corrida. Na crise de 1980, os depósitos eram garantidos até US$50 mil. Com o aumento dos problemas, esse seguro subiu para US$100 mil. Quando a crise financeira começou, em 2007, esse limite passou para US$250 mil. Esses aumentos aconteceram para garantir que mesmo que um banco vá à falência os depositantes não percam dinheiro. De 2007 a 2009, mesmo com a crise, houve pouquíssimas corridas aos bancos no mundo. Uma das razões é os poupadores se sentirem seguros de que os fundos de garantia irão protegê-los.

Ainda que esses fundos de garantia de depósito sejam benéficos, também protegem os bancos incompetentes, gananciosos e desonestos. Ao dar um senso de segurança — um escudo financeiro —, recompensam os bancos por assumirem mais e mais riscos com o dinheiro dos correntistas. Ainda que aleguem que os bancos associados é que pagam pelo seguro, a verdade é que não há dinheiro suficiente para cobrir as perdas de hoje, ao menos nos Estados Unidos — assim, o contribuinte tem que arcar com elas na forma de resgates. Nós vamos pagar a conta.

Nem Todos os Bancos São Iguais

Atualmente, ouvimos a palavra *resgate* inúmeras vezes. Na verdade, nem todos os bancos recebem o auxílio financeiro. *Resgates são só para os grandes bancos.*

Se um banco menor entra em crise, o FDIC geralmente usa um *payout* para resolver a situação. Por exemplo, se você e eu possuíssemos um pequeno banco e fizéssemos muitos empréstimos, o FDIC simplesmente fecharia o banco, pagaria os depositantes, e nós e nossos investidores perderíamos o capital próprio aplicado para iniciar o banco. Um *payout* costuma ser uma solução para pequenos banqueiros sem influência política.

A segunda opção é a *liquidação*. Uma liquidação ocorre quando um grande banco assume um banco em crise. Isso aconteceu inúmeras vezes durante a crise atual, um bom exemplo foi a compra da Washington Mutual pela JPMorgan's. É uma maneira muito simples para um banco maior ganhar mais participação no mercado. O FDIC assume o banco problemático na sexta-feira, e o reabre na segunda como uma filial do banco maior. Mais uma vez, isso é uma *liquidação*, e não um resgate.

Os *resgates* geralmente são destinados apenas para os grandes bancos e banqueiros influentes — e para bancos que correm mais riscos e, portanto, têm mais chances de prejudicar gravemente a economia, bancos que são *muito grandes para falhar*. Como a ex-diretora do FDIC, Irvine Sprague, escreveu em seu livro *Bailout*: "Em um resgate, um banco não fecha, e todos — segurados ou não — estão protegidos, exceto a gerência, que é demitida, e os acionistas, que têm o valor que aplicarão diluído. Esse tratamento privilegiado é concedido pelo FDIC a pouquíssimos eleitos."

Isso significa que os resgates são apenas para os ricos. Se um grande banco como o Citi ou JPMorgan enfrentar problemas, os contribuintes pagam as contas.

Os limites dos seguros de depósitos (US$250 mil nos Estados Unidos, R$60 mil no Brasil) não se aplicam. Se um banco europeu possui milhões em depósitos ou um mexicano rico tem milhões em poupança, o dinheiro deles está 100% garantido. O contribuinte paga a conta.

Se você ou eu tivéssemos assumido riscos imensos como os maiores bancos do mundo, perderíamos tudo. Não teríamos tábua de salvação. Em termos muito simples, o seguro de crédito é uma cortina de fumaça que protege os maiores bancos. Se um deles for pego, o governo o resgata.

Erros Cometidos

Em 2009, o ex-presidente do Fed, Alan Greenspan, assumiu para o mundo que erros haviam sido cometidos. Ele só não disse quem pagaria por eles. Claro, nós já sabemos — o contribuinte.

Mais de US$180 bilhões em dinheiro do contribuinte foram para a AIG. E, posteriormente, foi revelado que desse dinheiro US$165 milhões foram usados para pagar bônus a executivos como gratificação por *perderem* dinheiro. A ira dos contribuintes atingiu o ex-presidente do Fed, Bernanke, o secretário do Tesouro, Geithner, e Obama, que de repente prometeu examinar o assunto. Muitos queriam saber para quem aqueles bônus foram.

Contudo, uma questão mais importante é: Por que uma companhia de *seguros*, como a AIG, recebeu resgate? O resgate não é reservado para bancos, para manter a liquidez financeira? O *Wall Street Journal*, ao citar documentos confidenciais, anunciou que US$50 bilhões do resgate da AIG foram para empresas como Goldman Sachs, Merrill Lynch, Bank of America e um certo número de bancos europeus. Em outras palavras, a razão para a AIG receber dinheiro proveniente de resgate é dever muito dinheiro aos maiores bancos do mundo e não ter como pagar de volta. No último trimestre de 2008, a AIG registrou a maior perda financeira da história — quase US$61,7 bilhões. Foram US$27 milhões por hora.

Um Resgate Ainda Maior

Até a primeira publicação deste livro, o resgate mais caro da história tinha sido o da AIG. Mas o resgate da Freddie Mac provavelmente será ainda maior. Assim como a função do FDIC é assegurar nossas poupanças, a da Freddie é garantir financiamentos imobiliários. À medida que mais trabalhadores perderem seus empregos, as perdas da Freddie aumentarão. A partir de março de 2009, a Freddie pegara de volta mais de 30 mil casas. A manutenção de cada uma delas custava certa de US$3.300 mensais. Estima-se que o resgate da Freddie Mac vai superar o da AIG.

De Volta para o Futuro

No Capítulo 1, citei as palavras do presidente Bush, que asseguravam: "Essa legislação salvaguardará e estabilizará o sistema financeiro norte-americano e fará reformas permanentes para que esses problemas jamais ocorram novamente." Ele se referia ao resgate da indústria de poupança e empréstimo, no final da década de 1980 e começo dos anos 1990. Hoje, você e eu sabemos que essas coisas *aconteceram* novamente.

Durante a Crise da Poupança Bancária e do Financiamento Imobiliário, o senador John McCain foi responsabilizado pelo fracasso da Lincoln Savings and Loan e pela perda de bilhões de dólares. Bill e Hillary Clinton foram acusados pela quebra da Madison Guaranty Savings and Loan. E a família Bush esteve diretamente envolvida com as perdas da Silverado Savings and Loan.

O senador Phil Gramm, em 1997 e 1998, ajudou a revogar a lei Glass-Steagall; escrita durante a última depressão, evitava que as cadernetas de poupança misturassem poupança e investimentos. Desde que a Glass-Steagall foi aprovada, as demissões nos bancos assumiram proporções épicas. É interessante notar que o senador Gramm, ex-presidente do Comitê Bancário do Senado, arrecadou US$2,6 milhões de bancos, corretoras e companhias de seguros em contribuição para a campanha. O ex-presidente do Fed, Greenspan, Clinton e seus secretários do Tesouro Robert Rubin, Larry Summers e Tim Geithner (secretário do Tesouro atualmente) participaram da revogação da lei Glass-Steagall, que levou à formação do Citigroup. Coincidentemente, Rubin saiu da Casa Branca no ato para se tornar gestor da empresa recém-formada.

Meu ponto é: os furtos dos grandes bancos requerem cobertura política e é por isso que os políticos têm sido lentos em reagir a esses acontecimentos. Em um sistema tão corrupto, como podemos acreditar na mudança?

Capítulo 5

> **Comentários dos Leitores**
>
> *Não sei se essa é a pergunta correta. Não sei como podemos mudar o sistema, então talvez devêssemos perguntar como aproveitá-lo do jeito que é.*
>
> — Rromatowski
>
> *Esta é a melhor citação que conheço. "Seja a mudança que você quer ver no mundo." — Mahatma Gandhi*
>
> — justemailme

Ruína Nacional

De volta a 1791, Thomas Jefferson foi fortemente contra um banco central pelas mesmas razões que todos vivenciamos hoje. Jefferson dizia que a Constituição não concedeu ao Congresso o poder de criar um banco ou qualquer outra coisa. Ele afirmava que mesmo que a Constituição o tivesse concedido ao Congresso, era algo extremamente imprudente, porque permitir que bancos criem dinheiro só pode conduzir a nação às ruínas. Na verdade, não era incomum para Jefferson comparar o mercado bancário aos perigos de exércitos permanentes.

Repetindo a frase de John Maynard Keynes que já mencionei no livro, sobre desvalorizar nossa oferta de dinheiro: "Não há maneira mais sutil nem mais segura de subverter a ordem social da sociedade do que o aviltamento da moeda corrente. Trata-se de um processo que mobiliza todas as forças ocultas da lei econômica a favor da destruição, e o faz de maneira tal que em 1 milhão de pessoas não há uma única que seja capaz de fazer um diagnóstico." Em outras palavras, é difícil diagnosticar algo que você não pode ver. Hoje, os bancos estão furtando nossas riquezas bem debaixo de nossos narizes, um roubo escondido que vem à tona quando você sabe onde procurar.

Nova Regra do Dinheiro #5: The Need for Speed[1]

No começo do capítulo falei sobre como o dinheiro evoluiu de escambo para dinheiro digital — dinheiro com a velocidade da luz. Hoje, uma das

---

1 *The Need for Speed* é um filme baseado em um jogo de corrida homônimo. Em tradução livre, significa "a necessidade da velocidade". (N. E.)

razões pelas quais tantas pessoas estão fazendo bilhões e outras continuam ganhando alguns trocados por hora trabalhada é a diferença na velocidade. Hoje, quanto mais rápido uma pessoa puder transacionar seus negócios, mais dinheiro ganhará. Um médico no consultório, por exemplo, pode ver um paciente de cada vez. Um garoto no Nível Médio com uma rede global pode se relacionar com um número ilimitado de clientes, 24 horas por dia, sete dias da semana, e pode ganhar muito, muito mais dinheiro do que o médico. A diferença, sobre a qual falaremos a seguir, é que um tipo de trabalho é virtual (negócios digitais) e o outro, físico (médico). Um tipo de trabalho cria riqueza exponencial; o outro, linear.

Muitas pessoas hoje estão com problemas financeiros porque são muito lentas — não podem fazer dinheiro mais rápido do que os bancos o criam. Quando se trata de transações financeiras, a maioria das pessoas está na Idade da Pedra, sendo paga por hora, por mês ou por transação, trabalhando por comissão, como é o caso de corretores imobiliários. Aqueles que serão bem-sucedidos no futuro serão os empresários, que compreendem quão rápido os negócios e o dinheiro estão mudando, e aqueles que têm a habilidade e a flexibilidade de fazer mudanças rapidamente e se adaptar.

Pós-escrito
Mais Detalhes sobre o Sistema Monetário Global

Se quiser entender mais, aqui estão dois livros que recomendo:

1. *A Criatura da Ilha Jekyll*, **de G. Edward Griffin:** É um livro extenso, mas fácil de ler, sobre a história do segredo dos ricos. Já o li três vezes, e a cada vez ele abre meus olhos para um mundo que apenas uma pessoa em um milhão conhece. O livro detalha o surgimento do Federal Reserve e como o dinheiro é realmente criado. Muitos achados de Griffin se alinham com os meus. Originalmente publicado em 1994, o livro se mantém atual, e parece mais um romance policial do que uma não ficção sobre a economia global.

2. *The Dollar Crisis* ("A Crise do Dólar", em tradução livre), **de Richard Duncan:** Este livro completa o quadro global do segredo. *The Dollar Crisis* mostra o que acontece no universo econômico hoje como resultado de uma reunião realizada na Ilha Jekyll que leva à formação do Federal Reserve. O livro de Duncan explica como o dólar norte-americano é a causa

102 | Capítulo 5

de ascensões e quedas no Japão, México, China, Sudeste Asiático, Rússia, União Europeia, e em muitos outros lugares.

Ambos os livros são excelentes, escritos por autores brilhantes. Os dois oferecem um quadro mais completo e profundo dos motivos e da forma como entramos nesta crise financeira global.

Hora de Fazer Acontecer

Aqui termina a Parte 1 de *O Segredo dos Ricos*. Na Parte 2, você aprenderá a agir em um mundo em *ascensão* ou em *queda*. Enquanto milhões de pessoas estão afundadas em dívidas, esperando que alguém as salve, algumas fazem o próprio caminhos, como este livro.

Agora que você sabe algumas causas históricas da crise, é hora de focar as *soluções pessoais* em vez de devanear sobre os motivos.

A Parte 2 ensinará como usar o segredo a seu favor.

Parte 2

A REVANCHE

Usar o Segredo a Seu Favor:
Por que Vencedores Estão Ganhando e Perdedores, Sendo Derrotados

A Importância da História e do Futuro

Quando me perguntam: "O que você ensinaria às pessoas sobre dinheiro para aumentar sua inteligência e proficiência financeira?", minha resposta é: "Eu começaria com a história porque pelas lentes do passado se enxerga melhor o futuro." Se você não aprendeu nada na Parte 1, apenas entenda que ao estudar a história você pode se preparar para o futuro.

A Parte 1 de *O Segredo dos Ricos* mostrou como a história vem se repetindo nos dias de hoje. Como os ricos e poderosos têm manipulado nossas vidas por meio de bancos centrais, corporações multinacionais, guerras, sistema educacional e políticas assistencialistas.

Ao longo do curso da história, as ações dos ricos e poderosos criaram o bem e o mal. Não culpo os ricos por buscarem seus interesses ou o interesse de suas famílias. Em vez de responsabilizá-los, estudei a história dos ricos, aprendi seu jogo e vivi minha vida consciente das regras do dinheiro — e criei algumas pelo caminho. A maioria das pessoas que conhece as regras do jogo dos ricos não enfrenta problemas financeiros hoje. Em grande parte, são apenas aqueles que possuem pouca inteligência financeira e vivem pelas regras antigas do dinheiro que sofrem financeiramente.

Na Parte 1, também quis que você compreendesse que os bancos centrais muitas vezes protegem apenas os grandes bancos em nome da proteção da

104 | Parte 2

economia — bancos considerados grandes demais para quebrar. Na verdade, é minha crença que o Fed existe para proteger os bancos grandes e poderosos.

Você deve ter notado que o Fed salvou os bancos envolvidos na crise, mas não demitiu seus executivos — muitos dos quais foram úteis para criá-la. Isso não é verdade para os outros setores que foram prejudicados. Rick Wagoner, ex-presidente da General Motors, foi demitido pela administração, mas os gestores dos grandes bancos, não. Por quê? O governo não foi atrás da Moody´s ou da Standard & Poors, as agências de classificação de riscos que deram nota AAA para dívidas de alto risco — a nota máxima. Foram essas notas que fizeram os governos estrangeiros e os fundos de pensão investirem dinheiro em ativos tóxicos. De novo, por quê? Somente depois de muita pressão do público a AIG, a gigante dos seguros que deu resguardo a ativos tóxicos, revelou para quem foram destinados os bilhões em dinheiro de resgate — para os grandes bancos mundiais, o Goldman Sachs, o banco francês Société Générale, o alemão Deustche Bank, o inglês Barclays, o suíço UBS, para a Merrill Lynch, o Bank of America, o Citigroup e o Wachovia.

No Capítulo 3, falei sobre a palavra *apocalipse* e sua etimologia, que significa "levantar o véu". Para mim, o processo de escrita de *O Segredo dos Ricos* foi incrível. É impressionante pensar que enquanto escrevo sobre a história financeira, ela está sendo feita. Um apocalipse financeiro acontece diante de nossos olhos bem agora. O véu está sendo erguido pela ganância e incompetência política e de Wall Street. Em 14 de abril de 2009, Goldman Sachs anunciou que está devolvendo o dinheiro da TARP recebido pelos ganhos que superaram o esperado em uma venda de ações de US$5 bilhões. Mas como o professor Peter Morici, da University of Maryland, destacou na CNBC aquela noite, o problema sistêmico dos bancos apostando em derivativos não pode ser resolvido. Em vez disso, ele observou que Goldman Sachs esperava ser considerado um cidadão modelo e continuar nos negócios como de costume. Mas, ele comentou, toda a noção de que: "Você realmente não precisa regulá-los e impedi-los de escrever sobre derivativos de derivativos de derivativos e pagar a Blankenfeld [sic] US$72 milhões é insana." Isso é um exemplo do véu sendo levantado. É o apocalipse financeiro.

O fato é que Goldman Sachs não é financeiramente bem-sucedido por causa de suas decisões financeiras, mas porque, como o *New York Times* relata, recebe um resgate do Fed através da AIG. Isso porque o Fed não é uma instituição para salvar pobres desvalidos, mas para ricos desvalidos. Os pequenos bancos não recebem resgate. Nem os pequenos negócios. Nem as pessoas que pagam seus financiamentos em dia — mesmo à custa de relegar outras contas.

As Profecias Se Tornam Reais

Outro apocalipse financeiro importante que precisa acontecer é a respeito das pensões e aposentadorias: simplificando, o conceito de aposentadoria garantida é uma realidade agonizante. A *Pension Benefit Guaranty Corporation* (PBGC), o braço direito do governo quanto às pensões, anunciou em abril de 2009 que as pensões públicas perderam centenas de bilhões em fundos devido à crise no mercado de ações. É o mesmo que afirmar que o governo tem que aumentar os impostos para garantir que os trabalhadores possam se aposentar. Em outras palavras, os governos estaduais estão com problemas por terem prometido benefícios com os quais não podem arcar. Esta é uma prova definitiva de que as pensões estão mortas e não podem ser ressuscitadas.

Em 2002, escrevi sobre a crise das pensões em *Profecias do Pai Rico*, que fala sobre a iminência da maior crise do mercado de ações da história — e que acredito que, apesar dos recentes deslizes do mercado, ainda não chegou completamente. A causa desta crise anunciada foi uma falha nos planos de aposentadoria, um plano aprovado pelo Congresso em 1974 como uma possível solução para o sistema de pensões decadente. Quando este livro foi publicado pela primeira vez, o mercado de ações estava registrando quebras recordes, pelo menos numericamente. Havia poucas dúvidas na afirmação de que o mercado de ações e de fundos mútuos resolveriam a questão da aposentadoria para muitos norte-americanos. Como esperado, a mídia de Wall Street não deixou provas.

Mas hoje vemos o mercado baixando até 50% de seus recordes, e, como afirmado, não me surpreenderia se visse uma queda ainda maior em um futuro próximo. Ninguém está rindo agora. Acredito que o mercado entrará em uma crise ainda maior do que já está, porque os planos de aposentadoria foram um catalisador para tirar o dinheiro da aposentadoria dos *baby boomers*, a maior geração da história dos Estados Unidos no mercado de ações, o que criou uma demanda gigante de ações e fundos mútuos. Conforme os *baby boomers* se aposentam, precisam organizar seu dinheiro para que sobrevivam — o que significa que eles vão vender ações, e não comprar. E quando há mais pessoas vendendo do que comprando, o mercado tem uma baixa. Isso significa que aqueles que hoje têm até 45 anos e seus planos de aposentadoria estão ligados ao mercado de ações terão problemas. Muitas pessoas acreditam que estão protegidas porque o mercado de ações vai se recuperar. Mas isso não vai acontecer; só vai continuar caindo à medida que os *baby boomers* se aposentarem. A ideia de uma aposentadoria confortável se tornou um mito.

A História Está Viva

Tenho mais um tópico sobre a história. Os *Founding Fathers* se opuseram aos bancos centrais como o Federal Reserve. O presidente George Washington vivenciou o sofrimento de receber dinheiro do governo quando precisou pagar suas tropas com o continental, a moeda que atingiu seu verdadeiro valor — zero. Thomas Jefferson também foi ferozmente contra a criação de um banco central. Contudo, atualmente os bancos centrais controlam o mundo financeiro, e nós lhes transferimos a responsabilidade de solucionar a crise financeira, a mesma que eles mesmos criaram.

Em suma, um banco central pode criar dinheiro do nada e ainda cobrar juros em cima dele. Esses juros são pagos através de impostos e inflação, e, hoje, deflação, que resulta em demissões em massa e desvalorização de imóveis. A política do Fed não é uma realidade abstrata. São ações eficazes que determinam seu bem-estar financeiro de maneiras declaradas e veladas.

Qualquer pessoa que adquira uma casa sabe que durante os primeiros anos a maior parte do financiamento vai para o banco pagar os juros, e é pouco o que é abatido do montante total. O banco recebe juros por um dinheiro pelo qual não ganhou efetivamente, mas criou. O Capítulo 5 é crucial porque fala sobre o sistema de reserva fracionária, como é permitido que os bancos emprestem, por exemplo, US$12 para cada US$1 colocado na poupança. Essa autorização rouba nossa riqueza e desvaloriza nosso dinheiro. Hoje, os bancos centrais mundiais imprimem trilhões de dólares, que serão pagos por nós através de dívidas, impostos e inflação.

Um Roubo Autorizado pelo Governo

Em 1913, quando o Federal Reserve foi criado, um acordo foi feito entre o banco e o Tesouro norte-americano — um roubo autorizado pelo governo. Sem uma compreensão sólida da história e da criação do dinheiro, a proficiência financeira não é possível. Falar a uma criança: "Consiga um trabalho, economize dinheiro, compre uma casa e invista em longo prazo em um portfólio diversificado de ações, títulos e fundos mútuos" é direcioná-la para um roteiro fora dos manuais de operação dos bancos centrais. É um mito de sucesso proclamado pelos super-ricos.

Até aqui este livro abordou uma gama de questões históricas e apresentou uma série de fatos sobre o segredo dos ricos com um único propósito: conferir a você o conhecimento necessário da história para responder: "O que posso fazer para usar o segredo a meu favor?" As respostas para esta pergunta estão na segunda metade deste livro.

O Fed É para Você?

Atualmente, muitas pessoas reclamam, criticam e se queixam de grandes bancos, política e crise financeira. Para mim isso é uma perda de tempo. Como G. Edward Griffin afirma em seu livro *A Criature da Ilha Jekyll*: "O nome do jogo é resgate." Em outras palavras, o que você vê hoje é o verdadeiro jogo do Federal Reserve. Seu sistema foi projetado para permitir aos bancos grandes e influentes ganhar muito dinheiro, fracassar e ser resgatado pelos contribuintes. No processo, os ricos ficam mais ricos e os pobres, mais pobres. O Fed não é para você. É para os ricos e poderosos.

Comentários dos Leitores

Fiquei surpreso com a quantidade de dinheiro que saiu na surdina da AIG para os grandes bancos como o Goldman Sachs. E muito sob uma cortina de fumaça, enquanto os maiores ataques acontecem nos bastidores. Ontem, assisti aos protestos contra os impostos na TV, achei interessante que ninguém se manifestou contra a impressão de dinheiro; a maioria se concentrava em pedir que parassem de taxar nossos filhos (com o que concordo). Ninguém parece perceber o imposto real sobre a moeda inflacionada do Federal Reserve.

— herbigp

O Fed Deveria Ser Abolido?

Muitas pessoas querem abolir o Federal Reserve. Minha questão é: "Quem iria substituí-lo? Quanto caos isso causaria? E quanto tempo levaria?"

Em vez de nadar contra a Fed, você deveria perguntar: "Como posso minimizar os efeitos do Fed na minha situação financeira pessoal?" Particularmente, decidi estudar o jogo dos ricos e jogá-lo conforme minhas regras. Em 1983, depois de ler o livro de dr. Fuller's, *Grunch of Giants*, peguei o que aprendi com meu pai rico e apliquei aquele conhecimento para jogar o jogo dos ricos de maneira diferente. Se eu não tivesse começado a me preparar anos atrás para a crise, também poderia ter sido um *baby boomer* assistindo à minha pensão minguar e minha casa se desvalorizar, temendo que em breve perdesse meu emprego, minha pensão e meu plano de saúde. Pior de tudo, poderia depender dos planos assistencialistas do governo, como meu pai pobre.

A Parte 1 deste livro falou sobre a história e como se repete atualmente. Agora que você tem o conhecimento necessário sobre ela para vislumbrar seu futuro, a Parte 2 vai focar o futuro e como você pode se preparar para usar o segredo a seu favor, com as novas regras do dinheiro que o ajudarão a prosperar apesar do segredo dos ricos.

A Parte 2 começa com o Capítulo 6, com um breve comentário sobre a economia atual, fazendo a pergunta: "A economia está voltando à vida?"

Do Capítulo 7 em diante, este livro trata de como me preparei e preparo para o futuro — e como você também pode fazê-lo. Você vai aprender como usar o segredo a seu favor: como se livrar da conspiração secreta dos ricos.

Comentários dos Leitores

Ao longo da história, muitos prosperaram em economias diversas. Se alguém pode fazê-lo, eu também posso. Você e uns poucos outros escolheram fazer disso o trabalho de suas vidas e liderar seu caminho. Tenho o prazer de aprender com seu exemplo, e planejo ajudar tantos quanto puder.

— deborahclark

Capítulo 6

ONDE ESTAMOS AGORA

A Economia Está Voltando à Vida?

Em 23 de março de 2009, o Dow Jones subiu 497 pontos, atingindo uma das maiores marcas do mercado na história. Em menos de duas semanas, o Dow Jones tinha avançado 1.228 pontos.

Quando escrevi isso, em abril de 2009, Wall Street ainda estava se recuperando. Alguns pensam que o pior acabou e estão correndo de volta para o mercado de ações. Outros pensam que a recuperação representa uma *recuperação de mercado em baixa*, ou como chamam, uma *recuperação ilusória*. Uma recuperação ilusória atinge pessoas que pensam que o mercado chegou ao fundo do poço e as ações estarão muito baratas, o que seria como pegar o próximo elevador para subir. E ele sobe — por um momento, então seu cabo é cortado sem aviso. A ganância se transforma em pânico e o elevador cai ainda mais rápido do que subiu.

Hoje, as pessoas se perguntam: "A crise acabou? A economia está voltando à vida?"

Minha resposta é: "Não, a economia não está retornando ao que era. Está seguindo em frente, e as pessoas que perguntam se ela está voltando ao que era estão sendo deixadas para trás."

Antes de partir para as aplicações práticas da Parte 2 de *O Segredo dos Ricos*, este capítulo explicará como o mundo saiu da última depressão, apesar da intervenção do governo norte-americano, e explorará as implicações de nosso presente. Ao saber um pouco de história, o presente se tornará mais claro e você terá mais condições de enxergar o futuro.

> **Comentários dos Leitores**
>
> *A economia não voltará a ser o que era exatamente; mudará e evoluirá, como sempre fez. Se positiva ou negativamente, somente o tempo dirá, mas estamos todos aqui nos preparando para a prosperidade, não importando o direcionamento econômico.*
>
> — Jerome Fazzari

A Nova Economia em 1954

Como discutido anteriormente, a economia não se recobrou da Grande Depressão até 1954, quando o índice Dow Jones finalmente recuperou seu ponto de máxima de 381 pontos. Algumas poucas razões para a economia ter melhorado em 1954 foram:

1. A geração da Segunda Guerra Mundial estava se estabelecendo. Quando a guerra acabou, os soldados voltaram para casa, foram para a universidade, casaram-se e tiveram filhos. Nos anos de 1950, houve uma ascensão de nascimentos e do mercado imobiliário.

2. O primeiro cartão de crédito foi introduzido em 1951 e comprar tornou-se esporte nacional nos Estados Unidos. Com a ascensão dos subúrbios, os shoppings surgiam como ervas daninhas.

3. Superestradas foram construídas, provocando uma ascensão da indústria automobilística. Os *drive-ins* eram o lugar em que os jovens desfrutavam de seu tempo. Nasceu a indústria de fast-food. Em 1953, começou a franquia do McDonald's, que se tornou a estrela da nova indústria de fast-food.

4. A televisão se tornou fenômeno e os *baby boomers* foram a primeira geração a ser criada pela televisão. O entretenimento veio à vida com *The Ed Sullivan Show*, e as estrelas dos esportes tornaram-se megarricas. A propaganda assumiu uma dimensão inteiramente nova no cotidiano das pessoas.

5. A Boeing lançou o 707, iniciando a era dos jatos. Ser piloto ou comissário de bordo se tornou um trabalho glamoroso. Aeroportos maiores foram construídos para acomodar a demanda crescente por viagens aéreas e os mega-aeroportos tornaram-se uma indústria em si mesma. O turismo floresceu quando hotéis e resorts surgiram por todos os lugares para atender à demanda de viajantes cansados. Meu pai rico ficou muito rico com os turistas no Havaí, quando as viagens aéreas se tornaram mais rápidas e mais baratas.

6. Os trabalhadores podiam contar com o assistencialismo por toda vida. Sem os custos de poupar para a aposentadoria ou para os planos de saúde, os trabalhadores poderiam gastar livremente.

7. A China era um país comunista pobre.

8. Os Estados Unidos eram o novo poder financeiro e militar.

Cinquenta e Cinco Anos Depois

Em 2009, muitos dos fatores que haviam estimulado a economia cinquenta anos antes começaram a desaparecer:

1. Os *baby boomers* estão se aposentando e começando a receber os benefícios da Previdência Social, junto com seus pais — a geração da Segunda Guerra Mundial.

2. Os subúrbios foram a principal zona de impacto — marco zero — da confusão do crédito de risco. À medida que os subúrbios enfrentam problemas, os principais centros comerciais os seguem, os varejistas fecham suas portas e os comércios digitais ganham espaço.

3. Nossas estradas e pontes necessitam de reparos imensos. A indústria automobilística está obsoleta e agonizante. Um velho ditado dizia: "Quando a GM morrer, a nação vai junto." Esse ditado hoje é mais verdadeiro do que nunca.

4. As redes de televisão estão perdendo as propagandas dos patrocinadores — que migram para a internet.

5. As maiores companhias aéreas, como a Pan Am, são história, e gigantes como a United Airlines estão na UTI. Hoje, as pessoas podem se sentar

em suas escrivaninhas, em casa, e visitar pessoas ao redor do mundo via internet.

6. As pessoas estão vivendo mais, mas muitas estão com excesso de peso e têm a saúde abalada. O diabetes é o novo câncer e o sistema médico está falido. O alto custo do sistema de saúde faz muitas empresas fecharem as portas, provocando mais perdas de emprego.

7. Os fundos de pensão estão falidos. Poucos trabalhadores possuem aposentadoria ou plano de saúde privados quando se aposentam. Isso será um desastre para os programas de governo quando 78 milhões de *baby boomers* se tornarem dependentes desses sistemas nos Estados Unidos.

8. A China será em breve o país mais rico da Terra. Ela agora questiona por que o dólar norte-americano é a moeda universal. Se ele deixar de sê-lo, os Estados Unidos estarão em maus lençóis.

9. Os Estados Unidos são hoje a nação mais endividada do planeta, e suas Forças Armadas estão desgastadas.

Pergunto novamente: "A economia está voltando à vida?" Penso que não. A ascensão econômica que nos tirou da última depressão está definhando. Milhões de pessoas estão sendo deixadas para trás enquanto esperam que as coisas voltem ao normal. O desemprego está crescendo e os empregos estão se tornando obsoletos, substituídos pela tecnologia ou terceirizados para uma nação com mão de obra mais barata. Isso significa que aumentará o divisor entre os privilegiados e os desvalidos, os ricos e os pobres. A classe média encolherá como a camada de gelo polar.

O Futuro dos Estados Unidos

Muitos de nós temos visto, pessoalmente ou na televisão, as comunidades em que vivem os pobres. Não importa quantas vezes eu veja a pobreza, ela sempre me faz parar e imaginar como resolvê-la.

Se você alguma vez tiver a oportunidade de ir à Cidade do Cabo, na África do Sul, por favor, vá. A Cidade do Cabo é uma das cidades mais belas do mundo. É moderna e rica. É empolgante e vibrante, e acredito que se possa ver o futuro do mundo na Cidade do Cabo. Saindo do aeroporto de carro, pode-se ver quilômetros e quilômetros de favelas e centenas de milhares de pessoas mal sobrevivendo nos limites da vida civilizada. Quando passo pelas comunidades e me aproximo da suntuosa Cidade do Cabo, com frequência imagino se não estou olhando para o futuro dos Estados Unidos. Eu me questiono se um dia a classe média norte-americana não estará vivendo dessa forma.

Comentários dos Leitores

Como um baby boomer *com a aposentadoria em meu horizonte, sinto-me quase sempre pessimista. É difícil imaginar que consiga recuperar minhas perdas antes que a minha saúde vá embora. Estou preocupado com a qualidade de vida que terei em idade avançada, especialmente porque estamos vivendo mais.*

— jeue1152

Considerando que adoro um desafio, sou otimista e muito curiosa em relação ao futuro. Os norte-americanos darão a volta por cima de maneira insólita. Acredito que levará algum tempo e será necessária uma mudança de mentalidade.

— annebecker

A Crise de 1987

Uma das razões para a classe média perder terreno atualmente é o aumento do hiato entre os ricos, perceptível nas diferenças entre a crise de 1987 e a de 2007.

Em 19 de outubro de 1987, eu estava em um voo de Los Angeles para Sidney, na Austrália. Quando o avião aterrissou em Honolulu para reabastecer, saí para ligar para um amigo de um telefone público no terminal.

"Você soube que o mercado desmoronou?", perguntou meu amigo.

"Não, eu não sabia", respondi. "Estava voando."

"É uma crise das grandes", disse ele. "O Dow Jones caiu 23% hoje. Muitas pessoas estão liquidadas."

"Não é bom para elas, mas são boas notícias para mim", repliquei. "É hora de ficar rico."

De 1987 até 1994, minha esposa Kim e eu trabalhamos arduamente para construir nosso negócio e investir todo o dinheiro que tínhamos. Muitos amigos e parentes acharam que tínhamos perdido a cabeça. Eles estavam à espreita esperando que a economia voltasse ao que era. Em vez de investir, colocaram seu dinheiro no colchão. Em 1994, Kim e eu estávamos financeiramente independentes e prontos para obter um lucro enorme quando o mercado disparou em 1995. Muitos de nossos amigos que nada fizeram estão com problemas financeiros ainda hoje.

Comentários dos Leitores

Sim, lembro-me de 1987... foi quando decidi me tornar mais independente, e saí do meu trabalho para começar a investir. Investi em um fundo privado por indicação do meu contador. Lembro-me de questioná-lo por que tudo foi direcionado para um fundo gerenciado, e não dividido em dois ou três. Ele disse que não valia a pena para uma "quantia tão pequena". Isso aconteceu poucos meses antes de o mercado quebrar, e meu investimento foi reduzido pela metade em um instante. Minha educação financeira nem sequer começara.

— 10 billion

A Crise de 2007

Essa foi diferente da de 1987. Muitas das indústrias que causaram a última ascensão, em 1954, estão debilitadas. Agora as coisas são diferentes, por isso não sei se o mercado voltará a ser o que era.

A grande diferença entre a crise de 1987 e a de 2007 é a ascensão da internet, que muda tudo. Junto com o dólar tóxico e a falência do governo, a internet é uma das principais razões para que as pessoas fiquem para trás, aumentando o desemprego.

Acredito que a internet esteja trazendo uma mudança muito mais profunda para o mundo do que a descoberta da América por Colombo. Assim como exploradores como Colombo abriram o mundo para a nova riqueza, a internet abre mundos ainda maiores para a riqueza dos exploradores de hoje.

Ainda assim, há uma diferença significativa entre Colombo e a internet. As pessoas puderam ver as mudanças que ele trouxe. Os navios, as cargas de riquezas saqueadas, desenhos de nativos e sua terra.

Não podemos ver o mundo da internet com nossos olhos. Ele é invisível e temos que vê-lo com nossa mente. É por isso que as pessoas estão sendo deixadas para trás. Elas não podem ver as mudanças que reorganizam seus mundos. Em sua cegueira, estão se tornando obsoletas.

Você Está Ficando Obsoleto?

O dr. Buckminster Fuller disse certa vez que quando a mudança ocorre de maneira silenciosa, sua velocidade aumenta exponencialmente — um conceito que ele cunhou, em um artigo, de *aceleração acelerada*. O exemplo que usou foi o rápido avanço da tecnologia da aviação. Pense quão rapidamente a tecnologia de voo se expandiu no século passado. Em 1903, os irmãos Wright voaram pela primeira vez um avião sustentado. Em 1969, colocamos o primeiro homem na Lua. Hoje, temos espaçonaves que viajam 17.320 milhas por hora e que, brevemente, serão capazes de voar para Marte. Isso é aceleração acelerada. A tecnologia, e a forma como essa tecnologia afeta os negócios, está mudando a um passo tão rápido que é quase impossível acompanhar.

Durante uma de suas palestras no começo dos anos 1980, Bucky Fuller falou sobre uma nova tecnologia que explodiria antes do final da década. Ele dizia que podia predizer o futuro ao acompanhar a taxa de avanço de cada tecnologia. Nunca esqueci uma de suas declarações nessa palestra. Ele disse: "Quando você deita de costas e olha para as nuvens, não as vê se mexendo. Apenas após fechar os olhos por alguns instantes e depois olhar de novo, você percebe a mudança."

O dr. Fuller estava preocupado. Sua mensagem era que, muito em breve, milhões de pessoas perderiam seus empregos para a tecnologia e invenções que estavam fora do alcance da visão. Lembro-me muito bem de suas palavras: "Você não pode se desviar das coisas que não enxerga vindo em sua direção."

Como exemplo do que estava falando, citou a evolução dos cavalos para os automóveis. Disse: "Os seres humanos podiam ver os automóveis. Podiam ver essa mudança. Se o carro fosse em sua direção, seria possível desviar. Como podiam ver o carro, poderiam se adaptar e fazer mudanças em suas vidas. Mas as futuras invenções", declarou, "seriam invisíveis." Assim, os seres humanos não as veriam em suas vidas. Ele finalizou dizendo: "Seres humanos serão atropelados por coisas que não conseguem enxergar."

116 | Capítulo 6

Hoje, as pessoas estão sendo atropeladas e se tornando obsoletas pelas inovações tecnológicas que não podem ver ou entender. Milhões de pessoas estão desempregadas porque seus talentos não são mais requeridos. Elas estão obsoletas.

Negócios de Alta Velocidade

Nos anos 1970, iniciei minha primeira empresa. Logo me tornei um viajante multimilionário da Pan Am e da United Airlines. Hoje, consigo realizar mais negócios sentado em meu escritório e usando a internet para alcançar as pessoas em menos tempo e gastando menos energia — e menos dinheiro. Enquanto ganho mais dinheiro, a companhia aérea sofre, pois turistas de negócios como eu encontraram uma forma mais rápida e barata de fazer negócios com pessoas do mundo inteiro.

Em 1969, graduei-me na Academia de Marinha Mercante dos Estados Unidos, em Kings Point, Nova York. Na época, tínhamos os maiores salários do mundo entre os graduados. Muitos de meus colegas de sala se graduaram e começaram a ganhar imediatamente algo entre US$80 mil e US$150 mil por ano se embarcassem em navios cargueiros para a zona de guerra do Vietnã. Nada mal como salário inicial para um bando de garotos de 22 anos.

Após a graduação, naveguei para a *Standard Oil* em um navio-tanque por alguns meses, mas, quando meu irmão se juntou às Forças Armadas para lutar na Guerra do Vietnã, desisti de meu emprego bem-remunerado e me voluntariei para voar para a Marinha. Minha renda caiu de quase US$5 mil para US$200 por mês. Foi um choque.

Hoje, alguns de meus colegas de turma ainda estão navegando. Muitos ganham cerca de US$400 mil por ano e se aposentarão com algo em torno de US$200 mil anuais. Nada mal como retorno para uma educação universitária.

Em vez de voltar a navegar após a guerra ou voar para companhias aéreas, preferi me tornar empresário. Hoje estou colhendo os benefícios dessa escolha.

Há duas diferenças principais entre mim e meus colegas. A primeira é que meu trabalho é 90% mental e 90% do trabalho deles, físico. Eles precisam navegar em navios para serem pagos. Ganho dinheiro mesmo quando estou dormindo. A segunda diferença é a velocidade da transação. Meus colegas trabalham cinco dias da semana e são pagos por mês. Eu trabalho 24/7, 365 dias do ano e sou pago por minuto. Mesmo que eu parasse de trabalhar, o dinheiro ainda continuaria entrando. Explicarei como faço isso nos próximos capítulos.

Uma vez que entendi o que o dr. Fuller quis dizer com aceleração acelerada, tomei a decisão de ficar à frente da curva. Não tenho planos de me tornar obsoleto. Não estou esperando que a economia se restabeleça. Estou trabalhando arduamente para ficar à frente da aceleração da economia.

Os Cães de Pavlov

Como discutimos na Parte 1, as sementes da crise financeira foram plantadas, a meu ver, com o sequestro do sistema educacional. Hoje, ainda não temos educação financeira adequada nas escolas.

Durante o período tenebroso da escravidão, os escravos eram proibidos de receber educação. Em alguns lugares era considerado crime ensinar um escravo a ler e escrever. Um escravo culto é um escravo perigoso. Hoje falhamos em não tornar as crianças financeiramente proficientes. É outra forma de criar escravos — escravos assalariados.

Imediatamente após deixar a escola, a maioria dos jovens procura emprego, poupa dinheiro, compra uma casa e investe em longo prazo em uma carteira de investimentos bem definida e diversificada.

E os milhões que estão perdendo seus empregos, o que fazem? Voltam para a escola para serem retreinados, procuram um novo emprego, tentam poupar dinheiro, pagam seus empréstimos imobiliários e investem para a aposentadoria em fundos mútuos. E ensinam suas crianças a fazerem o mesmo.

Ivan Pavlov ganhou o prêmio Nobel de Psicologia e Medicina em 1904 por suas pesquisas sobre o sistema digestivo de cães. Hoje, a expressão *cães de Pavlov* refere-se a um comportamento condicionado. Ir para a escola para conseguir um trabalho, poupar o dinheiro para uma casa e investir em um portfólio diversificado é um exemplo de comportamento condicionado. Muitas pessoas não refletem por que fazem essas coisas. Elas o fazem porque foi o que lhes ensinaram, é um comportamento condicionado.

De empregado a empregador

Em 1973, retornei da Guerra do Vietnã e encontrei meu pai pobre em casa, sozinho e desempregado. Ele havia concorrido para o cargo de vice-governador do Havaí e perdera. Embora fosse inteligente, graduado e trabalhador, ele estava acabado com apenas cinquenta anos. Meu pai pobre era uma estrela do sistema educacional, mas despreparado para o mundo dos negócios e da política. Ele podia sobreviver na escola, mas não na rua.

Seu conselho para mim foi que voltasse para a universidade para cursar uma pós-graduação e, então, conseguir um emprego público. Embora eu amasse profundamente meu pai pobre, sabia que sua vida não era a minha. Ao deixar sua casa, aos 27 anos, fui em direção a Waikiki, e me tornei mais uma vez um aprendiz do meu pai rico. Essa foi uma das decisões mais inteligentes que já tomei. Estava rompendo com o comportamento condicionado de ser um empregado para me tornar empreendedor.

A história está cheia de casos de sucesso daqueles que ignoraram as respostas condicionadas e construíram os próprios caminhos. Os irmãos Wright e Henry Ford nunca terminaram o Nível Médio. Bill Gates, Michael Dell e Steve Jobs não concluíram a faculdade. Sergey Brin, da Google, interrompeu os estudos de doutorado de Stanford. Mark Zuckerberg iniciou o Facebook nos dormitórios da faculdade de Harvard, viajou para a Califórnia e nunca mais retornou para finalizar os estudos. Todas essas pessoas abandonaram a escola porque não precisavam mais procurar por um emprego. Começaram suas empresas e criaram empregos para outras pessoas. Hoje, o empreendedorismo está explodindo em todos os lugares do mundo. Mais importante, os empreendedores mais bem-sucedidos compreendem que estamos na Era da Informação. Eles captam as mudanças acontecendo, o que a maioria não consegue.

O Futuro Será Diferente

Hoje, temos uma nova geração que vai mudar o futuro. Essa geração é composta por nascidos após 1990. São meninos que só conheceram o mundo com internet. Eles não são iguais a quem nasceu antes de 1990: nasceram em um mundo diferente e criarão um futuro diferente. Como esse mundo se parecerá, não sei ao certo — sei que o futuro que veem não é o mesmo que eu.

O que sei é que o hiato entre ricos e pobres continuará a se expandir. A ideia de um trabalho bem-remunerado está se tornando ridícula quando os países competem por baixos salários e as empresas trocam ideias do outro lado do oceano na velocidade da luz. Os empregos tendem a migrar para países com menor custo de mão de obra. Prevejo que os jovens empreendedores equipados com tecnologia de baixo custo e acesso à internet rapidamente sairão das comunidades e transformarão o mundo. O luxuoso mundo dos ricos e complacentes será chacoalhado quando empreendedores jovens e ávidos mudarem os caminhos do mundo — alguns oriundos das áreas mais pobres.

Na Era Industrial, as nações ricas do mundo controlavam recursos naturais como petróleo, madeira e comida. Com o crescimento da Era da Informação, as nações ricas e poderosas não mais terão monopólio do verdadeiro recurso natural — a mente. No universo abstrato da internet, a genialidade do mundo está liberada e a divisão clássica por classes sociais desaparecerá. Um novo megarrico surgirá.

Economia Nova, Riqueza Nova

Com a chegada da nova economia, haverá uma explosão de nova riqueza, com milionários e bilionários inesperados. O dinheiro será gerado em ultra-alta velocidade. A questão é: "Você será um dos novos ricos ou dos novos pobres?" Nos anos 1950, meu pai rico viu a nova economia e entrou em ação. Meu pai pobre foi esmagado por ela. Ele escolheu a estabilidade em vez da independência financeira — e no final não teve nenhuma das duas.

Onde Estamos Agora?

O mercado de ações vai se revigorar, mas lembre-se do que aconteceu de 1929 a 1954 no mercado, com um pico de 381 pontos. Quando isso acontecer, haverá novas empresas compondo o índice Dow Jones. As ações de primeira linha dominarão. O mercado imobiliário também se recuperará quando as populações crescerem e os empregos retornarem. Mas haverá novas famílias vivendo nas velhas mansões e muito mais sem-teto.

Contudo, a economia não voltará a ser como a enxergamos hoje. Ela seguiu em frente. A velha economia que nasceu em torno de 1954 está desgastada. A nova economia está nascendo. Uma economia que será liderada pelas crianças nascidas depois de 1990, jovens que conhecem apenas o mundo simbólico de alta velocidade da internet.

Pessoas Sagazes, Empresas Erradas

Enquanto Donald Trump e eu escrevíamos *Nós Queremos que Você Fique Rico*, um livro sobre o encolhimento da classe média, Donald me disse algo preciso: "Tenho muitos colegas de classe que eram muito mais sagazes do que eu, mas ganho mais dinheiro do que eles. Uma razão para isso foi eu ter me tornado

120 | Capítulo 6

empreendedor e eles, empregados de grandes companhias. Outra razão foi terem ido trabalhar em setores errados, que estão se extinguindo."

Ao ouvir suas palavras, refleti sobre minha vida. Se eu tivesse seguido os conselhos de meu pai pobre, também seria empregado de um setor agonizante. Hoje, os graduados da Marinha Mercante têm dificuldade em conseguir um emprego. A razão de ela estar morrendo é a mesma de a General Motors estar se extinguindo. O pagamento para os oficiais é tão alto que as empresas de navegação mudaram seus navios para países com menor custo de mão de obra.

Enquanto ele e eu estávamos sentados em seu escritório, observando o Central Park e a Quinta Avenida, percebi que não estaria ali se não tivesse seguido os conselhos de meu pai rico — uma filosofia que ele desenvolveu na última depressão. Com a possibilidade de uma nova, em vez de sentir medo, Donald e eu estamos nos preparando para os desafios de tempos árduos à frente. Já passamos por períodos difíceis antes, e saímos deles mais expertos e ricos.

Bola de Cristal

Enquanto escrevia este livro, o mundo se sentia melhor em relação à economia. As pessoas estão mais otimistas. O mercado de ações subia. O dinheiro se movia do ouro e das poupanças de volta ao mercado acionário. Acredito que havia uma recuperação de um mercado em baixa — uma recuperação ilusória —, uma das mais cruéis de todas, mas posso estar enganado. Sinto que o pior ainda não acabou pelas razões a seguir.

1. **As indústrias tradicionais agonizam.** Muitas pessoas antigas dependem dos dividendos pagos. Nessa crise, com as receitas em queda, muitas empresas estão cortando o pagamento de dividendos. A GE cortou seus dividendos em 68% e a JPMorgan, em 86%. Isso significa que se um aposentado vivia com US$1 mil por mês de dividendos da GE, agora recebe US$320. Se vivia com os dividendos da JPMorgan, agora recebe US$140 em vez de US$1 mil.

2. **Os impostos sobem.** Se os Estados Unidos continuarem a imprimir dólares, nossos filhos e netos pagarão por esse desequilíbrio com aumento de impostos. Eles punem os produtores e recompensam os larápios, preguiçosos e incompetentes.

Por exemplo, a Casa Branca anunciou um teto para reduções de imposto sobre as doações para caridade, o que, em boa parte, afetará negativamente os ricos. Em 2006, 4 milhões de norte-americanos ganharam US$200 mil ou mais em renda bruta. Isso corresponde a menos de 3% de todos os norte-americanos e, ainda assim, eles responderam por 44% de todas as doações para obras de caridade. Esse teto em redução de impostos significa que muitas dessas instituições fecharão as portas e milhões precisarão da ajuda do governo, o que o fará aumentar os impostos novamente.

Há um estado de ânimo negativo crescente para "pegar" os ricos. Esse sentimento está representado pelo congressista Jerry McNerney (democrata da Califórnia), que pede uma alíquota de 90% de imposto para pessoas ricas. As máfias estão soltas para punir os ricos trabalhadores — que pagam impostos, criam empregos e fazem doações para caridade. Os verdadeiros ricos, aqueles que influenciam os políticos e o Fed, permanecerão intocáveis.

3. **Os Estados Unidos são o maior devedor do mundo.** O PIB norte-americano é de mais de US$14 trilhões. A soma de todos os programas de resgate até o início de 2009 já correspondia à metade desse valor.

4. **A China está ameaçando o status do dólar como moeda reserva.** Em março de 2009, a China começou a falar sobre o abandono do dólar como a moeda de reserva do mundo. Em longo prazo, isso significa que os Estados Unidos podem não ser capazes de pagar suas contas com dinheiro de *Banco Imobiliário*.

5. **O consumidor norte-americano está compromissado com dívidas e sem dinheiro.** Cerca de 70% da economia norte-americana é impulsionada pelos gastos de consumo, de acordo com o *Bureau of Labor Statistics*, e quase todos os países dependem do poder de compra do consumidor norte-americano para fortalecer as próprias economias. Ele parou de gastar, o que significa que o mundo sofre com isso. Sem muita poupança, o norte-americano médio não pode suportar uma recessão. Se ela demorar e o consumidor norte-americano ficar sem dinheiro, o mundo inteiro escorregará para a recessão.

6. **O desemprego está em ascensão.** Todas as empresas do mundo, pequenas ou grandes, estão tentando reduzir os custos. Uma das maneiras mais

122 | Capítulo 6

fáceis e rápidas de fazer isso é reduzindo o passivo salarial, demitindo funcionários.

Em março de 2009, a taxa oficial de desemprego nos Estados Unidos era de 85%. No entanto, essa estatística não levou em conta as pessoas desempregadas e que não procuraram trabalho nos últimos trinta dias ou que trabalhavam meio período, enquanto esperavam por um trabalho em período integral. Quando se adicionam essas pessoas ao número oficial, a taxa real de desemprego passava a ser de 19,1%, de acordo com o site shadowstats.com (conteúdo em inglês). Durante a Grande Depressão, o desemprego foi de 24%. A esse passo, chegaremos rapidamente lá.

7. **A tecnologia é invisível e relativamente barata.** Hoje, as empresas podem fazer negócios com muito menos empregados e, assim, tornarem-se mais rentáveis. Isso nos conduzirá cada vez mais ao desemprego.

8. **O sistema escolar não preparou os estudantes para a Era da Informação.** A tecnologia e suas aplicações estão mudando tão rapidamente que os estudantes universitários não estão preparados para ser bem-sucedidos no mercado de trabalho. Hoje, a maioria dos estudantes fica obsoleta no momento em que recebe o diploma.

9. **A frugalidade está na moda.** Por trinta anos as pessoas se endividaram para parecer ricas. Era o máximo mostrar a bolsa do estilista famoso ou dirigir um carro de luxo. Hoje, o oposto é verdadeiro. As pessoas estão orgulhosas de parecer frugais, e gastam seu dinheiro de maneira mais sábia. Isso apenas alimenta a crise econômica. Como você viu na Parte 1, a única maneira de a economia se expandir é com nosso endividamento. Ser frugal pode ser bacana, mas não ajudará a economia. Quando o país para de gastar, o desemprego aumenta e os pequenos negócios fracassam.

Uma Velha Piada

Há uma velha piada mais ou menos assim: Dois amigos passeavam na floresta quando viram um urso indo em sua direção.

"Você acha que podemos correr mais do que o urso?", perguntou um dos amigos.

O outro respondeu: "Não preciso correr mais do que o urso. Só mais do que você."

O Segredo dos Ricos | *123*

Na minha opinião, esse é o mundo em que vivemos. Muitas empresas vão fracassar e os mais fortes, sobreviver e reaparecer ainda mais poderosos. Infelizmente, muitos de meus pares *baby boomers* não estão preparados para o futuro. Muitos acharam a vida fácil por tempo demais. Muitos estão com a saúde debilitada e sem riqueza sustentável. Muitos não possuem um plano de saúde justamente quando os hospitais públicos estão ficando sem dinheiro.

Acredito que estamos entrando em um inverno financeiro longo e intenso. As boas notícias são que a primavera virá, a paisagem florescerá e vida nova surgirá. Em algum momento, sairemos dessa crise financeira, mas infelizmente milhões de pessoas ficarão para trás. Para o bem delas, espero que o presidente consiga salvá-las.

Para mim, pouco importa o que os políticos façam para salvar a economia. No final, salvarão os ricos, em nome do resgate econômico.

O que realmente importa é o que *você* fará para se salvar. Você não precisa correr mais do que o urso, precisa ser mais rápido do que aqueles que estão esperando para ser salvos.

As notícias são boas para aqueles que estão prontos para seguir em frente nesse admirável mundo novo. Esse é o melhor dos tempos para os que estão desejosos de estudar, aprender rapidamente, trabalhar com afinco e não se unir ao coro das pessoas negativas. Aprender com o passado para ser bem-sucedido no futuro. Esse é o tempo de ficar rico — se é isso o que você quer.

Antes de seguir em frente, vejamos as cinco novas regras do dinheiro de que falamos até agora. Elas são essenciais para usar o segredo a seu favor.

Nova Regra do Dinheiro #1: Conhecimento É Poder. Hoje, ativos tradicionais não o tornam rico ou financeiramente seguro. Você pode perder dinheiro em empreendimentos, imóveis, ações, títulos e commodities, mesmo ouro. O conhecimento torna você rico e a falta dele, pobre. Nesse admirável mundo novo, seu conhecimento é o novo dinheiro.

A Parte 2 é sobre aumentar sua esperteza financeira.

Nova Regra do Dinheiro #2: Use as Dívidas. Depois de 1971, o dólar norte-americano deixou de ser um ativo e passou a ser um passivo — uma dívida. A dívida explodiu porque os bancos podiam criar mais dinheiro a partir dela. A atual confusão do crédito de alto risco foi causada por banqueiros e emprestadores desta modalidade. Obviamente, os pobres *e* os ricos precisam aprender a usar as dívidas.

A dívida não é ruim. Seu *mau uso*, sim. Ela pode torná-lo rico ou pobre. Se quiser progredir financeiramente, precisa aprender a usá-la, e não abusar dela.

A Parte 2 aborda como usar a dívida para melhorar sua vida e se posicionar para se tornar financeiramente independente.

Nova Regra do Dinheiro #3: Controle o Fluxo de Caixa. Desde que o dólar se tornou uma dívida, o nome do jogo passou a ser você e eu afundados em dívidas. Quando está endividado, o caixa flui *de* você *para* os outros. Hoje, muitas pessoas estão com problemas financeiros porque muito de seu dinheiro está fluindo para o bolso de outras pessoas, e pouco dinheiro para o próprio. Se quiser alcançar a independência financeira, precisa aprender como fazer mais dinheiro fluir para seu bolso.

A Parte 2 deste livro ensina a controlar o fluxo de caixa, entradas e saídas.

Nova Regra do Dinheiro #4: Prepare-se para o Pior e Fique Sempre Bem. A última depressão fez de meu pai rico um homem muito rico, e de meu pai pobre, muito pobre. Um pai viu a depressão como oportunidade, o outro, como crise.

Minha geração, a dos *baby boomers*, só conheceu tempos de abundância. Muitos não estão preparados para os tempos ruins. Estou bem hoje porque comecei a me preparar para eles há mais de vinte anos. Ao me preparar para tempos de trevas, fico sempre bem, em qualquer situação.

A Parte 2 é sobre como se sair bem em tempos difíceis e se sair ainda melhor em tempos bons.

Nova Regra do Dinheiro #5: The Need for Speed. O dinheiro evoluiu do escambo para digital quando o mundo financeiro se acelerou. Hoje, pessoas lentas são deixadas para trás. Uma pessoa bem posicionada pode transacionar seus negócios 24 horas por dia, sete dias por semana. Em vez de ganhar dinheiro por mês, as pessoas podem ganhá-lo por segundo.

Autoavaliação

Conforme avançamos para a Parte 2 de *O Segredo dos Ricos*, é importante perguntar a si mesmo:

1. Você é pago por mês, hora, minuto ou segundo?

2. Você ganha dinheiro oito ou 24 horas por dia, sete dias por semana?

3. Se parar de trabalhar, o dinheiro continuará entrando?

4. Você tem muitas fontes de renda?

5. Se você é empregado, trabalha para um empregador ultrapassado?

6. Seus amigos e parentes estão fazendo acontecer ou sendo deixados para trás?

Comentários dos Leitores

Participei de alguns cursos e li alguns livros sobre desenvolvimento pessoal e financeiro, mas não sabia criar renda passiva. Aprendi a lição da pior maneira. Sou autônomo, e em novembro passado passei por uma cirurgia no pé. Não pude trabalhar durante três meses e, durante esse tempo, confiei em minhas economias. A experiência me ensinou a importância da renda passiva. Agora estou ocupado comprando uma propriedade e buscando oportunidades de investimentos.

— henri54

Só você pode responder *honestamente* a essas questões. Só você sabe se está *financeiramente* satisfeito com sua situação. Só você pode fazer mudanças *diárias* em sua vida.

Se você está pronto para fazer mudanças e planejar um futuro financeiro melhor, o restante do livro é para você.

126 | Capítulo 6

Capítulo 7

QUAL É O NOME DO SEU JOGO?

Pergunta: *Qual é o conselho que você dá para uma pessoa mediana?*

Resposta: Não seja mediano.

A Regra 90–10

A maioria de nós já ouviu falar da regra 80–20. O princípio diz que, para muitos eventos, cerca de 80% dos efeitos advêm de 20% das causas. Isso também é conhecido como o princípio de Pareto, *a regra dos poucos vitais.* Foi batizada em homenagem ao economista italiano, Vilfredo Pareto, que notou que 80% da terra na Itália pertencia a 20% da população — os poucos vitais. Nos negócios, uma boa regra é que 80% de seus lucros advêm de 20% de seus clientes — então, cuide bem deles.

Meu pai rico levou essa regra ainda mais adiante. Acreditava que 90% de todo dinheiro era ganho por 10% das pessoas. Chamou isso de regra do dinheiro 90–10. Se observar o jogo de golfe, direi que 10% dos golfistas ganham 90% do dinheiro. Nos Estados Unidos, hoje, aproximadamente 90% da riqueza está nas mãos de 10% da população. Se você quer ganhar o jogo do dinheiro, não pode estar na média. Você precisa estar entre os 10%.

Conselho Financeiro para Pessoas Medianas

Noventa por cento das pessoas são financeiramente medianas porque seguem conselhos genéricos, por exemplo:

1. "Vá para a escola."

2. "Arrume um emprego."

3. "Trabalhe arduamente."

4. "Economize dinheiro."

5. "Sua casa é um ativo e seu principal investimento."

6. "Viva abaixo de suas possibilidades."

7. "Livre-se das dívidas."

8. "Invista em longo prazo em um portfólio diversificado de ações, títulos e fundos mútuos."

9. "Aposente-se e o governo o sustentará."

10. "Viva feliz para sempre."

Comentários dos Leitores

Meu pai, que era um juiz e depois trabalhou em um banco de investimentos, disse-me que o mercado de ações era a única maneira de enriquecer. Ele também falou que investir em imóveis era tolice. Ele não acreditava em renda passiva. Morreu em 2008 e o inventário foi fechado em meados de 2009. O patrimônio líquido havia decrescido 87% do momento de sua morte até o fechamento do inventário. A herança que ele queria tão desesperadamente deixar para seus filhos havia desaparecido.

— FredGray

> **Comentários dos Leitores**
>
> *Meu pai sempre diz: "Não há nada errado em estar na média." Eu nunca compreendi realmente essa afirmação. Sinto que você deve tentar ser o melhor e, como resultado, não estará na média.*
>
> — arnei

Contos de Fadas Financeiros

Acrescentei "Viva feliz para sempre" porque chamo os conselhos anteriores de *contos de fadas financeiros*, e todos sabem que apenas em contos de fadas as pessoas vivem felizes para sempre. São os mesmos contos de fadas em que a geração da Segunda Guerra Mundial acreditou. Mas eles não são verdadeiros.

Muitas pessoas de minha idade, a geração da Guerra do Vietná, inclusive alguns de meus amigos que já estiveram bem, hoje enfrentam problemas financeiros porque acreditaram em contos de fadas. Muitos de meus pares *baby boomers* estão esperançosos e rezando para que o mercado de ações se estabilize, pois assim eles podem se aposentar.

Hoje, há estudantes universitários que temem não conseguir emprego quando saírem da escola. Eles também acreditam nesses contos de fadas, especialmente em "Vá para a escola" e "Arrume um emprego."

O segredo dos ricos inclui nossa crença nos dez contos de fada. Ao segui-los, 90% de nós nos tornamos peões do jogo dos ricos. A maioria das pessoas só sabe dos dez contos de fadas, não a realidade do dinheiro. Por isso, apenas algumas poucas pessoas conhecem o nome do jogo.

Qual É o Nome do Jogo?

Para os conspiradores, o nome do jogo é *fluxo de caixa* (*cash flow*) — para estar entre os 10% que coletam o fluxo de caixa dos outros 90%. Os comparsas querem acreditar nos dez contos de fada porque é assim que seu dinheiro flui de você para eles.

Já posso ouvir alguns de vocês dizerem: "Bobagem! Tudo que você está fazendo é promover seu próprio jogo *CASHFLOW*!" Estou promovendo meu jogo. Eu me orgulho dele e dos elogios que recebeu. Na verdade, tem sido chamado de *Banco Imobiliário* com esteroides. O *CASHFLOW®* não é apenas um jogo de tabuleiro, é, na verdade, o jogo do segredo. O objetivo integral do segredo é fazer seu caixa fluir de seu bolso para o bolso dos cúmplices.

Assim como um peixe não pode ver a água, a maioria das pessoas não enxerga o segredo. Assim como os peixes estão envoltos em água, estamos submersos nele. Rico ou pobre, culto ou inculto, trabalhador ou desempregado, estamos todos envolvidos no jogo do fluxo de caixa. A diferença, entretanto, é que alguns jogam e outros são peões do jogo.

Para ajudá-lo a compreender melhor o jogo do fluxo de caixa, a seguir estão alguns exemplos de como ele é jogado na vida real.

Exemplo #1: Uma Boa Formação Não É Suficiente

Muitos estudantes e seus pais estão endividados para pagar as mensalidades das escolas. Adicionalmente, desde a universidade, os estudantes já recebem cartões de crédito, o que contribui para aumentar ainda mais as dívidas. Quando um estudante se endivida, o dinheiro flui do bolso de estudantes, por anos, para pagamento de dívidas. O segredo ama os estudantes porque são uma grande fonte de fluxo de caixa. Eles costumam ser ingênuos financeiramente e com frequência pensam que cartões de crédito são de graça. Muitos estudantes aprendem isso da maneira mais difícil — e, claro, muitos nunca aprendem. A escola é um lugar fantástico para treinar as pessoas a fazerem o fluxo do dinheiro seguir de seu bolso para o bolso dos ricos.

Os estudantes se graduam endividados, entram no mercado de trabalho, procuram emprego, acumulam ainda mais dívidas e veem seu dinheiro fluir para o governo via imposto de renda. Quanto mais ganham, maior é a porcentagem que pagam de impostos. Para poupar dinheiro, comem nos restaurantes fast-food e seu dinheiro flui para os fast-foods. Depositam o dinheiro nos bancos e o dinheiro flui para os bancos, na forma de taxas de serviços. Então compram um carro, e o dinheiro flui para a indústria automobilística, para a financeira, para a petrolífera, para a seguradora e, claro, para o governo na forma de licenças, impostos e multas. Compram uma casa e o dinheiro flui para fora de seus bolsos para pagar os empréstimos, TV a cabo, água, luz, eletricidade e os impostos de propriedade para o governo. Todos os meses há dinheiro fluindo para o sistema financeiro na forma de fundos para a previdência privada e sai desses fundos para os administradores na forma de taxas e comissões. Mais tarde, quando as pessoas envelhecem e se debilitam, o dinheiro flui para as casas de saúde.

O Segredo dos Ricos | *131*

Quando elas morrem o dinheiro flui para o pagamento de impostos das coisas que elas deixaram para trás. Para a maioria das pessoas, a vida inteira é gasta para manter o compasso dessas saídas de dinheiro.

A razão para que 90% das pessoas passem por dificuldades financeiras é seu dinheiro estar fluindo para alguém ou algo — fluindo para os 10% que sabem o nome do jogo. Quanto mais arduamente trabalham os 90%, mais dinheiro flui para os 10%.

Essa é a história de meu pai pobre. Ele trabalhou muito. Voltou para a academia em busca de mais diplomas e de treinamento especializado. Ele ganhou mais dinheiro e poupou alguma coisa, mas nunca conseguiu controlar as saídas de seu dinheiro. Quando perdeu o dinheiro e foi forçado a parar de trabalhar, não houve entrada de dinheiro — ainda assim, ele tinha que honrar suas obrigações de fluxo de caixa. Ele se viu em verdadeira dificuldade financeira.

As escolas não ensinam sobre o dinheiro. Se uma escola tiver aulas de educação financeira, usualmente ensina a poupar e investir nos bancos — treina os alunos a mandar o dinheiro para os ricos. Se eu comandasse o sistema escolar, colocaria aulas sobre como controlar a saída de fluxo de caixa. Falaremos mais sobre isso adiante.

Exemplo #2: O que Vem Antes, o Celular ou o Fluxo de Caixa?

A resposta, naturalmente, é fluxo de caixa. Nunca haveria um telefone celular sem fluxo de dinheiro — não importa quão útil seja. O dinheiro é a única força atrás da inovação. Quando os investidores perceberam a oportunidade apresentada pelos telefones celulares, surgiu o dinheiro necessário para desenvolver uma rede global de telefonia. Sem a oportunidade de produzir fluxo de caixa, ninguém estaria interessado em desenvolver tal rede de contatos.

Cada vez que você usa um telefone celular, o dinheiro sai de sua carteira para as companhias telefônicas. Elas estão no negócio de telefonia, mas *o nome do jogo é fluxo de caixa*.

Hoje, há um número muito grande de produtos, serviços ou empresas que podem salvar o mundo, mas, sem fluxo de dinheiro do consumidor para os ricos, esses produtos e serviços não avançam. Se você vai lançar um produto novo ou vai começar um novo negócio, precisa estar consciente do fluxo de dinheiro. Se seu negócio provê fluxo de caixa apenas para você, há boas chances de ele não atrair investidores ou crescer.

Exemplo #3: A Crise do Mercado de Ações

Quando o mercado de ações quebrou, em 2008, isso significou que o dinheiro estava fluindo desse mercado para outros ativos. Com a quebra do mercado, é uma aposta segura que 90% dos investidores perderam dinheiro porque eles foram muito lentos para se mover. Eles foram lentos porque lhe contaram contos de fadas financeiros sobre investir para o longo prazo em uma carteira bem diversificada.

Os 10% que não acreditam em contos financeiros de fadas, entretanto, já haviam mudado seu dinheiro para portos mais seguros como o ouro, que cresceu abruptamente quando o mercado quebrou. Quando o mercado fluiu para fora do mercado de ações, os investidores de fundos e ações perderam e os investidores em ouro ganharam. A mesma coisa aconteceu quando a bolha do mercado imobiliário estourou e o dinheiro fluiu para outro lugar, deixando os proprietários com suas casas desvalorizadas.

Conhecimento É Poder

O jogo do fluxo de caixa é uma das razões para que a Nova Regra do Dinheiro #1 seja *conhecimento é poder*. Sem educação financeira nas escolas, os estudantes se graduam em uma variedade de áreas sem conhecer o jogo do dinheiro — que eu acredito ser a área mais importante de todas. A maioria dos estudantes se gradua e trabalha arduamente para ter entradas de fluxo de caixa, mas possui pouquíssimo controle sobre isso. Todos os meses há mais e mais saídas do que entradas, o que faz com que trabalhem ou se endividem ainda mais.

A segurança no trabalho é muito importante para a maioria das pessoas porque elas têm pouco controle sobre o fluxo do dinheiro. É por isso que muitos especialistas aconselham: "Corte seus cartões de crédito e viva abaixo de suas possibilidades." Isso é aconselhamento financeiro para os 90% que precisam controlar as saídas de caixa para os outros 10% que sabem fazer o fluxo lhe ser favorável, mesmo quando não estão trabalhando.

Quando se trata de investir, a média dos investidores tem pouco controle sobre o fluxo do dinheiro. Nos planos tradicionais de fundos de pensão, hoje, o dinheiro sai dos salários antes mesmo que as pessoas o toquem e muito do dinheiro some legalmente em taxas e despesas.

Por anos tenho sido crítico dos fundos de investimentos. Eles são veículos horríveis desenhados para pessoas financeiramente medianas. Ao longo dos anos, os especialistas financeiros me combateram porque são patrocinados pelo sistema financeiro. Em programas de TV e publicações financeiras, você vê consultores oferecendo sempre o mesmo velho conselho: "Invista em fundos mútuos em longo prazo." Isso é conselho medíocre para pessoas medíocres.

Um de meus heróis é John Bogle, fundador dos fundos Vanguard. Como inventor do fundo indexado, que mantém as taxas baixas para reduzir os custos com administração, ele também é um crítico dos fundos. Em uma entrevista ele disse que os investidores em fundos mútuos colocam 100% do dinheiro, assumem 100% dos riscos e ganham apenas 20% dos lucros — se houver lucro. As empresas que administram os fundos levam 80% do lucro por meio de taxas e despesas.

Em *The Battle for the Soul of Capitalism* ("A Batalha pela Alma do Capitalismo", em tradução livre), Bogle também diz que os bancos e as empresas de fundos mútuos sempre falam do poder dos juros compostos, mas falham em falar sobre os *custos compostos*, que diminuem seus retornos líquidos significativamente. Tenho bastante respeito por Bogle por se opor a uma das mais poderosas forças da conspiração, a indústria de fundos. A mim parece que poucas publicações ou canais de televisão têm a coragem de criticar essa indústria porque não querem perder a receita de propaganda que vem dos fundos mútuos.

Nova Regra do Dinheiro #6: Aprenda a Linguagem do Dinheiro

Quando um estudante vai para a faculdade de Medicina, aprende os termos médicos e, logo, está falando de pressão sistólica e diastólica. Quando fui para a escola de voo, tive que aprender a linguagem de um piloto. Logo estava falando palavras como *altímetro*, *aileron* e *manche*. Quando mudei de helicópteros, usei palavras diferentes, como *cíclico*, *coletivo* e *rotor*. Não poderia ter sido bem-sucedido se não conhecesse essa linguagem.

Na escola dominical aprendi a frase: "E o Verbo se fez carne." Em outras palavras, você é o que diz.

> **Comentários dos Leitores**
>
> *Usamos as palavras para pensar, portanto não podemos conceitualizar o que linguagem alguma pode descrever. É por isso que saber a linguagem do dinheiro e dominá-la é a forma de aprender os conceitos do dinheiro e seu funcionamento. Assim, poderemos tomar as próprias decisões financeiras em vez de sermos liderados por investidores financeiros "profissionais" ou seguir cegamente conselhos convencionais. É a maneira de transcendermos a mentalidade de "não experto o bastante para isso, está além de meu entendimento". Se você entende a linguagem do dinheiro, consegue compreendê-lo e controlá-lo.*
>
> — buzzardking

Em 1903, época em que acredito que os cúmplices do segredo assumiram o sistema escolar, eles eliminaram a linguagem do dinheiro e a substituíram pela linguagem dos professores, como álgebra e cálculo, palavras raramente usadas na vida real. A principal razão para que 90% da população tenha dificuldades financeiras é nunca lhes ter sido ensinada a linguagem do dinheiro.

Integrando-se aos 10%

Quando você aprende a linguagem do dinheiro, aprende a linguagem da conspiração. Ao investir algum tempo todos os dias para aprender, você terá uma chance de fazer parte dos 10% — os poucos vitais. Mais importante, ao aprender a linguagem do dinheiro, você reduz as chances de ser enganado pelos falsos profetas financeiros — os mesmos que aconselham você a economizar, comprar uma casa, sair das dívidas e investir em longo prazo em carteiras diversificadas de fundos mútuos.

A boa notícia é que não custa muito ensinar às crianças o vocabulário do dinheiro; nenhum aumento maciço no orçamento educacional é necessário — apenas bom senso. Se as escolas ensinassem aos estudantes a linguagem do dinheiro, as dificuldades financeiras e a pobreza seriam reduzidas. Se mais crianças aprendessem essa linguagem, haveria mais empreendedores que criariam novos empregos, em vez de o governo tentar criar postos de trabalhos.

O restante do livro mostrará algumas das palavras básicas sobre dinheiro e investimento que você precisa conhecer para se juntar aos 10%.

Palavras Moldam Atos, e Eles, a Realidade

Viver é uma atitude. Se você quer mudar sua vida, primeiro mude suas palavras, que, por sua vez, mudarão sua atitude. A seguir estão algumas atitudes comuns em relação ao dinheiro.

"Nunca serei rico" são as palavras de uma pessoa com uma atitude pobre. É provável que ela tenha dificuldades financeiras por toda a vida. Quando uma pessoa diz: "Não estou interessada em dinheiro", na verdade ela está afastando o dinheiro. Quando escuto: "É preciso dinheiro para ganhar dinheiro", respondo: "Não, o dinheiro começa com palavras, e elas são de graça." Quando alguém diz: "Investir é arriscado", respondo: "Investir não é arriscado. Falta de educação financeira e dar ouvidos a maus conselhos financeiros é que é arriscado." Minhas palavras revelam uma perspectiva e uma atitude diferentes em relação ao dinheiro e aos investimentos das de alguém com atitude pobre.

O Conhecimento Começa com as Palavras

O dinheiro é conhecimento, e ele começa com as palavras. As palavras são o combustível do cérebro e moldam a realidade. Se você usá-las de forma errada, não produtiva, terá pensamentos improdutivos e uma vida prosaica. Usar palavras negativas é como usar gasolina de má qualidade em um carro bom. A seguir estão exemplos de como as palavras nos afetam.

Palavras de uma Pessoa Pobre

É fácil perceber quando uma pessoa é pobre ao observar apenas as palavras que diz. Por exemplo:

1. "Nunca serei rico."

2. "Não estou interessado em dinheiro."

3. "O governo deveria cuidar dos pobres."

Palavras de uma Pessoa de Classe Média

A classe média usa um conjunto diferente de palavras.

1. "Tenho um emprego estável bem-remunerado."

2. "Minha casa é meu maior investimento?"

3. "Estou investindo em um portfólio diversificado de fundos mútuos."

136 | Capítulo 7

Palavras de uma Pessoa Rica

Assim como os pobres e a classe média, os ricos usam palavras que os distinguem como tal.

1. "Estou procurando bons empregados para trabalharem para mim."

2. "Estou procurando um prédio residencial para comprar e ter fluxo de caixa dos aluguéis."

3. "Minha estratégia de saída é fazer uma oferta pública inicial de ações (IPO) para minha empresa."

Você consegue perceber a diferença entre essas palavras? Qual é o tipo de realidade que cada conjunto de palavras revela? Repetindo a lição da Escola Dominical: "E o Verbo se fez carne." Nós *somos* o que falamos.

Ganhos de Capital versus Fluxo de Caixa

Nos capítulos seguintes, introduzirei alguns termos básicos que uma pessoa que quer estar entre os 10% precisa saber.

Dois desses termos importantes são *ganhos de capital* e *fluxo de caixa*. Como já disse, o mais importante termo é fluxo de caixa, porque este é o nome do jogo da conspiração. A razão de 90% das pessoas perderem dinheiro com mercado imobiliário e acionário no crash a partir de 2007 foi por terem, em vez de o jogo do fluxo de caixa, jogado o jogo dos *ganhos de capital*. As pessoas que praticam o jogo de ganho de capital estão, com frequência, esperando que suas casas se valorizem ou o mercado de ação suba. Entretanto, quem adota o jogo do fluxo de caixa, na verdade, não se importa com o mercado ou se o preço das casas sobe.

Outro termo importante, que está relacionado a ganhos de capital e fluxo de caixa, é *patrimônio líquido*. Com frequência você ouvirá alguém se vangloriar de seu patrimônio líquido porque comprou uma mansão ou possui um grande número de ações caras. O problema com o patrimônio líquido é que, em mercados como o que estamos hoje, ele é *inútil*.

Patrimônio líquido é muitas vezes medido por ganhos de capital. Se você compra uma casa por US$1 milhão, tecnicamente isso é parte de seu patrimônio líquido, mas se você não consegue vender por US$1 milhão e, em vez disso, vende por US$500 mil e ainda tem que pagar US$700 mil de empréstimo, seu patrimônio líquido é inexistente.

Não são só os indivíduos. Hoje, o termo *marcação a mercado* é uma forma de dizer *patrimônio líquido* para empresas e bancos. As empresas adoram marcar a mercado quando a economia está forte porque faz seus balanços parecerem bem. Mas quando o mercado está em baixa, marcar a mercado rebaixa muitas companhias, já que seu patrimônio reduz dia a dia.

Uso o fluxo de caixa para medir minha riqueza, e não patrimônio líquido. O dinheiro que meus investimentos me trazem mensalmente é riqueza verdadeira — não alguma noção percebida de valor que pode ou não ser verdade.

Durante a crise financeira, minha mulher, Kim, e eu estamos nos saindo bem financeiramente porque os negócios e investimentos se concentram em *fluxo de caixa*. A razão para nos "aposentarmos" cedo — Kim aos 37 anos, eu aos 47 — foi tomarmos decisões conscientes de investimento por fluxo de caixa. Em 1994, tínhamos aproximadamente US$120 mil em fluxo de caixa (renda passiva) anuais com os investimentos. Hoje, nossa renda é mais do que dez vezes isso, mesmo durante a crise financeira, porque continuamos a investir por fluxo de caixa.

Um de nossos vizinhos do outro lado da rua é um dos homens mais ricos do Arizona. Cerca de cinco atrás ele veio até nossa casa nos agradecer por nossos jogos e livros. Com um sorriso em seu rosto, disse: "Jogo o *CASHFLOW*® com meus filhos e netos. Finalmente pude explicar a eles o que faço. Durante anos eles imaginavam por que eu não vivia uma vida normal como os pais de seus amigos. Por anos, nunca pude explicar exatamente o que eu fazia."

Quatro Casas

Meu pai rico começou minha educação financeira jogando *Banco Imobiliário* comigo quando eu tinha nove anos. Jogamos partidas de muitas horas, durante muitos anos. Quando perguntei por que jogávamos o jogo com tanta frequência, ele disse: "A fórmula para a grande riqueza está nesse jogo."

"Qual é a fórmula?", perguntei.

"Transformar quatro casas em um hotel", respondeu ele.

Aos dezenove anos, retornei da escola em Nova York e descobri que meu pai rico havia comprado um hotel gigante, na beira da praia de Waikiki. Em dez anos, dos meus nove até os dezenove, eu o vi crescer de um pequeno negociante para o maior jogador do mercado havaiano. O segredo de seu sucesso foi investir por fluxo de caixa.

138 | Capítulo 7

Quando eu era um menino, meu pai rico ensinava seu filho e a mim as melhores qualidades do jogo *Banco Imobiliário*. Ele pegava, por exemplo, uma carta e perguntava: "Quanto de receita você recebe se tiver uma casa em sua propriedade?"

Eu respondia: "Dez dólares."

"E quanto você receberia se tivesse duas casas?"

"Vinte dólares."

Aprendi matemática básica. Ter US$20 era muito melhor do que ter US$10. Essa era a maneira de o pai rico treinar seu filho e a mim para nos concentrarmos em *fluxo de caixa* — não em *ganhos de capital*.

Foco no Fluxo de Caixa

A inflação começou a se infiltrar furtivamente no sistema econômico após 1971, quando Nixon desatrelou a moeda do ouro. As pessoas sabiam que havia algo errado, mas, sem muito conhecimento financeiro, não sabiam o que estava errado. O ouro atingiu US$850 a onça e a prata foi a US$50, com a inflação disparando.

Na administração Reagan, o então presidente do Federal Reserve, Paul Volcker, aumentou os juros para 20% em um esforço para acabar com a inflação. Uma nova palavra entrou para o vocabulário comum: *estagflação*, que significa que a economia estava estagnada (as pessoas e as empresas não estavam mais ganhando dinheiro) e a inflação continuava crescendo (as coisas estavam ficando mais caras).

Lembro-me de entrar em restaurantes e ver cardápios com os preços destacados repetidamente. O aumento era quase mensal. Os negócios ficaram paralisados, mas os preços continuaram a subir para pagar os custos crescentes.

Os juros para empréstimos estavam altos, cerca de 12% a 14%, mesmo assim o preço das casas continuava a subir. Comprei um apartamento em Waikiki, em 1973, por US$30 mil e revendi por US$48 mil dois anos depois. Comprei três apartamentos na ilha de Maui por US$18 mil cada e vendi imediatamente por US$48 mil, fazendo cerca de US$90 mil em um ano, quase seis vezes o que eu fazia sendo piloto da Marinha. Achei que era um gênio das finanças.

Graças a Deus meu pai rico sentou-se comigo e me trouxe à realidade. A próxima fase de minha educação financeira estava começando. Eu não era mais um menino de dez anos jogando *Banco Imobiliário*. Estava com vinte e poucos anos e jogava o *Banco Imobiliário* da vida real.

Pacientemente, meu pai rico me lembrou das diferenças entre *ganhos de capital* e *fluxo de caixa*. Uma boa lembrança. Todas as vezes que eu trocava uma propriedade, estava investindo por *ganhos de capital*. "Invista por *fluxo de caixa*", foram as palavras do meu pai rico. "Lembre-se das lições que lhe ensinei anos atrás com o *Banco Imobiliário*. Investir por *ganhos de capital* é um jogo de azar."

Assim como quando eu ainda era criança, ele tirou uma carta do jogo, e perguntou: "Quanto você recebe por uma casa?"

Pegando a carta, respondi: "Dez dólares." Mesmo tendo quase trinta anos à época, lembrei de sua lição sobre a diferença entre ganhos de capital e fluxo de caixa; lições que aprendi quando era pequeno e esqueci como adulto.

"Muito bem", disse o pai rico pacientemente. "E quanto por duas casas?"

"Vinte dólares", repliquei.

"Muito bem!", falou o pai rico. "Não se esqueça, invista por fluxo de caixa e nunca terá que se aborrecer novamente. Invista por fluxo de caixa e nunca terá que começar do zero em mercados de alta ou baixa. Invista por fluxo de caixa e você será um homem rico."

Comentários dos Leitores

Quando era jovem, meu pai me ajudou com alguns investimentos em propriedades que vendi há um bom tempo. Arrumei um emprego e coloquei meu dinheiro em fundos mútuos como todo mundo. Comecei a jogar CASHFLOW® e percebi quão importante era ter investimentos que criassem fluxo de caixa para mim. Comprei algumas propriedades. Se tivesse feito isso quando era mais jovem, estaria em uma posição bem mais privilegiada hoje.

— miamibillg

"Mas", falei, "é muito mais fácil ganhar mais dinheiro com ganhos de capital. Os preços dos imóveis estão disparando. Encontrar investimentos que criam fluxo de caixa é muito difícil."

"Eu sei", disse o pai rico. "Apenas escute o que estou lhe dizendo. Não deixe que a ganância e o dinheiro fácil impeçam que você se torne um homem rico e financeiramente proficiente. Nunca confunda *ganhos de capital* com *fluxo de caixa*."

Fluxo de Caixa É Mais Difícil

Após 1971, os preços subiram, mas os salários não acompanharam a inflação. Ao mesmo tempo, os trabalhos estavam sendo exportados. Sabendo que havia algo de errado com o dinheiro e querendo enriquecer rapidamente, as pessoas começaram a investir por ganhos de capital. As pessoas pararam de poupar e passaram a investir em coisas que valorizavam com a inflação. Algumas coisas em que investiam eram arte, antiguidades, carros antigos, bonecas, selos e vinhos clássicos — mas o mercado de ações e o imobiliário foram as classes mais populares entre os investidores de ganhos de capital. Muitas pessoas tornaram-se muito ricas emprestando dinheiro e investindo dessa forma. Os investimentos favoritos eram o mercado acionário e imobiliário. Hoje, entretanto, muitas dessas pessoas são os novos pobres. Suas apostas não lograram êxito desta vez.

Em 1929, antes da crise, as pessoas estavam emprestando dinheiro para comprar ações na margem — basicamente fazendo empréstimos para investir na bolsa de valores. Elas estavam apostando em ganhos de capital. Em 2007, de novo as pessoas apostavam em ganhos de capital com dinheiro emprestado — dessa vez com o mercado imobiliário e acionário. Essa crise é tão devastadora quanto a anterior.

Crise de Ganhos de Capital

Em 2009, a maioria dos investidores que estão com problemas são aqueles que investiram por ganhos de capital. Se eles tivessem focado em fluxo de caixa, talvez não estivessem tão afetados pela crise. Eles talvez não estivessem tão preocupados com a aposentadoria, com a universidade dos filhos ou com a perda de emprego.

Entre 2007 e 2009, o mercado de ações perdeu mais de 50% de seu valor — um valor medido em ganhos de capital.

De acordo com a bloomberg.com (conteúdo em inglês), desde janeiro de 2007 o índice Case-Shiller de preços de residências, nas vinte maiores cidades norte-americanas, caiu todos os meses nos últimos dois anos. Em algumas cidades o declínio foi de 33%, como por exemplo San Diego, Miami e Las Vegas. Em minha cidade, Fênix, segundo o *Arizona Republic*, o declínio foi de 50%, considerando os valores de pico. O Case-Schiller mede os ganhos de capital — o preço de um ativo em determinado momento versus o preço desse ativo em outro momento em particular.

Milhões de *baby boomers* da minha idade estão rezando para que tanto o mercado imobiliário quanto o de ações se aqueça antes de eles se aposentarem para que não tenham que arrumar um trabalho paralelo. Mas, novamente, eles pensam em termos de ganhos de capital. Não estão assumindo o controle de seus fluxos de caixa. Eles depositam sua fé no mercado.

Investindo por Fluxo de Caixa

Minha empresa de investimentos imobiliários possui muitas propriedades em Fênix, mas minha empresa não está abalada pela crise. Estamos bem porque investimos por fluxo de caixa. Alugamos apartamentos. Raramente vendemos propriedades. Vencemos a conspiração jogando o mesmo jogo que eles, o jogo do fluxo de caixa, o mesmo jogo que aprendi com meu pai rico enquanto jogávamos *Banco Imobiliário*.

O *Banco Imobiliário* não é um jogo de ganhos de capital nem de comprar na baixa para vender na alta. O *Banco Imobiliário não* é um jogo de diversificação. É sobre foco, planejamento, paciência e controle de longo prazo. O primeiro objetivo é controlar um dos quatro lados do tabuleiro. O segundo objetivo é melhorar as propriedades do lado que você controla, adicionando casas e, possivelmente, um hotel. A estratégia final de investimentos é ter apenas hotéis do seu lado do tabuleiro. Então você espera que os outros jogadores cheguem até o canto, desejando não chegar às suas propriedades. O principal objetivo é levar os outros jogadores à insolvência e tomar todo seu dinheiro. Em 2009, muitas pessoas estão indo à bancarrota por causa do jogo real do *Banco Imobiliário*.

Eu Teria Enriquecido

Eu teria ganhado muito dinheiro se tivesse investido em ganhos de capital. Foi difícil investir por fluxo de caixa quando todos estavam investindo por ganhos de capital. Em 2009, no entanto, dei muito valor às lições do pai rico. Sei por que ele insistiu que eu focasse fluxo de caixa e não me visse tragado pelo frenesi de comprar na baixa e vender na alta.

Hoje eu tenho quatro fontes principais de fluxo de caixa, sobre as quais falarei nos capítulos seguintes. São elas:

1. **Minhas empresas:** Não importa se eu trabalhe ou não por dinheiro. O fluxo de caixa continua entrando em minha conta.

2. **Imóveis:** Minha esposa e eu temos imóveis que nos permitem renda passiva mensalmente.

Capítulo 7

3. **Petróleo:** Não invisto em ações de empresas de petróleo. Em vez disso, invisto como sócio em prospecção de petróleo. Quando encontramos o óleo, recebo dinheiro mensalmente pela venda de petróleo e gás natural.

4. **Royalties:** Meus livros estão licenciados para aproximadamente cinquenta editoras. Todos os trimestres, elas me pagam direitos autorais. Além disso, meus jogos de tabuleiro estão licenciados para aproximadamente quinze empresas. Sou pago trimestralmente por elas também.

Fluxo de Caixa para Pessoas Medianas

A maioria das pessoas entende que é muito importante ter fluxo de caixa mensal. O problema é que a maioria delas não compreende a diferença entre estratégia boa e mediana para a obtenção de fluxo de caixa. Uma boa estratégia de fluxo de caixa é aquela que provê renda passiva com pouco ou nenhum pagamento de impostos e que você possa controlar. As estratégias medianas de fluxo de caixa são justamente aquelas que são taxadas na alíquota máxima e sobre as quais você possui pouco ou nenhum controle. Alguns exemplos de estratégias *medianas* estão a seguir.

1. **Poupanças:** Juros de investimento em poupança são uma espécie de fluxo de caixa. Hoje, os juros de curto prazo das ações são negativos. Se tiver sorte, um banco pagará a você 3% de juros sobre sua poupança.

   Há dois problemas com fluxo de caixa proveniente de poupanças. Um deles são os 3% de juros — com o maior imposto possível, o que significa que desses 3% brutos 1% é imposto. Segundo, o Federal Reserve imprime trilhões de dólares para resgatar os grandes bancos. No final dos anos 1970, os resgates foram mensurados em milhões. Em 1980, em bilhões. Em 2009, atingiram os trilhões.

   Isso resulta em inflação e, possivelmente, em hiperinflação. Se a inflação for maior que 2% ao ano, você perde dinheiro para o banco com o acúmulo de juros na poupança. Entender a relação entre resgate e inflação é um exemplo da importância de se conhecer a história: ao compreendê-la, você mensura o quão rápido suas economias perdem valor. Você recebe 3% sobre suas economias (2% após os impostos) enquanto o banco central imprime trilhões de dólares.

2. **Ações:** Algumas ações pagam dividendos, que é uma forma de fluxo de caixa. Milhões de aposentados ao redor do mundo vivem dos dividendos das ações que possuem. O problema é que, com a crise, muitas empresas cortam o pagamento de dividendos. Durante a primeira semana de abril de 2009, a Standard and Poor's anunciou que 367 empresas reduziram seus dividendos em US$77 bilhões no primeiro semestre de 2009. Esse foi o pior pagamento desde que a S&P começou a rastreá-los, em 1955. Isso representava que a recessão estava se concentrando exatamente na ferida, as aposentadorias que já haviam sido tiradas dos bolsos das pessoas.

3. **Fundos de pensão:** São uma forma de fluxo de caixa. O problema é que a PBGC deslocou a maior parte de seus US$64 bilhões em títulos para ações e imóveis, exatamente durante a crise. Isso significa que as mentes por trás da PBGC converteram o fluxo de caixa dos títulos, presumivelmente porque seu rendimento era considerado baixo, em ações e imóveis, na esperança de maiores ganhos de capital. Isso significa que muitos planos de pensão agora enfrentam uma profunda crise financeira.

   Além disso, o conceito de planos de pensão é história para a maioria das pessoas. A maior parte das empresas não os oferece mais ou reduziu drasticamente seus programas. Agora, são os funcionários públicos sindicalizados que majoritariamente podem contar com eles. As outras pessoas precisam descobrir como gerar fluxo de caixa para suas aposentadorias.

4. **Anuidades:** Também são uma forma de fluxo de caixa. Digamos que você transfira US$1 milhão para uma seguradora. Em troca, ela lhe paga rendimentos com juros pelo resto de sua vida.

   O problema é que as anuidades são muitas vezes respaldadas por imóveis comerciais sobre os quais você não tem controle — e outros veículos adquiridos por grandes investidores, como empresas públicas, para gerar ganhos de capital, e não fluxo de caixa. O problema de as empresas públicas investirem para ganhos de capital é que pelas regras contábeis elas devem registrar seus ativos no mercado, e levantar mais capital para cobrir as despesas decorrentes. Isso prejudica as seguradoras e os retornos da anuidade — basta olhar para a AIG.

Por que Mais Pessoas Não Entram no Jogo do Fluxo de Caixa?

Recentemente, fui a uma conferência sobre investimentos e ouvi diferentes palestrantes apresentando tipos variados de investimentos. Um deles era um planejador financeiro que advertia as pessoas para equilibrar suas ações e fundos mútuos, o que para mim é estúpido. *Equilibrar* é outra forma de dizer *invista para ganhos de capital*. Ele dizia: "Sei que alguns de vocês perderam dinheiro no mercado de ações. Mas não se preocupem. Ele vai se reaquecer. Lembre-se de que, em média, o mercado sobe cerca de 8% ao ano, então recomendo que continuem investindo em longo prazo." Tive que sair quando vi as pessoas na plateia assentindo com a cabeça em concordância. Fiquei me perguntando como as pessoas podiam ser enganadas com tanta facilidade.

Os cúmplices do segredo precisam que seu caixa flua para eles. É por isso que treinam vendedores, como os planejadores financeiros e corretores de ações, para dizer coisas análogas a que o mercado sobe 8% ao ano. Eles usam os ganhos de capital como isca para direcionar o fluxo de caixa para seus bolsos.

Corretores imobiliários usam uma técnica semelhante. Eles costumam dizer: "É melhor comprar agora antes que os preços subam." Esta ideia se baseia na expectativa dos ganhos de capital. Os vendedores usam os ganhos de capital como chamariz para conseguir fluxo de caixa. Este é o jogo. No momento em que assina o financiamento imobiliário, o caixa flui de você para eles.

Por que Nem Todo Mundo Investe por Fluxo de Caixa?

Há algumas razões para que a maioria das pessoas não invista por fluxo de caixa e, sim, por ganhos de capital. Algumas dessas razões são:

1. A maioria das pessoas não sabe a diferença.

2. Quando havia uma ascensão econômica, era muito fácil entrar no jogo de ganhos de capital. As pessoas presumiam que suas casas e carteiras de ações subiriam automaticamente com a inflação.

3. Investimentos por fluxo de caixa requerem maior sofisticação financeira. Qualquer pessoa pode comprar uma coisa e esperar que o preço suba. Encontrar bons investimentos que rendam bom fluxo de caixa requer conhecimento tanto do potencial de receita quanto de despesas, e como projetar o desempenho do investimento baseado nessas variáveis.

4. As pessoas são preguiçosas. Elas vivem para o presente e ignoram o futuro.

5. As pessoas esperam que o governo tome conta delas. Essa era a atitude de meu pai pobre, e ele morreu pobre. Para meu pai pobre, era mais fácil esperar que alguém tomasse conta dele. Hoje, há, nos Estados Unidos, 60 milhões de *baby boomers* que provavelmente seguirão os passos dele.

Se você não quer seguir o exemplo do meu pai pobre, então os próximos capítulos são para você.

Resumo

A forma de suspender o véu do segredo é primeiro descobrir o nome do jogo, e o nome é fluxo de caixa. Uma vez que descubra, precisará aprender a terminologia — a linguagem do dinheiro. Uma forma de aprender a linguagem do dinheiro é jogando meu jogo *CASHFLOW®, um jogo de tabuleiro e digital que vai* prepará-lo para o verdadeiro jogo do fluxo de caixa que acontece em sua volta o tempo todo.

Como discutimos anteriormente, duas expressões muito importantes são *fluxo de caixa* e *ganhos de capital*. Em termos simples, 90% da população jogam o jogo de ganhos de capital e 10% jogam o jogo dos conspiradores de fluxo de caixa. Assim, apenas 10% ganham. Você quer ser um vencedor ou um perdedor? Quer ser mediano ou excelente? Se quiser vencer no jogo do fluxo de caixa, o restante deste livro é para você.

Capítulo 8

IMPRIMA SEU DINHEIRO

Cramer versus Stewart: o Choque dos Titãs do Humor

O programa de televisão *The Daily Show*, com Jon Stewart, é bem popular nos Estados Unidos. Supostamente, é para ser um programa de sátira política, mas as pessoas o utilizam como fonte principal de notícias. Muitas pessoas sentem que os canais convencionais de noticiários se corromperam, e acreditam que ironizar as notícias é mais honesto.

Jim Cramer tem seu próprio programa de televisão, *Mad Money*, que vai ao ar pela CNBC, e é um dos principais canais de notícias financeiras do mundo. Cramer é brilhante, divertido e faz o melhor que pode para que as pessoas se interessem por este tipo de notícia. Ele e Jon Stewart possuem programas semelhantes sobre assuntos diferentes. Cramer fala de dinheiro e Stewart, de política, principalmente.

Em 12 de março de 2009, Jon Stewart convidou Jim Cramer para um programa conjunto. Naquela noite, Stewart não estava sendo engraçado. Estava furioso e falou para milhões de pessoas expressando sua frustração com a indústria financeira inteira, incluindo os programas de notícias sobre o assunto.

Stewart expressava o sentimento geral do público norte-americano de hoje, dizendo que a CNBC e a mídia financeira poderiam educar os norte-americanos, mostrando a ideia de que há dois mercados: um para o longo prazo, no qual a média das pessoas investe e são encorajadas a investir, e outro, de prazo curtíssimo, rápido, acelerado, que está longe dos olhos do público. Esse mercado, Stewart disse: "É perigoso, eticamente duvidoso e prejudica o mercado de longo prazo. Assim, o que parece para nós — e falo como um leigo — é que estamos

148 | Capítulo 8

capitalizando sua aventura com o dinheiro da aposentadoria e com o dinheiro arduamente ganho."

Comentários dos Leitores

Não acho que o que a mídia tradicional diz sobre a crise seja suficientemente confiável a ponto de alterar minhas carteiras de investimentos. Na verdade, não penso que eles façam isso intencionalmente, mas estão compartilhando conhecimento de sua perspectiva limitada.

— hattas

Sei, por experiência como profissional do mercado, que a maneira mais rápida de perder dinheiro é negociar enquanto se assiste aos programas especialistas em mercado financeiro.

— gonel7

Um Assalto à Aposentadoria

Mais uma vez, o passado explica o presente. Em 1974, o Congresso aprovou a ERISA, que levou aos planos 401(k), e iniciou um dos maiores assaltos da história.

Como afirmado anteriormente neste livro, muitas pessoas que viveram a última depressão desconfiam do mercado de ações. Meu pai rico e meu pai pobre não queriam se envolver nisso. Eles achavam que o mercado de ações era manipulado e que investir nele era um risco. Em 1974, a ERISA praticamente obrigou milhões de pessoas a entrar no mercado de ações, mesmo que não soubessem nada sobre investimentos. Antes de 1974, a maioria das empresas pagava a aposentadoria dos trabalhadores. A entrada forçada dos trabalhadores no mercado de ações, no entanto, foi positiva para as empresas, porque não precisariam mais arcar com este tipo de custo. O plano 401(k) salvou o dinheiro da empresa, mas se um trabalhador não investiu no mercado de ações ou se ele quebrou, este trabalhador não terá o dinheiro para se aposentar. Esta é uma das razões pelas quais o mercado de ações cresceu na década de 1970 e surgiu a profissão do planejador financeiro.

Meu pai rico teria concordado com os sentimentos de Jon Stewart sobre a existência de dois mercados — um de investimentos e um de transações, que joga com o dinheiro dos investidores. Quando o programa de previdência privada foi implementado nos Estados Unidos, meu pai rico me alertou para ficar longe dele. Seu alerta me levou a escrever *Profecias do Pai Rico*, em 2002, e, mais tarde, colaborar com Donald Trump em *Nós Queremos que Você Fique Rico*, em 2006.

Donald e eu não somos contra o mercado acionário. Ambos fundamos companhias cujas ações são transacionadas publicamente nas bolsas de valores. Mas advogamos a favor da educação financeira responsável. A razão para sermos tão apaixonados pelo assunto é que há muitas pessoas e organizações que são o oposto disso. Elas tiram vantagem dos improficientes financeiros para lucrar com as assim chamadas notícias e educação. Como Jon Stewart implicitamente expressou em sua entrevista com Jim Cramer, a CNBC, como líder de programas sobre notícias financeiras, falha em educar as massas sobre o jogo real que está sendo feito com seu dinheiro.

Sendo ex-administrador de fundos de hedge, Jim Cramer é, em minha opinião, um especialista no segredo dos ricos. Como você talvez saiba, os chamados fundos de hedge muitas vezes lucram à custa dos fundos de investimento, como os tubarões, que se alimentam de atum. Mesmo Cramer tendo prometido a Stewart durante a entrevista que ele se arrependeria e faria um trabalho melhor em oferecer educação financeira, para mim, até agora não fez nenhuma diferença — apenas mais desculpas e acusações. Mas, sério, como ele pode mudar? Sua própria sobrevivência como tal depende do jogo obscuro em volta do segredo.

O Tubarão e o Atum

Há cinco anos, meu irmão e sua esposa tiveram um bebê. Eles me perguntaram se eu não poderia abrir uma conta 529, que nos Estados Unidos é uma espécie de fundo de investimentos para a educação universitária do filho. Fiquei mais do que feliz em poder ajudar, mas queria ter a certeza de que não estaria jogando meu dinheiro fora. Imediatamente chamei meu corretor, Tom, e perguntei sobre o tal plano.

"Eu poderia abrir uma conta para você", disse Tom, "mas sei que você não vai gostar."

"Por quê?", perguntei.

150 | Capítulo 8

"Porque a maioria dos planos 529 só pode investir em fundos mútuos", disse Tom. "Eu sei que você conhece o jogo que os fundos de investimento jogam."

"Obrigado", respondi. "Acharei alguma outra coisa."

Graças a Deus não abri aquela conta. Teria perdido mais de 40% de meu investimento na crise de 2007. Como disse Jon Stewart, há dois jogos em ação. Um é para os investidores de longo prazo de ações, títulos e fundos (o atum); o outro jogo, para os investidores de curto prazo, como os administradores dos fundos de hedge e os especuladores (os tubarões).

Mesmo que o mercado não tivesse colapsado, eu ainda não teria investido no plano 529 por causa de sua dependência dos mútuos fundos. Como discutimos detalhadamente no Capítulo 7, os fundos de investimento ajudam a si próprios, com o dinheiro de investidores pouco sofisticados, cobrando por taxas e despesas. Sei que o plano 529 oferece alguns incentivos fiscais, mas eles não compensam o dinheiro que sai da conta por meio de taxas e despesas, nem as perdas que ocorrem pelas flutuações do mercado. Os fundos mútuos são investimentos pouco inteligentes para aqueles que não são financeiramente inteligentes.

A Recusa de $4 Milhões

Em 2001, quando *Pai Rico, Pai Pobre* se popularizou, uma das maiores administradoras de fundos de investimento me pediu para endossar sua família de produtos. A empresa me ofereceu $4 milhões ao longo de quatro anos por meu apoio. Ainda que fosse muito tentador, recusei a proposta.

Uma das razões foi que eu não quis apoiar um produto no qual não acredito. Também, não precisava do dinheiro deles — ainda que fosse bom tê-lo. Nós próximos capítulos, você descobrirá que ganhar $4 milhões não é tão difícil para quem é financeiramente proficiente. Eu sabia que minha verdadeira riqueza estava em meu conhecimento financeiro, não no dinheiro. Sabia que poderia ganhar mais do que $4 milhões usando minha inteligência e operando em mercados em que acreditasse. Recusar $4 milhões foi difícil, mas vender minha alma não valia esse dinheiro.

Como ressalva, não sou contra o conceito de fundos de investimento. Sou contra, entretanto, as altas taxas e as despesas escondidas que roubam os investidores. Além disso, nos Estados Unidos existem milhares de fundos e apenas 30% deles superam a lucratividade do índice S&P 500, um dos índices acionários. Em outras palavras, tudo que se precisa fazer, no caso norte-americano, é investir em um fundo indexado ao S&P e o investidor já terá superado mais de 70% dos administradores de fundos — e com menos dinheiro e mais retorno. Como já disse anteriormente, os fundos de investimento são, geralmente, para os investidores medianos ou abaixo da média, os estudantes C do mundo da inteligência financeira. Os estudantes de nível A e B não investem em fundos.

O Poder das Palavras

Como lembramos no Capítulo 7, a nova regra do dinheiro #1 é *conhecimento é poder*, e a nova regra do dinheiro #6 é *aprenda a linguagem do dinheiro*.

Uma das razões para tantas pessoas perderem muito dinheiro em maus investimentos é as escolas falharem em nos ensinar o básico da educação financeira. Essa falta de educação financeira leva à incompreensão da linguagem do dinheiro. Quando um especialista em finanças recomenda, por exemplo, que você *invista em longo prazo*, um investidor sofisticado questiona a definição de *longo prazo*. Como Einstein descobriu, tudo é relativo.

Uma das razões de Jon Stewart ter ficado aborrecido com Jim Cramer é por Cramer ser um *negociador*. Como regra geral, um negociador é um investidor de curto prazo. Para um negociador de curto prazo, um investimento de longo prazo pode ser um dia — ou até mesmo uma hora. Os negociadores entram e saem do mercado, atacando muitas vezes os lucros das poupanças para a aposentadoria ou para a universidade dos investidores comuns. Em vez de usar a expressão *longo prazo*, um investidor sofisticado usa a expressão *estratégia de saída*. Um investidor inteligente sabe que não se trata do tempo que você segura um investimento. Trata-se de um plano para aumentar sua riqueza com aquele investimento ao longo de um período estabelecido.

Outra palavra mal compreendida é *diversificar*. Se você escutar a maioria dos gurus financeiros, sempre lhe dirão que o investidor versado diversifica. No entanto, cito Warren Buffett, em *O Tao de Warren Buffett*: "A diversificação é uma proteção contra a ignorância. Faz pouco sentido para aqueles que sabem o que estão fazendo."

Uma razão para tantas pessoas perderem dinheiro é não saberem o que estão fazendo e *não diversificarem*, mesmo que seu planejador financeiro lhes diga que o fazem. Vou lhe dar alguns exemplos:

1. Um planejador financeiro dirá que você está diversificando se estiver investindo em setores diferentes. Por exemplo, ações de telefonia, de

152 | Capítulo 8

companhias de petróleo, *exchange-traded funds* (ETFs), ações de primeira linha, *small caps*, fundos de renda variável, fundos multimercado, CDBs. Ainda que tecnicamente você esteja diversificando entre setores, a realidade é que você não diversifica, porque investiu em apenas uma classe de ativos — títulos. Quando o mercado entrou em crise em 2007, todos os ativos financeiros associados ao mercado de ações afundaram. Estar diversificado foi pouco útil para aqueles diversificados apenas em títulos.

2. Um fundo de renda variável, por definição, já é diversificado — em títulos. Para piorar, há mais fundos do que ações individuais. Assim, muitos fundos contêm as mesmas ações. É como um comprimido de multivitamínico. Comprar três desses fundos é como tomar três comprimidos de um complexo multivitamínico. Você pode até tomar três pílulas diferentes, mas, ao final, estará tomando as mesmas vitaminas — e possivelmente terá uma hipervitaminose!

3. A maioria dos especialistas em finanças só pode vender títulos, como fundos, anuidades e seguros. Na verdade, depois de 1974, com a aprovação da ERISA, eles passaram de "vendedores de seguros" para "planejadores financeiros". Como são licenciados para isso, será isso que venderão. Grande parte não tem licença para vender ativos tangíveis como imóveis, empresas, petróleo ou ouro. Então, naturalmente, eles venderão aquilo que lhes é permitido vender, não necessariamente o que você precisa, e isso não é diversificação.

   Como se costuma dizer: "Nunca pergunte a um vendedor de seguros se você precisa de um." Você sabe qual será a resposta. Duas razões pelas quais os planejadores financeiros recomendam a diversificação são vender mais títulos e os riscos envolvidos caso estejam errados. Comumente, eles não têm o melhor dos interesses em *seus* corações.

O Investidor Sofisticado

Existem quatro categorias básicas de investimento. São elas:

1. **Negócios:** Os ricos normalmente possuem vários empreendimentos, proporcionando renda passiva, enquanto uma pessoa comum pode possuir muitos empregos que fornecem receita auferida.

O Segredo dos Ricos | *153*

2. **Investimentos imobiliários para alugar:** São propriedades que produzem renda passiva mensalmente na forma de aluguel. Sua casa ou a casa de veraneio não estão incluídas aqui, mesmo que seu planejador financeiro diga que são ativos.

3. **Ativos financeiros — ações, títulos, poupança, anuidades, seguros, fundos mútuos:** A maioria dos investidores possui ativos financeiros porque são mais fáceis de comprar, requerem pouca administração e são líquidos — ou seja, é fácil sair do investimento.

4. **Commodities — ouro, prata, petróleo, platina, etc.:** A maioria dos investidores não sabe como ou onde comprar commodities. Em muitos casos, não sabem como ou onde comprar ouro ou prata tangíveis.

Um investidor sofisticado investe em todas as quatro categorias. *Esta* é a verdadeira diversificação. A maioria dos investidores acredita que está diversificando, mas apenas se mantém na categoria 3, ativos financeiros. Isso *não é* diversificação.

Mesmas Palavras, Outra Linguagem

Minha opinião é que podemos usar as mesmas palavras, mas falamos uma linguagem diferente. *Longo prazo* para um investidor sofisticado significa algo diferente do que representa para um novato. O mesmo é verdade para a *diversificação* e muitas outras palavras. Até mesmo *investimento* tem acepções diferentes. Para alguns, significa *negociar* e sair rapidamente do mercado. Quando alguém me diz: "Invisto no mercado imobiliário", com frequência imagino o que querem dizer com isso. Significa que é dono da casa em que vive? Ou é um investidor que compra e vende imóveis? Ou significa que compra propriedades que geram fluxo de caixa?

Minha segunda observação sobre palavras e linguagem é que os chamados especialistas querem parecer inteligentes, então usam expressões incomuns como *swap para defaults* ou *hedge,* para confundir as pessoas comuns. Ambos os termos significam formas de seguro, mas, por Deus, os "especialistas" jamais usariam essa palavra. Claro, todos saberiam do que eles estão falando!

Em seu livro *Grunch of Giants*, dr. Fuller escreve: "Um de meus amigos mais antigos, já falecido, era um gigante, um membro da família Morgan. Ele me disse: 'Bucky, gosto muito de você, por isso, sinto muito em ter que lhe dizer que você

154 | Capítulo 8

nunca será um sucesso. Você fica por aí explicando em termos simples coisas que as pessoas não estavam entendendo, quando a primeira lei do sucesso é nunca simplificar quando você se complicar.' Assim, apesar de seu conselho pertinente, aqui estou explicando gigantes."

Estou orgulhoso em seguir a tradição do trabalho do dr. Fuller. Mas, em vez de usar a ideia dos *gigantes*, uso a do *segredo*. Meu objetivo é sempre explicar em termos simples aquilo que todos os outros fazem de forma rebuscada.

Tornando-se Mais Poderoso

O dr. Fuller foi incisivo sobre o poder das palavras. Durante um de seus discursos, disse: "As palavras são as ferramentas mais poderosas inventadas pelos seres humanos." Conforme escreveu em *Critical Path*: "'No princípio [da industrialização, isto é, a cooperação humana tecnologicamente eficaz] *era o verbo*.' A palavra falada e compreendida acelerou enormemente o desenvolvimento da comunicação humana e de como lidar com os desafios da vida."

Antes de estudar com o dr. Fuller, eu nunca havia respeitado o poder da palavra. Em 1983, tinha 36 anos quando finalmente compreendi por que meu pai pobre, um professor de carreira, tinha tanto respeito pelas palavras. Percebi por que eu havia sido expulso duas vezes das aulas de inglês do ensino médio. Não respeitei o poder das palavras. Com isso, neguei a mim mesmo o poder de mudar minha vida. Ter o vocabulário de uma pessoa humilde me mantinha pobre. A atitude de uma pessoa pobre me mantinha em problemas financeiros. Finalmente compreendi o que o dr. Fuller havia dito: "As palavras são as ferramentas mais poderosas inventadas pelos seres humanos." Percebi que as palavras são o combustível do cérebro — nosso maior ativo e também o maior passivo. É por isso que acredito que, em 1903, o vocabulário financeiro foi retirado do sistema educacional. Para mim, a afirmação da Bíblia "E o Verbo se fez carne" passou a ter um novo significado. Finalmente compreendi por que meu pai rico proibiu seu filho e a mim de usar as palavras: "Não posso arcar com isso" ou "Não consigo". Ao contrário, ele nos disciplinou a perguntar: "Como posso arcar com isso?" ou a dizer: "Como posso fazer isso acontecer?" Finalmente percebi que minha vida é a soma total de minhas palavras.

Sabia que sempre seria um peão, vítima ou escravo do segredo se não soubesse, compreendesse e usasse as palavras que os conspiradores usam. Foi a essa altura que me proibi de usar as palavras das pessoas comuns: "Consiga um bom emprego", "Economize", "Viva dentro de suas possibilidades", "Investir é arriscado", "Dívida é ruim", "Sua casa é um ativo" e outros mantras populares associados ao dinheiro. Eu sabia que minha independência financeira estava na compreensão das palavras e da linguagem financeira. Em 1983 me tornei um estudante das palavras e da linguagem do segredo dos ricos.

Comentários dos Leitores

Tenho um filho de quatro anos. Desde que ele começou a falar, tenho lhe ensinado coisas simples relacionadas ao dinheiro para plantar aquelas sementes que, espero, permanecerão com ele quando se tornar adulto. Sempre que ele recebia algum dinheiro como presente eu lhe perguntava: "O que fazemos com o dinheiro?" E ele respondia: "Poupamos!" Estava orgulhoso com esse fato até que refleti um pouco mais. Agora eu o ensinei a dizer: "Investimos!" Claro que essa foi a parte fácil... Agora tenho que ensiná-lo sobre as quatro categorias de investimento.

— bgibbs

Armas de Destruição em Massa

Warren Buffett se refere aos derivativos como "armas financeiras de destruição em massa". Até 2007, apenas algumas pessoas sabiam o que era um derivativo. Hoje, bilhões de pessoas ouviram falar de derivativos, mas ainda não têm a menor ideia do que significam. Como consequência, os financeiramente ignorantes agora acham que derivativos são ruins, perigosos ou alguma criação financeira elaborada que apenas a elite financeira pode usar, criar ou entender. Nada está mais longe da verdade.

Repetindo o conselho que Buckminster Fuller recebeu de seu amigo da família Morgan: "A primeira lei do sucesso é: 'Nunca simplifique quando pode complicar.'" E é isso que o mundo financeiro faz. Pega o simples e o torna complexo.

Ao transformar o simples em complexo, o mundo financeiro aparenta especializado e faz você se sentir estúpido quando se trata de dinheiro. Quando você se sente inexperiente, é mais fácil arrancar seu dinheiro. Minha mulher e eu fundamos a *Rich Dad Company* em 1997 com o objetivo expresso de proteger as pessoas de seus predadores financeiros e equipá-las com habilidades para decisões financeiras consistentes. Nosso objetivo era criar produtos de educação financeira,

156 | Capítulo 8

como jogos, livros, produtos da web, treinamento e programas avançados de educação financeira que simplificassem as finanças. Você pode ser uma criança ou um PhD e, ainda assim, compreenderá nosso trabalho.

Hoje, *derivativo* é uma das palavras financeiras mais poderosas do mundo. A comunidade financeira trabalhou muito para criar a mística e fazer parecer que era um conceito complicado. É por isso que tão poucas pessoas sabiam a palavra até recentemente e Warren Buffett se referiu a ela como arma de destruição em massa. Mas, na realidade, o conceito de derivativos não é complicado.

Uma concepção de derivativo é a ideia de uma *substância que pode ser feita de outra*. Por exemplo, o suco de laranja é um derivativo da laranja. Uma definição de derivativo financeiro é *ter valor de um ativo variável subjacente*. Por exemplo, um lote de ações comuns é um derivativo de uma companhia real, como a Apple, por exemplo. De maneira simples, quando alguém compra ações da Apple, está comprando um derivativo da Apple, a companhia. Quando você compra um fundo de ações, está comprando um derivativo daquele fundo, que é um derivativo de ações — um derivativo de um derivativo.

O que Warren Buffett não disse, mas poderia ter dito, é que os derivativos são também instrumentos para *criação financeira em massa*. Os derivativos são os meios que os 10% usam para arrancar dinheiro dos 90%. Acredito que a crença de Buffett foi que quando você começa a investir em derivativos de derivativos de derivativos, o investimento se torna mais volátil.

Veja, por exemplo, uma videira. As uvas vêm delas, e, portanto, são derivativas das videiras. Você pode comer as uvas e isso pode ser muito benéfico para sua saúde. Você pode também espremer as uvas e fazer suco delas. Então, o suco de uva é um derivativo da uva que é um derivativo da videira e, ainda assim, é bom para você. Mas quando você usa o suco para fazer vinho, o derivativo, nesse caso o vinho, se torna mais potente e mais volátil. Se você se torna viciado no derivativo conhecido como vinho, você se torna um alcoólatra. Nesse caso, o vinho se torna uma arma de destruição física em massa. Saúde, famílias e fortunas se perderam por causa do alcoolismo. Uma cadeia similar de reações aconteceu durante a crise financeira. A ironia é que muitos dos criadores dessa mistura tóxica, potente e volátil de derivativos financeiros ainda estão no controle do espetáculo — e ainda estão criando suas poções mágicas.

A razão para a primeira parte deste livro ser sobre história financeira é porque, por meio da história, podemos ver melhor o presente e o futuro. Antes de 1971, o dólar era um derivativo do ouro. Após 1971, o dólar e outras moedas se tornaram derivativos de dívidas, lastreadas na promessa dos contribuintes de pagar as contas. A grande questão é: "Os contribuintes serão capazes de honrar essas dívidas?" No caso norte-americano, são trilhões de dólares utilizados para o resgate dos ricos. Qual é o futuro do dólar norte-americano?

Hoje, a arma real de destruição em massa são as moedas correntes.

Imprima Seu Próprio Dinheiro

Criar um derivativo é tão fácil quanto espremer suco de uma laranja. Ao simplificar e compreender a definição de um derivativo financeiro, você pode facilmente tirar vantagem do poder da palavra. Digamos que você tenha $100 e seu amigo queira esse dinheiro emprestado por um ano. Então, você faz seu amigo assinar uma duplicata para pagar juros de 10% ao ano, ou seja, $110. Você acabou de criar um derivativo, que são os 10% ou $10, que você receberá em um ano. Você extraiu $10 de seus $100.

Agora, vamos levar os derivativos para o próximo nível. Digamos que você não tenha os $100 que seu amigo quer emprestado. Então você pede para que seus pais lhe emprestem a juros de 3% ao ano. Eles concordam, então você volta e os empresta para seu amigo com juros anuais de 10%. Um ano depois, seu amigo lhe paga $110. Você tira $103, paga a seus pais e tudo está certo. Você ganhou $7 por seus esforços. Ganhou dinheiro sem tê-lo, criando um derivativo de derivativo.

No Capítulo 5, escrevi sobre o sistema de reserva fracionária. Os bancos fazem exatamente o que acabei de descrever no último parágrafo, mas em nível muito maior. Eles criam um derivativo à terceira potência — um derivativo de um derivativo de um derivativo.

Por exemplo, digamos que você coloque $100 em uma poupança. O banco pega seu dinheiro e cria um derivativo, prometendo lhe pagar juros. Então as leis bancárias permitem, via sistema de reserva fracionária, que os bancos emprestem seus $100 em múltiplos, a juros de, digamos, 10 ou 20 vezes o que eles lhe pagam. Digamos que os bancos paguem $6 a você e, com seu dinheiro, emprestem 10 vezes a 30% ao ano. São $1.000 ($100 × 10) a 30%, portanto, $1.300. Isso acontece na vida real toda hora, todos os dias.

Uma das razões para a atual crise financeira ser tão intensa e ter se espalhado tanto é, em 2004, a Securities and Exchange Comission (SEC) — a correlata à nossa Comissão de Valores Mobiliários (CVM) — ter permitido que os cinco maiores bancos de investimento aumentassem suas reservas fracionárias de 10

158 | Capítulo 8

para tão alto quanto 40. Em outras palavras, se você colocasse $100 nos bancos, os maiores bancos poderiam emprestar $4 mil e, então, as centenas de bancos que emprestavam esse dinheiro poderiam emprestar 10 vezes esses $4 mil. Todo esse dinheiro precisava ser empregado em algum lugar e, rapidamente, começou a procura por qualquer um que pudesse colocar seu nome em um contrato imobiliário. A bagunça do crédito de alto risco se expandiu e explodiu — arrastando consigo toda a economia mundial. Assim, não foram os derivativos o problema, mas a ganância nos níveis mais altos do sistema bancário e do governo. Cito novamente Buffett em *O Tao de Warren Buffett*: "Quando você combina ignorância e dinheiro emprestado, as consequências podem ser interessantes."

Todos Podem Criar Derivativos

Meu argumento é que todos nós podemos criar derivativos simples. Podemos criar dinheiro do nada — derivativos de nossos pensamentos. Todos temos o poder de criar o próprio dinheiro se treinarmos nossas mentes para pensar em termos de derivativos. Em outras palavras, *o dinheiro pode ser um derivativo do conhecimento financeiro*. É por isso que a educação financeira é tão importante, e porque acredito não ser ensinada nas escolas. A conspiração não quer que você e eu entremos em seu jogo!

Comentários dos Leitores

Minha esposa acabou de me perguntar se eu me lembrava quão poderosos nos sentimos na primeira vez que criamos derivativos. Criamos um programa eficaz de treinamento de vendas de imóveis e conseguimos vinte participantes. Foram $20 mil diretamente para nossa conta corrente (além disso, temos vinte pessoas felizes porque estão vendendo mais imóveis...) Eles dizem que Deus deu a cada um deles pelo menos um dom ou habilidade. "Derivar" produtos ou serviços de seu conhecimento ou experiência, que outras pessoas querem, é altamente libertador e estimulante. Na primeira vez que fizemos isso sabíamos que poderíamos ser financeiramente livres e conquistar autonomia pessoal!

— davekohler

O Dinheiro É Infinito

Quando você aprende como criar derivativos, o dinheiro se torna infinito. Explico em termos simples a seguir.

Para que um derivativo exista, precisa haver um fluxo de caixa. Por exemplo, quando um banco cria um empréstimo imobiliário, que é o derivativo de uma casa, você concorda em entregar dinheiro para o banco em pagamentos mensais. Para que o derivativo exista, é preciso haver duas partes interessadas. Uma parte paga e a outra recebe. No caso do financiamento imobiliário, o banco é uma parte da equação e você, a outra. A questão é: De que lado você quer estar? Na posição do devedor ou do credor?

Uma vez entendido o poder da palavra *derivativo*, soube de qual lado eu queria estar. Queria estar do lado do recebedor, os 10% que recebem fluxo de caixa dos outros 90%.

Eu não economizo porque sou um emprestador, não um poupador. Eu amo as dívidas — conquanto que outra pessoa pague por elas. Faço o que os bancos fazem. Empresto, por exemplo, $1 milhão a 10% e compro um prédio residencial. Sigo a primeira regra do dinheiro: *conhecimento é poder*, e aplico meu conhecimento para conseguir inquilinos que me paguem pelo menos 20% pelo $1 milhão que emprestei a 10%.

Nesse exemplo bastante simplificado, faço $200 mil por ano sobre o milhão emprestado — e tenho um lucro líquido de $100 mil para mim. De acordo com esse exemplo, no momento em que o inquilino assina o contrato de locação, crio um derivativo de meu prédio de apartamentos que dá ao inquilino o direito de lá viver conforme as regras estabelecidas no preço acordado. Se isso faz sua cabeça girar, procure um amigo e discuta esse exemplo de derivativo até que você o compreenda bem, até que se torne palpável, uma segunda natureza.

Quando entendi o poder da palavra *derivativo* e coloquei meu conhecimento em prática, soube que seria um homem livre e nunca precisaria novamente de emprego. Não precisaria comprar participações em fundos de investimento e poderia me aposentar algum dia.

Além disso, quando entendi o poder da palavra *derivativo*, pude transitar em outras áreas que não o mercado imobiliário. Este livro, por exemplo, é um derivativo. Para aumentar a potência dele, pedi a meu advogado que criasse uma licença para ele. Essa licença é um derivativo do livro. Então, vendi a licença para cinquenta editoras ao redor do mundo. Elas pegam essa licença que compraram de mim e imprimem livros, outro derivativo, e os colocam nas livrarias de seus países. Uma vez por trimestre eu recebo royalties dessas cinquenta editoras. Os pagamentos de royalties são derivativos dos livros, os livros, da licença, a licença é um derivativo deste livro e este livro, de mim. A maioria dos autores pensa em termos de livros, eu, em termos de derivativos. Se isso parecer complexo, junte-se a um amigo e discuta este exemplo, também, porque às vezes nossas melhores experiências de aprendizado vêm de conversas. Falar nossas ideias em voz alta nos ajuda a esclarecê-las ainda mais.

Novamente, assim que entende o poder da palavra *derivativo*, você adquire o poder contido nela. Como o dr. Fuller disse: "As palavras são as ferramentas mais poderosas inventadas pelos seres humanos." E a Bíblia: "E o verbo se fez carne." Ou seja, você se torna suas palavras.

Poderia explorar mais exemplos complexos, mas por quê? Meu trabalho é tornar as coisas simples, não complicadas. Eu nunca faria parte da família Morgan! Entretanto, ainda que esteja simplificando os conceitos financeiros, não estou dizendo que tudo é fácil. Levei anos para me livrar dos pensamentos do meu pai pobre e mudar para a forma de pensar do meu pai rico. E continuo minha educação ainda nos dias de hoje. Se você acha que sabe tudo — então nada sabe.

Dei apenas dois exemplos simples do porquê de 10% das pessoas ganharem 90% do dinheiro e do porquê de os outros 90% das pessoas dividirem os 10% restantes. Tudo começa com saber, entender e respeitar o poder das palavras e, então, escolher suas palavras cuidadosamente. Você também tem que se livrar de certas palavras que o deprimem, como "saia das dívidas", "nunca serei rico", "investir é arriscado" e "invista em longo prazo em uma carteira bem diversificada". Você precisa saber e usar palavras como *derivativo* e *fluxo de caixa*, assim como outras palavras que fazem parte da linguagem do segredo. Se você enriquecer seu vocabulário, enriquecerá sua vida. Direi como você pode acelerar esse processo de enriquecer seu vocabulário nos capítulos seguintes. Em outras palavras, se você quer mudar sua vida, comece mudando suas palavras. O melhor de tudo é que as palavras não custam nada.

Resumo

Comecei o capítulo falando sobre o encontro entre Jon Stewart, um comediante que satiriza notícias políticas, e Jim Cramer, que ironiza notícias financeiras.

Durante a entrevista, Jon Stewart disse a Jim Cramer: *"Entendo que você queira fazer das finanças algo divertido, mas isso não é um [expressão censurada] de um jogo... Nem consigo exprimir quão furioso estou, porque o que me parece é que vocês sabem muito bem o que está acontecendo."*

Ainda que eu certamente simpatize com a raiva de Jon Stewart, discordo dele nesta afirmação. Cramer pode até saber como as pessoas comuns são exploradas pelo mercado, como os tubarões predam os cardumes de atuns, mas duvido que saiba como os ricos criam o próprio dinheiro.

Cramer é um negociante esperto em uma embalagem de animador de programa de televisão. Mas, para mim, Cramer trabalha para o segredo, por isso precisa dar dicas de finanças e falar sobre o movimento das ações na Bolsa de Valores, dando ideias sobre quais vão subir ou descer. Em minha opinião, seu trabalho é fazer mais atuns colocarem seu dinheiro no mercado acionário, para que ele flua para os derivativos conhecidos como ações, títulos e fundos de investimento — todos derivativos de um jogo imenso. Acredito que o trabalho dele seja atrair os 90% para o jogo dos 10%. Nos capítulos seguintes, explicarei como você pode fazer parte dos 10% que imprimem seu próprio dinheiro. Afinal, se você pode criar uma duplicata, você pode criar um derivativo — e isso é imprimir o próprio dinheiro.

Lembre-se da nova regra do dinheiro: *conhecimento é poder*. Esse conhecimento começa com o poder das palavras que, por sua vez, permitem que você fale a linguagem da conspiração. Falar a mesma linguagem permite que você se conecte com o poder da conspiração sem ser um peão, escravo ou vítima da conspiração. Ao falar a linguagem, você pode jogar o próprio jogo, e o nome do jogo é fluxo de caixa.

Capítulo 9

O SEGREDO DO SUCESSO: VENDAS

Pergunta: *Por que os ratos têm círculos pequenos?*

Resposta: Porque não vendem muitos ingressos.

O que Você Achava?

Posso ouvir alguns de vocês incomodados com esta piada. Alguns não vão entendê-la. Outros podem se perguntar de que círculos estou falando. Embora eu deteste explicar piadas, os círculos a que me refiro são a caridade ou os sociais — grandes festas de inauguração. Sei que alguns de vocês pensam em um tipo diferente de círculos, como bolas de futebol ou em coisas vulgares, não vou nem entrar no mérito.

A razão de citar um trocadilho assim é ilustrar o poder das palavras e como têm diversos sentidos, causando desentendimentos, enganos, desinformação e ilusão. Muitos termos financeiros contidos em aconselhamentos podem, na verdade, prejudicar a vida das pessoas. Chamo esses termos financeiros enganosos de *contos de fadas financeiros.*

Conto de Fadas Financeiro #1: Viva Abaixo de Suas Possibilidades

Para mim essas palavras são assassinas de sonhos. Primeiro, quem gosta de viver abaixo de suas possibilidades? Não queremos todos viver uma vida rica, plena e abundante? O conceito de "não gastar mais do que se ganha" mantém as pessoas pobres, emocionalmente vazias e espiritualmente neutras. Se você olhar com mais acuidade os significados dessas palavras, verá vários sentidos, como: "Não deseje

164 | Capítulo 9

as coisas boas da vida" ou "Você não pode ter o que deseja". Em vez de aceitar o aviso como uma verdade irrefutável, a pessoa deveria se perguntar: "Será que viver abaixo de minhas possibilidades me permitirá viver a vida que quero? Viverei feliz para sempre, como acontecem nos contos de fada?"

Comentários dos Leitores

Nunca pensei que viver de acordo com suas possibilidades fosse algo ruim; para mim, significava ser um bom administrador ao gastar menos do que se ganha. Se quiser gastar mais, então ganhe mais primeiro. Mas agora sei que a expressão é perniciosa. Ela não menciona expandir suas possibilidades nem o encoraja a fazê-lo. A forma como é escrita se traduz em: "Seja feliz com o que você tem porque é tudo o que terá." É a morte dos sonhos.

— Ktyspray

Meu pai pobre acreditava em viver de acordo com suas possibilidades. Nossa família viveu frugalmente, tentando constantemente economizar. Como descendentes da Grande Depressão, meu pai e minha mãe pouparam sempre — até mesmo reutilizando o papel-alumínio — e sempre compraram coisas baratas, inclusive comida.

Meu pai rico, ao contrário, não acreditava em viver dentro das possibilidades. Em vez disso, ele encorajou seu filho e a mim a buscar nossos sonhos. Isso não significa que era esbanjador ou perdulário. Ele não era exibido nem ostentava sua fortuna. Ele achava que aconselhar as pessoas a viverem abaixo de suas possibilidades era psicológica e espiritualmente danoso. Ele acreditava que a educação financeira daria às pessoas mais escolhas e mais liberdade para decidir como queriam viver suas vidas.

O pai rico acreditava que os sonhos eram importantes. Ele dizia com frequência: "Os sonhos são presentes pessoais de Deus, nossas próprias estrelas no céu, nos guiando ao longo de nossas vidas." Não fosse pelos sonhos, meu pai rico nunca teria me tornado um homem rico. É por isso que o primeiro passo de meu jogo *CASHFLOW*® começa com os jogadores selecionando seus sonhos. Em memória de meu Pai Rico, minha esposa Kim e eu intencionalmente desenhamos o primeiro passo do jogo dessa forma.

O pai rico dizia com frequência: "Você talvez nunca alcance as estrelas, mas elas guiarão você em sua jornada pela vida." Quando eu tinha dez anos, sonhei em velejar pelo mundo como Colombo e Magellan. Não tenho ideia do porquê desse sonho. Simplesmente sonhei.

Aos treze anos, em vez de esculpir saladeiras em madeira, passei o ano construindo um veleiro de oito pés. Já estava mentalmente velejando no oceano assim que construí aquele veleiro.

Aos dezesseis, minha orientadora na escola me perguntou: "O que quer fazer quando se graduar?"

"Quero velejar para o Taiti, beber cerveja no Bar do Quinn [famoso local nas ilhas] e conhecer belas mulheres taitianas", respondi.

Com um sorriso, ela me deu uma brochura da Academia de Marinha Mercante dos Estados Unidos. "Esta é a escola para você", disse ela, e em 1965 me tornei um dos dois alunos da minha escola selecionados pelo Congresso norte-americano para frequentar a academia militar que treina oficiais para a Marinha Mercante dos Estados Unidos, uma das instituições de ensino mais seletivas do país. Sem meu sonho de velejar para o Taiti, nunca teria entrado para a academia. O meu sonho me empoderou. Como Jiminy Cricket cantou em "When You Wish Upon a Star" ("Quando Você Deseja uma Estrela", em tradução livre): "If your heart is in your dream, no request is too extreme." ("Se seu coração está em seus sonhos, nenhum pedido é impossível", em tradução livre.)

Comentários dos Leitores

Em 2003, quando minha única filha noivou, nosso negócio familiar estava prestes a se fechar. As dívidas estavam exorbitantes, e nós não conseguíamos vender nosso produto em quantidade suficiente para contrabalançar. No entanto, queria que o casamento da minha filha fosse memorável; afinal, era minha única filha. Então, como alguém arca com um casamento de $26 mil COM um negócio falido — UM SONHO ALTO, mas a resposta surgiu. Aproveitamos a rebarba da ascensão do mercado imobiliário e vendemos uma casa... Esta manobra arriscada ajudou a pagar o casamento dos sonhos de nossa filha.

— synchrostl

166 | Capítulo 9

Em 1968, como estudante da academia, naveguei para o Taiti em um petroleiro. Quase chorei quando a quilha do navio cortou suavemente as águas cristalinas de uma das mais belas ilhas do mundo. E, sim, realmente fui ao Bar do Quinn — e conheci algumas belas mulheres taitianas. Quatro dias depois, quando o navio-tanque retornou ao Havaí, senti a satisfação que surge quando realizamos nossos sonhos de infância. Era hora de pensar em novos sonhos.

Em vez de viver abaixo de minhas possibilidades, o pai rico me lembrava constantemente de ampliar os limites de minha vida. Mesmo quando tinha pouco dinheiro, dirigia um bom carro e vivia em um apartamento de frente para o mar na Diamond Head. O conselho do pai rico era nunca pensar, parecer ou agir como uma pessoa pobre. Ele me lembrava constantemente de que "o mundo trata você da mesma maneira que você trata a si próprio".

Isso não significa que eu era imprudente com meu dinheiro. Minha demanda pessoal por um padrão mais alto de vida exigiu que eu forçasse minha mente a determinar como poderia conseguir os luxos da vida, ainda que eu tivesse pouco dinheiro. Aos olhos do pai rico, estava treinando meu cérebro para pensar como uma pessoa rica ao combater a pessoa pobre em mim. Ele dizia com frequência: "Quando você não tiver dinheiro, pense e use a cabeça. Nunca ceda à pessoa pobre dentro de você."

Consegui as coisas que queria usando minha cabeça. Dirigi um Mercedes conversível ao comercializar um serviço de consultoria para o uso do carro. Vivi em um apartamento de luxo na praia ao fazer um trabalho de marketing para uma família que vivia em outra ilha havaiana. Em troca pelo trabalho que realizei para eles, permitiram que eu vivesse em seu apartamento localizado em uma das mais belas vistas frontais do mar em Diamond Head por cerca de $300 por mês — o preço que a maioria das pessoas paga por uma única noite. Em vez de viver dentro de minhas possibilidades, eu forçava minha mente a encontrar maneiras de viver uma vida elegante, sem explodir minhas finanças. Uso as mesmas habilidades em meus negócios hoje. Se não tenho dinheiro para algo que quero, uso minha mente para descobrir como consegui-lo. Não permito que a quantidade de dinheiro no banco delimite minha vida.

Sempre que escuto os especialistas em finanças dizerem "Gaste menos do que ganha", eu me arrepio. O que estou escutando é um especialista em finanças dizendo: "Sou mais inteligente do que você. Deixa que eu digo como é que você deve viver sua vida. O primeiro passo é me dar seu dinheiro e eu o administrarei para você. Milhões de pessoas seguem esse conselho como carneirinhos, vivendo abaixo de suas possibilidades e entregando seu dinheiro para os "especialistas financeiros", que o devolvem a Wall Street.

Em vez de entregar nosso dinheiro para os especialistas, o pai rico nos encorajou seu filho e a mim a nos tornarmos nossos próprios especialistas ao estudar o dinheiro, os negócios e os investimentos. Viver dentro das possibilidades pode ser interessante para algumas pessoas, mas não para mim. Por que viver dentro de nossas possibilidades se uma vida plena e abundante está ao nosso alcance?

Se você quer mudar sua vida, comece mudando suas palavras. Comece falando as palavras de seus sonhos, de quem você quer se tornar, não as palavras do medo e do fracasso. Pense nessa crise financeira como uma bênção e não uma maldição, uma oportunidade mais do que um problema, um desafio em vez de um obstáculo, uma época de ganhar em vez de perder e um tempo de ser corajoso e não medroso. Fique feliz quando as coisas são difíceis porque a dificuldade é a linha que divide os vencedores dos perdedores. Pense em dificuldades e batalhas como o campo de treino dos vencedores.

Em vez de viver abaixo de suas possibilidades, sonhe grande e comece pequeno. Comece com pequenos passos. Seja inteligente, eduque-se financeiramente, crie um plano, procure um treinador, vá em busca de seus sonhos. Como um jovem ao jogar *Banco Imobiliário*, meu pai rico viu seus sonhos no tabuleiro — o plano de sua vida e seu plano para sair da pobreza. Ele começou com pequenas casinhas no tabuleiro do *Banco Imobiliário* e sonhou com seu hotel enorme em Waikiki. Ele levou cerca de vinte anos para realizar seu sonho. Graças ao pai rico, meu mentor e meu treinador, consegui realizar meu sonho de liberdade financeira após dez anos de perseverança. Não foi fácil. Cometi muitos erros. Fui repreendido mais vezes do que fui elogiado. Perdi e ganhei muito dinheiro. Encontrei muitas pessoas boas, algumas poucas sensacionais e muitas, muitas pessoas terríveis. Com cada uma delas ganhei algo de sabedoria que não aprendi na escola ou nos livros. Minha jornada não foi sobre o dinheiro, mas sobre o que me tornei no processo. Eu me tornei uma pessoa rica, que não deixa o dinheiro ou a falta dele ditar os limites da vida.

O Jogo que Essencializa a Vida

Esta é uma imagem do jogo de tabuleiro *CASHFLOW®*.

Ao observar o layout do jogo *CASHFLOW®*, você vê a Corrida dos Ratos no círculo interno. A Corrida dos Ratos é para as pessoas que querem "jogar com segurança", encontrar um emprego seguro, comprar um imóvel e investir em fundos mútuos. É para as pessoas que acham inteligente viver abaixo de suas possibilidades.

O círculo externo no tabuleiro do jogo é a Pista de Alta Velocidade. Este é o jogo do dinheiro que os ricos jogam. A maneira de sair da Corrida dos Ratos e entrar na Pista de Alta Velocidade é usar de maneira eficiente as demonstrações financeiras do jogo. Na vida real, sua demonstração financeira pessoal é seu boletim financeiro. É um reflexo direto de seu QI financeiro. O problema é que a maior parte das pessoas sai da escola sem aprender o que é uma demonstração financeira — é como se tivessem notas insuficientes no boletim financeiro. Uma pessoa pode ter frequentado as melhores escolas e ter sido um aluno A, mas ser completamente ignorante e fracassada nos méritos financeiros.

Conto de Fadas Financeiro #2: Estude para Conseguir um Bom Emprego

Meu pai pobre valorizava a segurança no emprego. Por isso acreditava tanto nas escolas e em uma boa educação acadêmica.

Meu pai rico valorizava a independência financeira. É por isso que ele acreditava tanto na educação financeira. Ele dizia com frequência: "As pessoas com mais segurança estão na prisão. É por isso que a chamam de 'segurança máxima'." Ele também disse: "Quanto mais segurança você busca, menos liberdade tem."

A imagem a seguir mostra o quadrante CASHFLOW, explicado no meu livro *Independência Financeira*.

No quadrante CASHFLOW:

E de *Empregado*.

A de *Autônomo ou pequeno empresário*.

D de *Dono de grandes empresas*.

I de *Investidor*.

Você pode perceber que o sistema escolar faz um bom trabalho em produzir E e A, o lado esquerdo do quadrante, em que a segurança é apreciada.

Nos quadrantes D e I, o lado direito, a independência financeira é valorizada. Dada a falta de educação financeira nas escolas, o lado direito, os quadrantes D e I, continua um mistério para a maioria das pessoas. É por isso que a maioria diz que iniciar um negócio ou investir é arriscado. Qualquer coisa é arriscada se você não tem conhecimento, experiência e orientação para fazê-la corretamente e bem.

Escolha com Cuidado Seus Conselheiros

Escuto muitos especialistas financeiros, mas sigo o conselho de apenas alguns. Um especialista que sigo religiosamente é Richard Russell, especialista em mercado de ações. Veja o que Richard Russell fala sobre o investimento de longo prazo em ações: "O mercado [de ações] pode ser comparado ao jogo em Las Vegas. Quando você joga em Las Vegas, aposta contra as chances do cassino. É por isso que se você joga por muito tempo em Vegas, sempre acabará perdendo dinheiro."

Russell também diz, sobre as pessoas que investem em contos de fadas: "Investir no mercado de ações é um estresse de longa duração para as pessoas que querem algo [lucro] sem fazer nenhum trabalho real por esses lucros imaginários."

O problema com a maioria dos assessores financeiros é que eles estão nos quadrantes E e A e trabalham para os D e I. Muitos especialistas financeiros não são do quadrante D ou I nem são pessoas ricas. A maioria se chamam corretores — de ações, imóveis ou seguros. Como meu pai rico sempre dizia: "Eles se chamam corretores porque precisam de tanta correção quanto você."

No *Tao de Warren Buffett*, Warren Buffett diz o seguinte sobre os corretores financeiros: "Wall Street é o único lugar em que as pessoas que dirigem Rolls-Royce são aconselhadas por quem pega metrô."

Os gráficos seguintes, entregues a mim pelo especialista da *Rich Dad*, Andy Tanner, demonstram a falácia de que usar um especialista para administrar uma carteira diversificada é geralmente uma decisão sábia. A primeira mostra a porcentagem de retornos do Fundo Fidelity Magellan (um dos fundos mais conhecidos do mundo) versus os retornos do Dow Jones e do S&P 500.

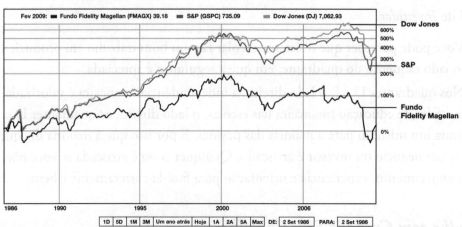

Reproduzido sob permissão do Yahoo! Inc. ©2009 Yahoo! Inc. YAHOO! e o logotipo do YAHOO! são patentes registradas do Yahoo! Inc.

Como você pode reparar, o Dow Jones e o S&P 500, não administrados, superaram o Fundo Fidelity Magellan, administrado, por mais de vinte anos.

Mas esta não é a pior notícia. O próximo gráfico revela a relação entre o Fundo Fidelity Magellan e as taxas cobradas por sua administração.

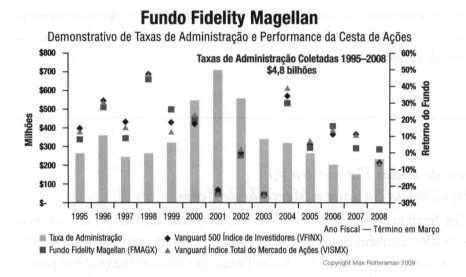

Como pode observar, desde 1995 o Fundo Fidelity Magellan gerou $4,8 bilhões de taxas ao mesmo tempo em que *não* superou a performance do Dow Jones nem do S&P 500. Ao investir nos índices não administrados do Dow e do S&P 500, você não apenas teria tido um retorno melhor, mas teria poupado muito dinheiro com as taxas de administração no processo.

Se seu objetivo é viver uma vida plena e rica, é essencial que você aprenda as diferenças entre os lados direito e esquerdo do quadrante CASHFLOW e que seja cuidadoso com os conselhos e os conselheiros financeiros que escuta. Onde você se encontra no quadrante CASHFLOW tem enorme implicação em sua habilidade de sair da insana e exaustiva Corrida dos Ratos e mudar para o procedimento acelerado e direto de conquistar o que você quer, a Pista de Alta Velocidade.

> **Comentários dos Leitores**
>
> *Sobre o mercado de ações, seu conselho retrata com precisão minha experiência nos últimos quinze anos, desde que concluí a graduação e comecei a trabalhar e investir no mercado de ações até agora. Tenho uma pequena variedade de fundos mútuos e os vi perder seu valor de maneira recorrente, recuperá-lo e perdê-lo novamente. Não vejo aumento constante de valor ou crescimento em lugar algum como consigo ver, digamos, por exemplo, em algumas empresas a que assisti durante o mesmo período de tempo.*
>
> — obert

Conto de Fadas Financeiro #3: A Previdência Social e o Mercado de Ações

Em dezembro de 2008, o mundo conheceu Bernard Madoff e os esquemas de pirâmides, também chamados de Esquemas Ponzi. A expressão *esquema Ponzi* foi assim cunhada por causa de Charles Ponzi, um italiano que emigrou para os Estados Unidos e foi preso por enganar investidores em 1920. Um *esquema Ponzi* significa "uma operação fraudulenta de investimento do tipo esquema em pirâmide que paga aos investidores às custas do dinheiro pago pelos investidores que chegarem posteriormente". Em outras palavras, rouba-se de Pedro *e* Paulo para pagar Ponzi.

Bernie Madoff confessou-se culpado por seu esquema de pirâmide em 12 de março de 2009 em onze ações de queixas criminais pelo roubo de mais de $65 bilhões de dinheiro de investidores.

O esquema de pirâmide de Madoff é considerado o maior da história, mas eu acredito que não. Dado que as pessoas entendem o que seja um esquema de pirâmide, elas não veem que o maior esquema desse tipo ainda está em operação nos dias de hoje. Em termos simples, um esquema de pirâmide é um conto de fadas financeiro. Ele só funciona se os investidores continuarem a colocar dinheiro; assim, o administrador, nesse caso Madoff, pode pagar aos investidores antigos. Um esquema Ponzi continua funcionando enquanto novas pessoas estão dispostas a colocar dinheiro nele. Ele, sozinho, não gera fluxo de caixa suficiente para sustentar suas operações.

Se você pensa na definição de um esquema Ponzi e suas implicações, chegará à conclusão de que a previdência social é um esquema de pirâmides. A Previdência Social só funciona se os jovens trabalhadores continuarem a colocar dinheiro no pote. A maioria das pessoas entende que o pote da previdência está se esvaziando e não se enchendo, mesmo assim continua a colocar dinheiro naquilo que considero o maior esquema de pirâmides da história, patrocinado pelo governo. O que se espera é que pelo menos reste algum dinheiro para a sua aposentadoria.

Não acho que esse seja o único esquema Ponzi ainda em operação hoje. Outro que é um dos maiores esquemas de pirâmide entre todos é o mercado de ações, em que boa parte dos trabalhadores mais novos investe, inclusive por meio dos fundos de previdência privada. No mercado de ações, os investidores só fazem dinheiro quando o preço das ações sobe — conquanto dinheiro novo seja bombeado no mercado. Se o dinheiro sai do mercado, o preço das ações cai e os investidores perdem seu dinheiro.

É por isso que saber a diferença entre ganhos de capital e fluxo de renda é importante. Todos os esquemas de pirâmide se baseiam em ganhos de capital. Para que os preços subam, dinheiro novo precisa entrar. Por essa razão, considero o mercado acionário um esquema Ponzi. Se dinheiro novo não entrar, o mercado entra em colapso. O mesmo acontece com os mercados imobiliário e de títulos. Enquanto o dinheiro continuar a entrar, os ganhos do esquema de pirâmide manterão o barco flutuando. Mas se as pessoas quiserem seu dinheiro de volta, o preço cairá e não haverá suficiente para pagar a todos.

Em 2009, um dos maiores problemas enfrentados pelas empresas de fundos mútuos foi a saída de fluxo de caixa. Hoje, muitas empresas de fundos mútuos estão com problemas para levantar o dinheiro para o pagamento dos investidores que estão debandando. Os investidores estão percebendo agora que a maioria dos fundos mútuos são esquemas Ponzi legalizados.

A Importância da Proficiência Financeira

Existem três tipos de educação requeridos para o sucesso hoje. São eles:

1. **Educação acadêmica:** saber ler, escrever e resolver questões lógicas.

2. **Educação profissional:** condicionar-se a trabalhar por dinheiro.

3. **Educação financeira:** aprender a fazer o dinheiro trabalhar para você.

174 | Capítulo 9

O sistema escolar faz um trabalho adequado com os dois primeiros tipos de educação, mas falha miseravelmente ao tratar de educação financeira. Milhões de pessoas altamente educadas perderam trilhões de dólares porque o sistema escolar deixou de lado a educação financeira.

Não me dei bem na escola. Nunca fui bom em leitura, escrita ou matemática. Ainda garoto, soube que o sistema escolar não era o ambiente no qual eu me tornaria um vencedor. Foi por isso que foquei minha educação financeira. Ao estudar os quadrantes D e I, soube que poderia ter mais dinheiro e liberdade do que qualquer pessoa que se preparasse para os quadrantes E e A.

A Vida Após a Depressão

Como mencionei, a última depressão teve efeito profundo em meu pai pobre. Ele foi para a faculdade e conquistou seu conto de fadas, um emprego seguro de professor. Ele se sentia seguro no quadrante E. O problema é que seu conto de fadas se tornou um pesadelo quando ele perdeu o emprego e depois perdeu suas reservas para a aposentadoria, quando seguiu um péssimo aconselhamento financeiro. Não fosse pela previdência pública, ele teria enfrentado sérias dificuldades financeiras.

A última depressão também teve profundo efeito em meu pai rico. Ele sabia que seu futuro estava nos quadrantes D e I e, embora nunca tenha sido uma estrela acadêmica, era um estudante astuto da educação financeira. Quando a economia se recobrou, seu QI financeiro estava muito bem preparado e sua vida e seus negócios dispararam. Seus sonhos se tornaram realidade.

Em 2009, milhões de pessoas estarão seguindo os passos de meu pai pobre. Muitos voltarão para a escola e serão retreinados para os quadrantes E e A, mas não estarão expandindo sua educação financeira. Na verdade, estarão apenas esperando que as coisas melhorem e possam sobreviver ao declínio econômico. Muitos buscarão crença na frugalidade, com a arte de viver abaixo de suas possibilidades e de desistir de seus sonhos. A nova moda é buscar a mediocridade.

Algumas pessoas, no entanto, estão seguindo os passos de meu pai rico e aumentando sua educação financeira. Hoje, a maioria das universidades, até mesmo Harvard e Oxford, está oferecendo cursos em empreendedorismo. Os seminários em empreendedorismo, investimentos imobiliários e ativos financeiros estão lotados. Milhões de pessoas sabem que existe outro tipo de educação, a educação financeira, que é o caminho para o novo futuro, a nova economia e seus sonhos.

A questão é: Qual é o futuro que você persegue? O que você fará quando a nova depressão acabar? Você estará à frente do jogo ou será deixado para trás?

Uma Fábula sobre Dois Professores

Um de meus melhores amigos é um jovem chamado Greg. Ele é um empreendedor social. Mais especificamente, ele administra uma escola para crianças com sérias dificuldades de aprendizagem, crianças com as quais o sistema escolar da Califórnia não pode ou não quer lidar. Hoje, quando o presidente Obama entrega bilhões em seus programas de ajuda, o empreendimento de Greg é um dos que receberá o dinheiro extra. Em outras palavras, seu negócio está florescendo. Dado que seu trabalho está progredindo rápido, ele está comprando mais escolas e contratando mais professores especializados em educação especial.

Meu ponto é este: Greg é um professor e um empreendedor social que opera do lado D e I do quadrante. Os professores que ele contrata são do ponto E e A. Greg e seus professores trabalham na mesma escola, mas vivem em dois mundos completamente diferentes.

Conheço Greg desde que ele tinha dezenove anos. Hoje, ele é um milionário com 33 anos, e ele brinca dizendo que é bem-sucedido por causa de seu doutorado. Muitos dos professores que ele contrata realmente possuem doutorado, mas ele não. Como você pode imaginar, há alguma animosidade entre Greg e seus professores. O sonho de Greg é possuir uma dúzia de escolas, contratar centenas de professores e ser capaz de ensinar milhares de crianças especiais. Os professores que ele contrata têm sonhos diferentes.

Autor de Best-sellers — Não um Grande Autor

Há poucos anos, um dos grandes jornais escreveu um artigo sobre mim, criticando por ter sido um vendedor de máquinas copiadoras. Na verdade, o jornalista perguntou: "Como um vendedor de copiadoras se torna autor de best-sellers?" Obviamente, o jornalista, provavelmente um aluno nota A em inglês e muito melhor escritor do que eu, entendeu errado as palavras *autor de best-sellers*. Como disse em *Pai Rico, Pai Pobre*, não sou um *grande autor*, mas um *autor de best-sellers*. Muitas pessoas escrevem bem; poucas conseguem *vender* bem sua mensagem.

Para muitas pessoas, *vender* é uma palavra vulgar. Para meu pai pobre, como intelectual e acadêmico, a ideia de *vender* era repugnante, como muitas pessoas podem ter interpretado a palavra *círculos* no trocadilho que fiz. Ele achava que

176 | Capítulo 9

os vendedores eram escória. Para meu pai rico, no entanto, a palavra *vender* era essencial para o sucesso financeiro de um empreendedor.

Comentários dos Leitores

Acho que ser vendedor é a melhor profissão do mundo. Somos todos vendedores; vendemos a um amigo a ideia de irmos ao cinema ou ao nosso restaurante predileto. Vendemos a nossos maridos a necessidade de levar o lixo para fora; vendemos para nossas crianças a noção de que devem desenvolver um trabalho ético e vendemos a nós próprias as razões pelas quais precisamos daquele vestido novo. As vendas recebem essa má fama quando envolve dinheiro. Então vender é odioso. Mas pare e pense... onde estaríamos sem as vendas? Quase tudo que possuímos nos foi VENDIDO. Acho que precisamos amadurecer e perceber que não nos teriam vendido nada se a princípio não quiséssemos. Parem de culpar os "vendedores".

— synchrost1

Uma razão para eu ter mencionado Greg, meu amigo empreendedor, foram as diferenças entre ele e seus professores. Uma das diferenças está na palavra *vender*. Para muitos professores, a ideia de ficar rico "vendendo" educação é uma violação de suas crenças mais arraigadas. Mas Greg sabe que se ele não vender, seus professores não podem receber seus salários.

Greg também sabe que, quanto mais ele vende, mais dinheiro ele faz, o que permite que ele compre mais escolas, que contrate mais professores e ensine a mais crianças. Os professores recebem o mesmo valor de salário, independentemente de quantas escolas Greg e sua mulher, Rhonda, que também é professora, adquiram. A diferença é o modelo mental do lado esquerdo do quadrante CASHFLOW versus o do lado direito.

Outra razão para mencionar Greg é ele vender "tíquetes" para o estado da Califórnia. Quanto mais escolas possui, mais tíquetes pode vender. Seus professores vendem seu esforço pessoal, seu trabalho. Podem vender apenas um tíquete: a si próprios. Meu ponto de vista é que as pessoas que vendem muitos tíquetes (um produto ou serviço) fazem mais dinheiro do que aqueles que só têm um bilhete para vender (seu trabalho). Na indústria de cinema, as estrelas que vendem mais bilhetes fazem mais dinheiro. O mesmo acontece com as estrelas da música. Os músicos que vendem a maioria dos derivativos (CDs, ingressos ou downloads) fazem muito mais dinheiro. Nos esportes, os promotores dos campeonatos nacionais como Super Bowl ou Wimbledon, fazem muito dinheiro porque podem vender muitos ingressos e direitos para a mídia. Em termos simples, se você não pode vender "tíquetes" (derivativos de você), tem que vender seu trabalho. Vendo milhões de "tíquetes" na forma de livros, jogos e eventos, que são derivativos de mim. Minha habilidade de vender "tíquetes" é uma das razões para que eu prospere mesmo durante crises financeiras.

Em 1974, quando deixei a Marinha, sabia que não queria seguir os passos do meu pai pobre. Não queria integrar os lados E ou A do quadrante. Por isso não voltei a velejar na *Standard Oil* ou a voar, desta vez como um piloto comercial. Reitero, meus sonhos extrapolavam os quadrantes E e A. Meus sonhos faziam parte dos lados D e I. Eu não procurava um emprego seguro, nunca pretendi viver abaixo de minhas possibilidades.

Em vez disso, decidi trilhar o mesmo caminho que meu pai rico. Quando lhe pedi conselhos para me tornar um D ou I, ele disse: "Você precisa aprender a vender." Por causa de seus conselhos, comecei a trabalhar para a Xerox Corporation como vendedor iniciante. Aprender a vender foi quase tão difícil quanto aprender a voar. Não sou um vendedor natural e lido muito mal com a rejeição. Muitas vezes quase fui demitido enquanto batalhava para bater de porta em porta e vender copiadoras Xerox contra o competidor IBM. Após dois anos, minha habilidade e confiança melhoraram muito e passei a gostar de algo que anos antes me aterrorizava. Nos dois anos seguintes estive sempre entre os melhores vendedores da Xerox em Honolulu. Minha renda disparou. Mas embora o dinheiro fosse bom, a melhor parte da experiência foi o treinamento de vendas que recebi e minha nova confiança para vender. Deixei a Xerox em 1978, quando meu negócio de carteiras de náilon começou a funcionar. Mas o treinamento que recebi na Xerox fez de mim um homem rico em diversos sentidos.

Torne-se Perito no Verbo Vender

O segredo de meu sucesso tem sido a palavra vender. Fui contra os valores de meu pai pobre e me tornei um estudioso da palavra vender. No mundo do dinheiro, essa é uma palavra muito importante. Por três anos lutei para vender. Finalmente, em 1977, me tornei um vendedor best-seller para a Xerox. Em 1979, dei início a meu primeiro negócio com um produto para a indústria de mercadorias esportivas, minha carteira de náilon e velcro para surfistas. Em 1982, minha empresa decolou

178 | Capítulo 9

quando comecei a trabalhar com bandas de rock como Duran Duran, the Police e Van Halen, para vender produtos de rock justamente quando a MTV estava se tornando um sucesso. Em 1993, meu primeiro livro, *If You Want to Be Rich and Happy, Don't Go to School* ("Se Quiser Ser Rico e Feliz, Não Vá para a Escola", em tradução livre), tornou-se best-seller nos Estados Unidos, na Austrália e na Nova Zelândia. Em 1999, *Pai Rico, Pai Pobre* entrou para a lista de best-sellers do *New York Times*. Após meu aparecimento no programa da Oprah, em 2000, o livro se tornou best-seller internacional, publicado em mais de cinquenta idiomas e vendido em mais de cem países. Nada disso teria sido possível se eu não tivesse aprendido a vender na Xerox, na década de 1970.

Pessoas Pobres Não Têm o que Vender

Uma das grandes razões para que tantas pessoas passem por dificuldades financeiras é que elas têm pouco para vender ou não sabem, ou ambos. Então, se você está enfrentando dificuldades financeiras, ache algo para vender, aprenda a vender melhor, ou as duas coisas. Se você está seriamente interessado em aprender mais sobre como vender, sugiro que leia *Vendedor rico*, de Blair Singer, um de meus melhores amigos e internacionalmente reconhecido como gênio do treinamento de vendas. Melhorar suas habilidades de venda é uma maneira inteligente de aumentar sua renda, não importa o quadrante em que esteja.

Há muitas pessoas que possuem produtos e serviços muito bons. O problema é que as vendas não vão para os melhores produtos e serviços, mas para aqueles que sabem vender melhor. Em outras palavras, não ser capaz de vender custa caro. Custa o dinheiro não contabilizado de vendas perdidas.

Essa é uma das razões de Donald Trump e eu recomendarmos observar o sistema de marketing de rede. Se você quer seriamente se transformar em um empreendedor, sugiro investir alguns anos, em seu tempo livre, em aprender a habilidade de vender em uma dessas redes. O treinamento que recebe, especialmente a habilidade de superar o medo da rejeição, não tem preço.

Vendedores versus Compradores

Em 2002, abri o capital de uma empresa na Bolsa de Valores de Toronto pela primeira vez. Tratava-se de uma companhia de mineração localizada na China. Em minha opinião, construir uma empresa e torná-la pública, o que significa vender lotes de ações na bolsa de valores, é o objetivo máximo de um empreendedor.

Quando a companhia foi à venda para o público, agradeci silenciosamente a meu pai rico por ter me encorajado a ser um estudioso da palavra "vender" em vez de pensar que era uma palavra vulgar, como achava meu pai pobre.

Ao observar o jogo *CASHFLOW®*, você vê claramente por que tantas pessoas perdem fortunas.

Abrir o capital de minha empresa foi um evento da Pista de Alta Velocidade. No mundo dos quadrantes D e I, os vendedores de uma oferta pública inicial (IPO) são conhecidos como *acionistas vendedores*. Eles vendem suas porções de ações para aqueles que estão na Corrida dos Ratos buscando ganhos substanciais. A lição é que no mundo do dinheiro há compradores e vendedores; os ricos são *vendedores* e a classe média e os pobres, *compradores*. Os compradores estão no lado E e A e os vendedores estão no lado D e I.

Resumo

Quando você observa o mundo econômico hoje, é fácil ver por que os Estados Unidos estão em uma crise econômica: a China está vendendo e os Estados Unidos estão comprando. Em outras palavras, os Estados Unidos compram mais do que vendem. Não apenas isso, mas os norte-americanos estão comprando com dinheiro emprestado, usando suas casas como caixa eletrônico. O mundo em geral considera os norte-americanos consumidores de última instância. Isso provoca deficits na balança comercial, que faz a dívida norte-americana crescer para a casa dos trilhões de dólares, provocando aumento nos impostos. A China é o maior credor dos Estados Unidos. Como nação, os norte-americanos perderam sua habilidade de vender mais do que comprar. Também é fácil perceber por que tantas empresas estão fechando as portas. Quando as receitas caem, ou durante tempos difíceis, muitos administradores cortam o orçamento de propaganda. É a pior coisa que podem fazer. Cortar o marketing mata a empresa. Em vez disso, em tempos assim as empresas deveriam aumentar suas despesas com propaganda e tentar capturar uma fatia maior do mercado. Como diz o ditado: as vendas resolvem os problemas — e você não pode ter vendas sem propagandas.

A nível pessoal, se quiser sair da Corrida dos Ratos e ir para a Pista de Alta Velocidade, para uma vida mais rica, tem que superar seu medo da rejeição e aprender a valiosa habilidade de vender. *Lembre-se: concentre-se mais em vender do que em comprar.* A razão para que tantos milhões de pessoas estejam em dificuldades financeiras é elas adorarem comprar e odiarem vender. Se quer ficar rico, você precisa vender mais do que comprar. Isso não quer dizer que você deva viver dentro de suas possibilidades. Em vez de gastar menos do que ganha, aprenda a vender, e você poderá aumentar sua renda e buscar seus sonhos. Se vender mais do que comprar, não terá que viver aquém de suas possibilidades, se agarrar a um emprego monótono ou ter seus círculos sociais reduzidos, como os ratos.

Capítulo 10

CONSTRUA SEU FUTURO

O Lobo Mau: *Vou soprar… e soprar… e soprar, e sua casa cairá!*

A maioria de nós já ouviu falar do conto de fadas dos três porquinhos. É um ótimo conto de fadas, com muitas lições aplicáveis para todas as idades. Como se sabe, havia três porquinhos. Um construiu uma casa de palha, outro, de madeira e o terceiro, de tijolos.

O porco que construiu sua casa de palha terminou primeiro, assim, ficou com muito tempo para brincar. Logo o porquinho da casa de palha estava encorajando o porquinho da casa de madeira a terminar, assim, ele teria alguém para brincar. Quando o segundo porco terminou, eles estavam rindo, cantando, brincando e implicando com o terceiro porquinho, por trabalhar tanto e por tanto tempo em sua casa de tijolos. Finalmente, a terceira casa estava pronta e os três porquinhos puderam curtir a vida.

Então, um dia apareceu o lobo mau. Ao avistar o lobo, os três porquinhos correram para suas respectivas casas. Parando em frente à primeira casa, o lobo mau demandou que o porquinho saísse. Quando ele se recusou, o lobo soprou e soprou e mandou a casa de palha para os ares. O porquinho escapou para a casa de madeira. De novo, o lobo demandou a saída e novamente soprou a casa pelos ares. Os dois porquinhos correram para a casa de tijolos.

Agora, confiante de que teria as três refeições em uma casa só, ele demandou que saíssem e, mais uma vez, os porquinhos se recusaram. Ele soprou e soprou tanto quanto podia, mas a casa não veio abaixo. No decorrer da história, o lobo sopra mais inúmeras vezes, e a casa não cede. O lobo soprou e soprou, mas não obteve sucesso. Então, exausto, finalmente foi embora e os três porquinhos celebraram.

No conto de fadas, os dois primeiros porquinhos aprenderam suas lições e construíram suas próprias casas de tijolos e todos viveram felizes para sempre. Mas como você sabe, "Os Três Porquinhos" é apenas um conto de fadas. Na vida real, as pessoas pedem ao governo para resgatá-las com dinheiro de contribuintes e depois reconstroem suas casas de palha e madeira. O conto de fadas continua, as lições não são aprendidas — e o lobo se embosca na escuridão.

Casas de Palha e de Madeira

Em 2007, um grande lobo mau — as dívidas advindas do crédito de alto risco — saiu da floresta. Quando ele soprou e soprou a casa gigante de palha, os maiores bancos norte-americanos, foi ao chão. Quando a casa bancária de palha desmoronou, levou outras casas de palha e madeira consigo. Hoje, as grandes corporações como AIG, Lehman Brothers, Merrill Lynch, Citibank, Bank of America, GM e Chrysler estão tombando no chão. O mundo está descobrindo que as corporações gigantes que pensávamos serem feitas de tijolos eram, na verdade, feitas de palha e madeira. Quando esses gigantes desmoronam, o impacto derruba os pequenos negócios e, com eles, as pessoas.

Atualmente, empresas fecham, o desemprego aumenta ao redor do mundo, os imóveis se desvalorizam e as poupanças minguam. Mesmo um país enorme como a Islândia precisou de ajuda, e muitos outros, como os Estados Unidos, e estados como a Califórnia (a oitava maior economia mundial) estão à beira do colapso. Infelizmente, em vez de aprender a lição, como os porquinhos fizeram, e reestruturar seus sistemas, apenas esperamos que o Federal Reserve, Wall Street e os governantes solucionem magicamente os problemas por nós.

Por todo o mundo, as pessoas perguntam: "O que nossos líderes farão?" Penso que a questão realmente importante é: "O que você e eu faremos?" Mais especificamente: "Como podemos construir a nossa casa de tijolos?"

A Construção da Casa de Tijolos

A construção da minha casa de tijolos começou com minha própria reconstrução e educação. Como você se lembra, a nova regra do dinheiro #4 é: *prepare-se para o pior e fique sempre bem.* Em 1984, comecei a conversar com Kim sobre o que eu via como futuro da economia e por que tínhamos que nos preparar para isso. Em vez de se amedrontar, ela pegou minha mão e começamos nossa jornada — e, juntos, construímos uma casa forte de tijolos. No começo, estávamos endividados. Eu devia cerca de $400 mil da perda de $790 mil de um negócio que não dera certo. Eu não tinha dinheiro, emprego, casa ou carro. Tudo que tínhamos eram nossas roupas, duas pequenas malas, nosso amor e um sonho para o futuro.

Em 1986, abrimos uma garrafa de champanhe e celebramos o "zero". Trabalhando juntos, pagamos os $400 mil de dívida ruim. Em torno de 1994, estávamos financeiramente livres. Nós nos preparamos para os tempos ruins e, desde então, só temos tido bons tempos — mesmo nessa crise horrível. Isso não quer dizer que não tivemos contratempos, dificuldades, fracassos e perdas, e muitas lições difíceis para aprender. Mas *significa* que enxergamos tudo isso como parte do processo de construção de nossa casa de tijolos.

Comentários dos Leitores

Meu maior revés tem sido "crédito fácil". Caí nessa armadilha inúmeras vezes. Aprendi que juros compostos são mais do que apenas um problema matemático. Agora trabalho de forma que os juros compostos trabalhem a meu favor, e não contra mim.

— Robertpo

Planos para uma Casa de Tijolos

O diagrama abaixo foi a planta de nossa casa de tijolos. É conhecido como *Triângulo D–I*.

O Triângulo D–I é um derivativo do quadrante CASHFLOW, sobre o qual falamos no Capítulo 9 e em mais detalhes no livro *Independência Financeira*. A imagem a seguir representa o quadrante CASHFLOW:

Simplificando, Kim e eu planejamos nossa vida juntos para estarmos nos quadrantes D e I. Você também pode, ainda que seja melhor que permaneça dos lados E ou A. Deixe-me explicar.

1. Tecnicamente, o Triângulo D–I se aplica a qualquer lado do quadrante.

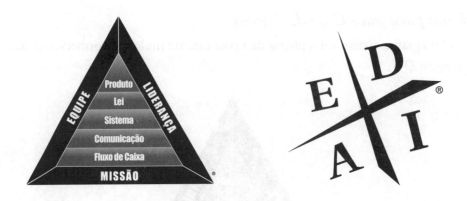

2. A vida de todas as pessoas é feita ou afetada por todas as oito integridades do Triângulo D–I. O problema é que a maioria das pessoas não sabe o que é o Triângulo D–I.

Se uma ou mais das oito integridades estiver faltando na vida de uma pessoa, ela não possuirá integridade financeira, ainda que seja honesta e batalhadora. Digo isso com base na definição da palavra *integralidade*, que quer dizer "pleno"; além do seu significado mais comum, que tem implicações morais. *Integridade* também pode significar "operar em harmonia". É impossível para alguém estar em harmonia se lhe estiver faltando uma ou mais das oito integridades em sua vida. Veja, a seguir, uma breve explanação de cada uma delas.

Integridade #1: Missão. Acredito que todos tenham uma missão pessoal na vida. É importante para você entender sua missão, registrá-la no papel e revisitá-la com frequência. Missões pessoais podem ocorrer em níveis diferentes. Por exemplo, quando entrei para a Academia de Marinha Mercante em 1965, a primeira coisa que fiz foi memorizar a missão da academia. Minha missão por quatro anos foi apoiá-la. Como piloto no Vietná, tinha muita clareza de minha missão, que era levar meus parceiros vivos para casa. Para mim, isso era algo espiritual.

Hoje, minha missão é elevar o bem-estar da humanidade e levar educação financeira para o mundo. No final dos anos 1970, quando eu era um operário trabalhando apenas por dinheiro, eu me sentia terrível, sem propósitos e inerte. A vida era divertida, mas eu sabia que faltava algo. Em 1981, encontrei o dr. Fuller e ele me lembrou da importância de uma missão. Após nosso encontro, eu sabia que não poderia mais fazer o mesmo e me preparei para minha transição de me tornar professor do conhecimento que meu pai rico havia me legado. Em 1984, quando estava a ponto de fazer a transição, encontrei Kim e, juntos, partimos para a missão de sermos educadores financeiros. Começamos apenas com esse sonho da missão, não tínhamos mais nada.

Kim e eu acreditamos que, se falta integridade na vida de uma pessoa e ela está desalinhada com sua missão na vida, problemas ocorrerão. A fundação da vida, a missão pessoal e a razão espiritual para viver são cruciais para todas as oito integridades.

Integridade #2: Equipe. Há um velho ditado que diz: "Nenhum homem é uma ilha." Quando se trata de negócios e investimentos, nada é mais importante do que montar uma equipe de especialistas — advogados

186 | Capítulo 10

contadores etc. — para ajudá-lo a atingir seus objetivos. Uma equipe faz você ficar mais forte ao complementar suas fraquezas e intensificar suas forças. Uma equipe também mantém você responsável e o leva para a frente.

Um dos problemas que tive com a escola foi que ela nos treinou para agir individualmente. Se eu tivesse que colaborar ou pedir ajuda de meus colegas em um teste, isso seria considerado cola. Acredito que este tipo de pensamento faz milhões de pessoas operarem como ilhas, com receio de cooperar com outras, porque são treinadas a entender que a cooperação é algo ligado à fraude.

Na vida, nosso sucesso depende da qualidade de nossa equipe. Kim e eu, por exemplo, temos uma grande equipe de médicos que tratam de nossa saúde. Temos ótimas equipes de mecânicos, encanadores, construtores, fornecedores e outros, que conhecemos e confiamos para nos ajudar com problemas que não podemos resolver. Nas empresas, temos um grupo fantástico de empregados e especialistas que nos ajudam a resolver os problemas. Espiritualmente, temos os membros de nossa equipe religiosa, que ajudam nossos corações, mentes e emoções a se conectarem com o poder de uma autoridade superior. Não poderíamos ser bem-sucedidos sem nossas equipes.

Integridade #3: Liderança. Na academia militar, fomos treinados para liderar. A maioria das pessoas acha que um líder é semelhante a um gênio que sabe tudo e consegue que outros façam o que manda. Nada pode estar mais longe da verdade. Os verdadeiros líderes entendem que suas equipes têm ideias valiosas e são elementos-chave de seu sucesso.

A forma de se tornar um líder é primeiro aprender a ser membro de uma equipe. Quando, mais tarde, entrei para a Marinha, depois da academia militar, dei continuidade ao desenvolvimento de minha liderança e do trabalho em equipe. Hoje, como líder de minhas empresas, ainda continuo a desenvolver essas qualidades. Uma das formas de ser um grande líder é manter o aprendizado e aceitar feedback de sua equipe — mesmo que você não goste do que ouvir. Alguns dos melhores treinamentos que recebi vieram de feedbacks diretos, ríspidos e objetivos.

Você já deve ter visto fotos de um instrutor de manobras da Marinha gritando na face de um jovem recruta. Aquele recruta está aprendendo a aceitar feedbacks. O mundo real é um mecanismo de feedback. Quando você sobe em uma balança e está 10kg acima do peso, isso é feedback. Se você é demitido, está endividado ou é divorciado, isso também é feedback. Aceitar feedback é essencial para ser um líder. Infelizmente, muitos de nossos líderes trabalhistas, políticos, empresários e professores não aceitam ou não aprenderam com o feedback que receberam na forma de mensagens enviadas pela economia mundial. Eles parecem não entender o que está acontecendo.

Se uma pessoa, uma família ou a economia foram prejudicadas, isso se deve à liderança ruim. Como diz o ditado: "Dize-me com quem andas e te direi quem és." Uma questão importante é: Quão bem lidero minha vida? Você pode se questionar sobre a qualidade de liderança em sua família, os negócios que você possui e a cidade ou país no qual você vive. Não tenha medo de pedir feedback honesto de sua família, clientes, chefes e amigos. Apenas ao aceitar feedbacks e fazer mudanças positivas baseadas neles, você se tornará um líder melhor.

Integridade #4: Produto. Produto é tudo aquilo que você leva ao mercado. Pode ser uma mercadoria, como uma maçã, ou um serviço, como consultoria legal, webdesign ou cortar a grama. Produto é aquilo que trocamos por dinheiro na economia mundial. Produto é nosso veículo de renda ou fluxo de caixa.

Se o produto de uma pessoa é ruim, de má qualidade, lento ou obsoleto, aquela pessoa sofrerá financeiramente. Digamos que ela possua um restaurante e a comida demore para chegar, não tenha gosto bom e seja cara. São boas as chances de que a renda cairá. Produtos ineficientes, de baixa qualidade ou superfaturados prejudicam famílias, negócios e o governo.

Quando encontro uma pessoa que está em dificuldades financeiras, uma das primeiras coisas que observo é seu produto ou serviço. Se a pessoa não se esforça para melhorar ou atualizar o produto, as dificuldades provavelmente não cessarão. Além disso, se o produto não estiver alinhado com a missão da pessoa, ela entrará em sofrimento. Por exemplo, quando meu produto eram carteiras de náilon e velcro, meu negócio desandou porque eu não estava espiritualmente alinhado com meu produto — minha missão real era ser educador financeiro, não fabricante. Acredito

188 | Capítulo 10

que uma das razões do sucesso de meus livros e jogos é eles serem derivativos de minha alma e de minha missão na vida.

Integridade #5: Lei. Goste ou não, vivemos em um mundo com regras. O sucesso vem com o entendimento das regras e de se trabalhar tão eficientemente quanto seja possível, de acordo com essas regras — por isso é inteligente manter um bom advogado em sua equipe! Sem regras, a civilização desmorona. Por exemplo, sendo norte-americano, se eu decido seguir as regras de direção nas ruas da Inglaterra, que dirigem do lado oposto, são boas as chances de acabar na cadeia ou em um hospital.

Problemas acontecem na vida das pessoas quando elas decidem não seguir as regras. Se uma pessoa fuma, come muito, bebe e não faz exercícios, ela está violando as regras de seu corpo e terá problemas de saúde. O mesmo é verdade com o dinheiro. Se alguém rouba uma loja, são grandes suas chances de ir para a cadeia. Se uma pessoa engana o parceiro, terá problemas severos. Quebrar as regras não é bom para a vida, as famílias, os negócios ou as nações.

Integridade #6: Sistema. Uma das chaves para o sucesso na vida e nos negócios é compreender a importância de sistemas eficientes. O corpo humano tem muitos sistemas trabalhando em conjunto. Por exemplo, temos um sistema respiratório, um sistema de ossos, um digestivo, sanguíneo e outros. Se um dos sistemas não estiver funcionando bem, o corpo inteiro sofre.

Nos negócios, há sistemas contábeis, legais e de comunicações, entre outros. No governo há sistemas judiciários, previdenciários, sociais, tributários, educacionais e outros de administração. Se um sistema está danificado, o governo inteiro passa por dificuldades. Muitos indivíduos romperam ou danificaram seu sistema financeiro, o que os leva a viver em dificuldades, não importa quanto dinheiro eles façam ou quão arduamente trabalhem.

Integridade #7: Comunicação. "O que temos aqui é uma falha de comunicação." Esta é uma frase famosa do filme *O Presidiário*, e um sentimento popular em qualquer organização. O mesmo vale para indivíduos e famílias. No Vietnã, testemunhei muitas derrotas e mortes por falhas de comunicação. Muitas vezes bombardeamos nossas próprias tropas devido à comunicação pobre. Muitas vezes fazemos isso a nós mesmos.

Boa parte deste livro tem sido sobre comunicação, aprender a usar e a falar a linguagem do dinheiro. Para a maioria das pessoas essa é uma linguagem estrangeira. Se você quer melhorar sua comunicação com o dinheiro, comece aprendendo sua linguagem.

Integridade #8: Fluxo de Caixa. O fluxo de caixa é a "base". Se um bancário quisesse avaliar seu QI financeiro, precisaria pedir suas demonstrações financeiras. Dado que a maioria deles não sabe o que são demonstrações financeiras, eles pedem a você uma aplicação de crédito. A bagunça do crédito de alto risco foi disparada pelos maiores bancos do mundo ao darem crédito para pessoas, empresas e países mais pobres.

A Nova Regra do Dinheiro #3 é: *Controle o fluxo de caixa.* Essa é uma regra importante porque ao controlá-lo você comina todas as oito integridades. Se você pode controlar o fluxo de caixa, pode dominar sua vida, não importa quanto ganhe. É por isso que criei os jogos *CASHFLOW*®, e existem tantos clubes CASHFLOW ao redor do mundo — para ensinar às pessoas a importância da gestão do fluxo de caixa.

Se quiser aprender mais profundamente sobre as oito integridades do Triângulo D–I, vá para www.richdad.com/conspiracy-of-the-rich (conteúdo em inglês), em que eu mesmo explico sua importância em um vídeo.

Comentários dos Leitores

Achei que tinha integridade financeira. Vivia dizendo às pessoas como vivia uma vida de completude. A minha ideia era me manter longe dos problemas, não trair minha esposa e coisas assim. Nem sequer imaginava que a questão financeira era elementar. Após refletir e examinar minha vida, percebi que não estava em consonância financeira com meu ambiente. Felizmente, temos a oportunidade de mudar a direção de nossa jornada.

— msrpsilver

O Triângulo D–I é explicado em maiores detalhes para empreendedores e aqueles interessados nos quadrantes D e I em meus livros *Empreendedor Rico* e *O Guia de Investimentos*. Ambos estão disponíveis em livrarias locais ou via internet.

Autoanálise

Observe o Triângulo D–I e pergunte-se onde você é forte e onde é fraco em termos de cada uma das integridades. Pergunte-se coisas do tipo: Quem está em minha equipe de advogados? Quem me aconselha com questões tributárias e contábeis? A quem me refiro quando preciso analisar uma decisão financeira ou fazer um investimento?

Meu ponto é que quando você observa sua vida e seus negócios pelo prisma das oito integridades do Triângulo D–I, você os enxerga com os olhos do quadrante D–I, a forma de construir sua casa de tijolos e organizar sua vida de acordo com as oito integridades.

Quando vejo uma pessoa ou negócio em dificuldade, descubro que essa luta se deve muitas vezes à fraqueza ou à não existência de uma ou mais das oito integridades. Então, você talvez queira parar e usar algum tempo para examinar as oito integridades e fazer uma pequena autoanálise. Converse com seus amigos e esteja disposto a receber um feedback honesto. Isso é importante porque, muitas vezes, nossos amigos e familiares podem ver coisas sobre nós que não enxergamos sozinhos. Prometo a você que se fizer esse processo honestamente, em uma base regular, uma vez a cada seis meses, por exemplo, você automaticamente se encontrará construindo uma casa de tijolos.

Negócios e Investimentos São Jogos de Equipe

Milhões de pessoas caminham pela vida repetindo o que aprenderam na escola, fazendo as provas da vida sozinhas, sem pedir ajuda e sendo intimidados ou mandados pelas grandes organizações. Eles administram seus problemas com o mantra: "Se quiser que algo saia certo, faça sozinho." Por outro lado, meu pai rico dizia com frequência: "Negócios e investimentos são jogos de equipe." A razão para que muitas pessoas estejam em dificuldades é elas irem para o campo das finanças como indivíduos, não como equipes, e serem trituradas pelos imensos times corporativos que dominam o mundo — ou gigantes, como o dr. Fuller chamou as megacorporações.

Quando um jovem casal fala com um planejador financeiro, há boas chances de que ele esteja jogando no outro time, as megacorporações. Cada cartão de crédito em sua carteira está conectado com um grande negócio dos quadrantes D e I. Quando você compra sua casa ou seu carro utilizando empréstimos, é a mesma coisa. Em outras palavras, milhões de pessoas estão jogando o jogo da vida como E ou A contra as maiores empresas do mundo. Por isso, muitos se sentem impotentes e recorrem ao governo para tomar conta delas. Mas, como você sabe, as leis são ditadas pelas mesmas corporações D e I que contribuem com bilhões para as eleições políticas. Você tem um voto, mas eles têm milhões de dólares para influenciar uma eleição.

O mesmo é verdade para a medicina. Uma das razões para o sistema médico estar quebrado e ser tão caro é as megaempresas de planos de saúde ditarem as regras. Os médicos nos quadrantes E e A têm pouco poder sobre os D e I dos mundos farmacêuticos e de seguros. O mesmo vale para a educação. São os poderosos sindicatos de professores que a dominam. Eles se concentram em dinheiro e benefícios para os professores, e não em educar os jovens.

Minha mensagem é: se você quer proteger sua vida, sua casa e família dos grandes lobos maus dos quadrantes D e I, precisa construir seu próprio Triângulo D–I. Coloque sua equipe de oito integridades para funcionar.

Agora, sei que muitas pessoas não possuem as oito integridades. Na verdade, poucas pessoas as possuem. É por isso que muitas se apegam à segurança do trabalho, apavoradas com uma demissão, deixando de lado a missão pessoal que Deus lhes deu. Essas pessoas vivem com medo porque suas vidas pessoais são construídas de palha e madeira.

Construa o Próprio Triângulo D–I

A primeira coisa que Kim e eu fizemos para construir nossa casa de tijolos foi contratar um contador para colocar nossas finanças em ordem. Escrevi sobre isso em *Desenvolva Sua Inteligência Financeira*. Foi um passo importante para começar a criar a nossa equipe. Mesmo que você não tenha dinheiro extra algum, *Desenvolva Sua Inteligência Financeira* vai ajudá-lo a construir o próprio Triângulo D–I. Outro bom livro para auxiliá-lo nesta empreitada é o *Start Your Own Corporation* ("Comece o Próprio Negócio", em tradução livre) escrito por Garrett Sutton, advogado da *Rich Dad*. Este livro o ajudará com a integridade #5, lei. O livro *Vendedor Rico*, escrito por Blair Singer, fará com que entenda a integridade #7, comunicação, porque vai aprimorar suas habilidades para vender seu produto, serviço ou portfólio com técnicas efetivas de comunicação. Neste mundo de excesso de informações, sua capacidade de vender faz a diferença entre ter sucesso ou fracasso, trabalhar ou não e ganhar dinheiro ou ir à insolvência.

192 | Capítulo 10

Construir sua equipe não é um projeto fácil ou algo que possa ser facilmente concluído. Toma tempo. Os membros da equipe vão e vêm. Ao longo dos anos, tive membros bons ou ruins, mas isso faz parte do processo. À medida que seu conhecimento e riqueza aumentam, talvez você precise fazer uma atualização em sua equipe. Transformar sua casa de tijolos em um castelo é um trabalho constante e progressivo. Como se diz: "A estrada do sucesso está sempre em construção."

Tempestade a Caminho

Ao se preparar para os tempos ruins, você tem a chance de ver um halo de prata quando as nuvens de tempestade se juntam e há chance maior de se encontrar um pote de ouro ao final do arco-íris. Para aqueles que construíram suas casas em palha e madeira, os próximos anos podem ser ruins; mas as pessoas com casas de tijolos poderão vislumbrar um halo de prata nas nuvens e um pote de ouro no fim do arco-íris.

Os gráficos a seguir retratam por que acredito que os próximos anos podem ser ruins para aqueles em casas de palha e madeira.

A. Gráfico da Impressão de Dinheiro pelo Federal Reserve

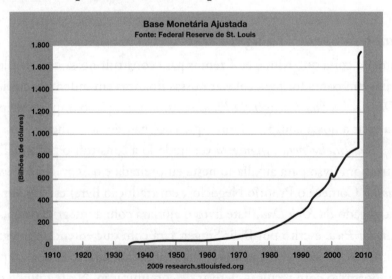

Este gráfico mostra toda a base monetária (moedas, papel-moeda e reservas bancárias) em circulação desde 1913, o ano em que o Fed foi criado. Foram necessários 94 anos, de 1913 a 2007, para colocar $825 bilhões em circulação.

Olhe o que aconteceu à oferta de dólar após 1971, ano da queda do padrão-ouro. A taxa de crescimento é muito acelerada. Você também pode notar que 2007, o ano que a crise do crédito de alto risco abalou o mundo, o Fed essencialmente dobrou o suprimento dos 94 anos anteriores, aumentando a base monetária em circulação para cerca de $1,7 bilhão.

O que este gráfico representa para você e sua família? Algumas possibilidades que vejo são:

1. **Hiperinflação:** Significa que os preços dos produtos essenciais, como comida e energia, subirão a taxas jamais vistas. Isso será devastador para as classes pobres e médias dos Estados Unidos.

2. **Todos os países provavelmente serão forçados a imprimir dinheiro:** Como os Estados Unidos estão imprimindo dinheiro, todos os países provavelmente serão obrigados a imprimir. Se os outros países não imprimirem, suas moedas correntes se tornarão muito fortes em relação ao dólar e as exportações para os Estados Unidos diminuirão, provocando queda das exportações daquele país. Isso provavelmente significará inflação para todos os países que comercializam com os Estados Unidos.

3. **Aumento do custo de vida:** Pessoas vivendo em casas de palha e madeira encontrarão dificuldades para sobreviver, porque os preços devorarão a maior parcela de seus salários.

B. Gráfico da Proposta Orçamentária do Presidente Obama

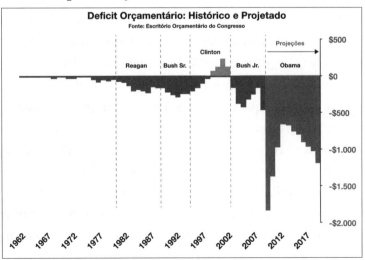

O gráfico começa com os orçamentos do presidente Reagan, George H. W. Bush, Bill Clinton e George W. Bush... e, então, a proposta de orçamento do presidente Obama.

O que esse gráfico significa para mim? Mais participação do governo, impostos e dívidas. Significa que estamos esperando que o governo reconstrua nossas casas de palha e madeira.

C. Gráfico do Refinanciamento Imobiliário

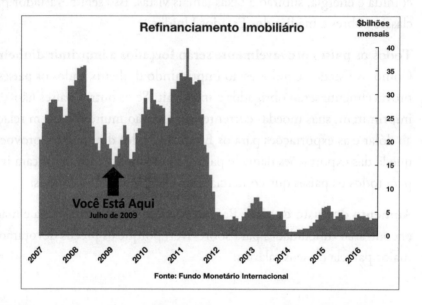

Este gráfico ilustra a quantidade em dólares do refinanciamento imobiliário ao redor do mundo. Um refinanciamento ocorre quando um financiamento vence e o banco reajusta a taxa de juros ao mercado, o que muitas vezes resulta em taxas maiores para os compradores e pagamentos mensais mais altos.

Digamos, por exemplo, que um casal subprime compre uma casa de $300 mil que não pode pagar. Para atrair o casal, o banco oferece um empréstimo de $330 mil, financiando 110% do valor da casa, a uma taxa ridícula de 2% ao ano como atrativo. Algum tempo depois, o empréstimo reinicializa a uma taxa de 5%. E mais uma vez a 7%. A cada reinicialização, o pagamento mensal se torna mais caro. Logo o casal deixa de pagar e perde a casa. Nos casos recentes, os preços das casas caíram em valor tanto quanto 50% em relação ao financiamento.

Assim, nesse exemplo, a casa poderia agora estar valendo $150 mil, mas com um financiamento de $330 mil sobre ela. O banco tem que registrar as perdas de $180 mil, provocando devastação no setor bancário e perdas enormes para os acionistas.

Analise o lado esquerdo do gráfico. A confusão do crédito de alto risco começou na metade de 2007, quando o refinanciamento atingiu $20 bilhões. Falo sobre isso na linha do tempo do Capítulo 1 deste livro:

6 de agosto de 2007
A *American Home Mortgage*, uma das maiores empresas do setor de crédito imobiliário dos Estados Unidos, pediu concordata.

9 de agosto de 2007
O banco francês BNP Paribas, devido aos problemas dos empréstimos de alto risco aos Estados Unidos, anunciou que não mais poderia avaliar com precisão ativos de mais €1,6 bilhão.

Mais uma vez, olhe para o gráfico e observe que, ao final de 2008, no ápice da tempestade, os refinanciamentos estavam a $35 bilhões por mês.
Tudo eram trevas ao final de 2008.

Comentários dos Leitores

Ao ler os gráficos e pensar no futuro, vi muitas oportunidades. Agora é a hora de começarmos a nos preparar para tirar vantagens delas... Fiquei feliz quando soube que você acha que estamos no olho do furacão. Começava a achar que eu era o único a pensar dessa forma. Tenho uma impressão de que há mais problemas vindo dos bancos, com todas as condições subjacentes.

— newydd105

O Olho do Furacão

Agora, observe no mesmo gráfico a seta mostrando "Você Está Aqui", que aponta para meados de 2009. Neste momento, as reinicializações estão baixas, a aproximadamente $15 bilhões por mês. Os comentaristas financeiros estão dizendo que a tempestade acabou. Com as boas notícias, os porquinhos das casas

196 | Capítulo 10

de palha e madeira continuam a se divertir — o lobo mau foi embora. As pessoas voltaram a gastar nas liquidações nos shoppings e alguns restaurantes já estão exigindo reservas. Mas se você olhar o gráfico, novembro de 2011 mostra refinanciamentos de quase $38 bilhões. Parece que o lobo mau está apenas tomando fôlego.

O que Isto Significa para Você?

Em junho de 2009, quando escrevo isto, acredito que estamos meramente no olho do furacão e o pior ainda está por vir. Em agosto de 2007, foram necessários apenas $20 bilhões ao mês de refinanciamentos para derrubar as casas de palha da Lehman Brothers e do Bear Stearns. A economia da Islândia entrou em colapso com o primeiro sopro do grande lobo mau. O Bank of America, o Royal Bank of Scotland e a AIG, casas financeiras de palha, estão fracas e bambas hoje. A Califórnia, a oitava economia do mundo, está à beira do derretimento financeiro, assim como a economia japonesa. Minha questão é: Qual será o resultado de quase $40 bilhões de refinanciamentos ao mês a partir de novembro de 2011? O que isso significa para você, sua família e o mundo?

Lembre-se da nova regra do dinheiro #4: *prepare-se para o pior e fique sempre bem*. Observe o gráfico. Preparar-se para os tempos ruins significa colocar sua casa financeira em ordem ao fortalecer seu Triângulo D–I. Ainda há tempo para se preparar, e mesmo que a tempestade não nos atinja, não há nada errado em construir uma casa de tijolos, um Triângulo D–I substancial.

O Significado dos Gráficos

Ao analisarmos os três gráficos em conjunto, vislumbramos o futuro.

1. **Gráfico A: A quantidade de dinheiro em circulação.** Demorou 84 anos para passar de uma pequena quantidade de dólar em circulação para $825 bilhões; levou apenas dois anos para este montante ultrapassar $1,7 bilhão — e continuamos imprimindo dinheiro. Para mim, isso significa que haverá inflação em itens básicos, como comida e energia, porque quanto mais dinheiro circula, em proporção aos bens, mais eles encarecem. Isso também representa uma inflação em todo o mundo,

porque todos os bancos centrais serão forçados a imprimir a própria moeda para enfraquecer seu poder de compra. Se um país não enfraquecer sua moeda, ela será muito mais forte, o que acarretará em aumento de preço em produtos e serviços no mercado mundial, redução das exportações e estagnação da economia do país. Em termos simples, a vida ficará mais cara no mundo inteiro.

2. **Gráfico B: A proposta orçamentária de Obama.** Vislumbro um aumento do controle do governo e dos impostos para cobrir o aumento das dívidas. Enquanto o preço da comida e da energia sobe, os preços dos imóveis não subirão tão rapidamente por duas razões: o crédito será mais difícil de ser conseguido, e isso manterá os preços baixos; o aumento dos impostos prejudicará o crescimento das empresas, significando menos trabalho — e o mercado imobiliário está diretamente ligado ao nível de emprego.

São más notícias para os proprietários que estão esperando apreciação (ganhos de capital) porque não serão capazes de vender suas casas por mais dinheiro. Mas são boas notícias para os proprietários que lucram com renda de aluguéis, pois podem comprar casas a um preço muito baixo e o aluguel poderá cobrir as despesas de pagamento dos financiamentos.

3. **Gráfico C: Refinanciamento.** Isso a meu ver causará ainda mais aumentos nos gráficos A e B — isto é, se somente a economia mundial não entrar em colapso por causa de todas as suas dívidas, impostos e dinheiro tóxico.

Um Halo de Prata e o Pote de Ouro

Nos contos de fada sempre existem um halo prateado nas nuvens das tempestades e um pote de ouro ao final do arco-íris. Ainda que certamente não seja um conto de fadas, o mesmo acontece com as crises globais.

O gráfico a seguir compara as quantidades e os preços do ouro entre 1990 e 2007. Em junho de 2009, enquanto escrevo, o preço do ouro estava em $900 a onça, e a prata, a $15 a onça.

Reproduzido com a permissão do Grupo CPM, uma empresa líder de pesquisas de commodities. Para mais informações, visite www.cpmgroup.com (conteúdo em inglês).

Perceba que a oferta da prata está caindo em relação ao ouro. Isso acontece porque a prata é um metal precioso utilizado na industrialização de telefones celulares, computadores, luzes e refletores etc. Enquanto o ouro está sendo estocado, a prata está sendo consumida. Para mim, o ouro e a prata representam a melhor e mais brilhante oportunidade para as pessoas durante as crises.

Olhando para os gráficos A, B e C, prevejo que o público rapidamente perderá a fé na manipulação do dinheiro pelo governo e acordará para os motivos de se segurar ouro e prata como segurança para a inflação. Quando o público acordar, já haverá uma próxima bolha de ganância e medo. O ouro pode ir para mais de $3 mil a onça, e a prata, algum dia, poderá chegar ao mesmo preço do ouro, porque é um metal industrial de pouca oferta — mas essas são apenas minhas previsões e isso pode ser pura ansiedade diante de um mundo de insanidade financeira.

Como em qualquer bolha, os escroques e as pessoas desonestas que comercializam ouro e prata já estão em manadas, anunciando na televisão, online e na mídia. Mais uma vez, os porquinhos que não se prepararem para a crise verão seu dinheiro sumir com os afagos do grande lobo mau. Como acontece com todos os investimentos, você precisa se educar antes de investir em ouro e prata.

Se quiser aprender mais sobre investimento em ouro e prata, sugiro que leia o livro do conselheiro da *Rich Dad* Michael Maloney *Como Investir em Metais Preciosos*.

Nova Regra do Dinheiro #7: A Vida É um Jogo de Equipe. Escolha Seu Time com Atenção.

O grande lobo mau não desapareceu. Está apenas pegando fôlego. Para se proteger, comece montando sua equipe financeira e comece a construir ou reforçar sua casa financeira de tijolos usando o Triângulo D–I como referência. O segredo envolve uma equipe bem forte competindo no jogo do dinheiro. Este deveria ser seu caso também.

Comentários dos Leitores

Estou finalmente começando a perceber o valor de uma equipe, e estou trabalhando para construí-la com pessoas que já conheço. Recebo referências e falo com diferentes membros, fazendo perguntas que me ajudarão a saber se será ou não possível trabalharmos juntos. Isso ajuda a ser honesto sobre minha missão e como pretendo realizar meus objetivos.

— mgbabe

Se estiver engajado em construir uma casa financeira de tijolos resistente, sugiro que sente com alguns amigos e consultores financeiros para discutir seu Triângulo D–I pessoal, recebendo com complacência seu feedback, mesmo que o desagrade.

Criei a série de livros dos meus assessores para lhe dar acesso à minha equipe. Por exemplo, meu parceiro em imóveis é Ken McElroy. Você conhece sua maneira de pensar lendo os livros da *Rich Dad* sobre imóveis. Donald Trump e Steve Forbes são meus assessores em inteligência financeira. Você encontra seus comentários sobre este assunto crucial no meu livro *Desenvolva Sua Inteligência Financeira*. Em um futuro próximo, haverá mais livros da minha equipe sobre temas como empreendedorismo e investimento em títulos, como ações e opções. Ao ver o mundo através dos olhos dos meus assessores você se capacita melhor para montar a própria equipe, um Triângulo D–I consistente e sua casa de tijolos.

Mesmo que você não planeje construir uma casa financeira de tijolos, pelo menos compre algumas moedas de prata. Enquanto escrevia este livro, elas valiam menos de $15 cada uma em uma loja especializada. Como Einstein falou: "Nada acontece até que algo se mova." Quinze dólares podem não ser muito, mas são um começo, e quase todos podem pagar.

Capítulo 11

PROFICIÊNCIA FINANCEIRA: A VANTAGEM ARREBATADORA

Falência

É irônico pensar que escrevi este capítulo em primeiro de junho de 2009, um dia decisivo. A General Motors declarava falência, outra possibilidade para o Capítulo 11. Novamente, é como dizem: "A General Motors é o termômetro dos Estados Unidos." Ainda que os EUA e a GM sobrevivam, é fato que milhões de pessoas por todo o mundo estão indo à insolvência em suas vidas.

A Vida Ficará Mais Cara

Ninguém tem uma bola de cristal. Ainda assim, ao estudarmos a história, como fizemos na Parte 1, e ao observarmos o que nossos líderes estão fazendo, um futuro provável se torna claro. À medida que os líderes emitem moeda para salvar os ricos em nome da economia, a vida se tornará mais cara devido aos aumentos dos impostos, das dívidas e da aposentadoria.

O Aumento nos Impostos: Nos Estados Unidos, o presidente Obama já falava sobre o aumento nos impostos para pessoas que ganham mais de $250 mil ao ano. Ele já contratara mais agentes do imposto de renda para reforçar a cobrança de impostos. Existe um projeto para tributar planos de saúde privados para os que não possuem um plano pago pela empresa ou governo. Isto representa que mais negócios serão fechados devido ao aumento de despesas, o que acarretará mais desemprego. E há também um projeto para reduzir deduções fiscais de juros sobre financiamento para famílias que ganhem mais de $250 mil anuais. Se isto acontecer, o mercado imobiliário entrará em colapso, e os preços de moradia subirão ainda mais.

Como já mencionei, o estado da Califórnia, a oitava maior economia mundial, está à beira do abismo financeiro. Sacramento, sua capital, tem um aumento crescente no número de comunidades, repletas de pessoas que já tiveram casa e emprego, mas agora vivem em barracos, como os que se vê na Cidade do Cabo, África do Sul, sobre os quais escrevi anteriormente no livro. À medida que a economia encolhe, a demanda por assistência governamental por parte das pessoas que não têm condições de arcar com suas necessidades aumenta, o que representa uma elevação dos impostos.

O Aumento da Dívida: Aumentar impostos obriga as pessoas a contrair mais dívidas, conforme o dinheiro de mais e mais pessoas vai para o governo financiar seus programas assistencialistas. Os cartões de crédito se tornam ainda mais essenciais para a sobrevivência diária. Pessoas sem acesso ao crédito ficarão abaixo da linha da pobreza.

O Aumento da Inflação: A principal causa da inflação é o aumento da impressão de dinheiro pelo governo, o que amplia a oferta monetária. Ela é causada pela redução do poder de compra do seu dinheiro, conforme mais e mais dólares inundam o montante existente, o que acarreta um aumento no preço dos produtos básicos, como alimentos, transporte e serviços básicos. A inflação também é chamada de "imposto invisível", e atinge principalmente pobres, idosos, poupadores, trabalhadores de baixa renda e aposentados de renda fixa.

O Custo da Aposentadoria: Uma das principais causas para os problemas financeiros da GM é o descontrole dos custos da aposentadoria e as despesas médicas com os funcionários. Os Estados Unidos e muitos outros países ocidentais enfrentam a mesma situação. Eles se deparam com um dilema moral: Como cuidar de uma população em envelhecimento que não consegue sustentar a si mesma? A resposta para esta pergunta é mais dispendiosa do que a atual crise financeira. Atualmente, muitas famílias estão completamente insolventes por causa de aposentadoria e custos médicos.

A Vantagem Arrebatadora

Hoje, aqueles que se tornam financeiramente proficientes possuem uma vantagem arrebatadora sobre os improficientes. Com uma educação sólida, uma pessoa pode usar os impostos, as dívidas, a inflação e a aposentadoria para se tornar mais rica em vez de mais pobre. Ao contrário, essas forças dominam aqueles que não possuem uma educação financeira consistente.

Albert Einstein disse, certa vez: "Não podemos resolver os problemas ao usar os mesmos pensamentos que usamos para criá-los." Hoje, isso é a verdadeira tragédia. Nossos líderes estão tentando resolver a crise ao usar os mesmos pensamentos que causaram os problemas para começar. Por exemplo, estão emitindo mais dinheiro para resolver o problema que foi causado por emissão excessiva de dinheiro.

Usar as mesmas ideias para resolver seus problemas financeiros também está piorando a situação das pessoas. As pessoas estão tentando resolver seus problemas com impostos, dívidas, inflação e aposentadoria, trabalhando ainda mais arduamente, saindo das dívidas, economizando, vivendo abaixo de suas possibilidades e investindo para o longo prazo em fundos. A vida se tornará muito mais cara para aqueles que insistirem em seguir essa linha de pensamento.

Comentários dos Leitores

Vejo um tremendo problema na saúde em geral. Embora eu não troque nosso sistema de saúde pelo de qualquer outro país, acredito que o tratamento de doenças crônicas (a maior parte das despesas médicas) esteja equivocado e desnecessariamente caro.

— MicMac09

Explicando em Imagens

A imagem a seguir mostra a razão de minha crença de que a vida se tornará mais cara.

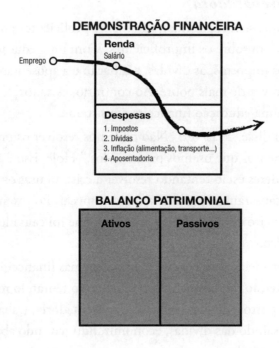

As pessoas empregadas recebem seus salários com despesas como impostos, dívidas, inflação e planos de aposentadoria já descontados. Em outras palavras, todos os outros recebem antes que o próprio empregado seja pago. Uma boa parcela do salário do empregado é tomada antes que ele receba um centavo para viver.

Você deve ter notado que a maior parte do dinheiro das pessoas é gasta para cobrir tais despesas. Dinheiro que vai para a conspiração. Acredito que é por isso que não há educação financeira nas escolas. Se as pessoas soubessem para onde seus salários estão indo, elas se revoltariam. Com uma educação financeira sólida, as pessoas podem minimizar essas despesas ou até mesmo usá-las para colocar dinheiro em seus próprios bolsos.

Há duas razões, por exemplo, para que eu não tenha um plano de previdência privada dos tradicionais. Uma é que o mercado de ações é muito arriscado. As pessoas comuns têm pouco controle sobre o mercado e há grandes chances de, no evento de uma crise, haver grande perda de dinheiro. A segunda razão é que prefiro colocar o dinheiro da aposentadoria em meu próprio bolso, não no bolso daqueles que controlam o mercado financeiro. Com educação financeira, a pessoa não precisa pagar a uma administradora para ver seu dinheiro se perder.

Dois Estilos Diferentes

Para melhor ilustrar minha opinião de que a proficiência financeira é uma vantagem arrebatadora usarei o exemplo de alguns amigos. Don e Karen (não são nomes verdadeiros) são casados e administram sua própria empresa juntos, como eu e Kim. Somos todos mais ou menos da mesma idade e todos temos diplomas universitários. O problema é que Don e Karen possuem pouca educação financeira ou experiência com investimentos.

Ainda que Don e Karen tecnicamente sejam donos de sua empresa, na verdade eles são autônomos, do quadrante A, o que significa que, se pararem de trabalhar, não terão renda. Kim e eu possuímos negócios do quadrante D, o que significa que teremos renda, não importa se trabalhemos ou não.

Em um jantar, há poucos meses, Don e Karen confessaram que estão preocupados com o futuro porque a economia está lenta, as despesas aumentaram e sua carteira de investimentos para a aposentadoria perdeu 40% de seu valor. Eles despediram quatro empregados, perderam padrão de vida e estão duvidando que poderão se aposentar. Perguntaram se estávamos preocupados com o futuro e com nossa aposentadoria.

Nossa resposta foi que sempre nos preocupamos, mas que não mudamos nosso estilo de vida. Ao contrário, nossa renda estava aumentando, principalmente porque estamos usando impostos, dívidas, inflação e dinheiro da aposentadoria a nosso favor.

A diferença é que Don e Karen veem o mundo pela perspectiva E e A, e Kim e eu, pela D e I.

Compartilharei um diagrama simples de nossas demonstrações financeiras para ajudar a explicar o que queremos dizer. Se não estiver familiarizado com esses diagramas, uma explicação mais profunda pode ser encontrada em *Pai Rico, Pai Pobre*.

Ao observar no diagrama anterior nossas demonstrações financeiras, poderá ver que Don e Karen têm um foco diferente dos nossos. Eles se concentram em trabalhar mais arduamente para ganhar dinheiro. Kim e eu focamos nossos investimentos em aumentar nossos negócios e nossos ativos pessoais para ganhar mais dinheiro.

206 | Capítulo 11

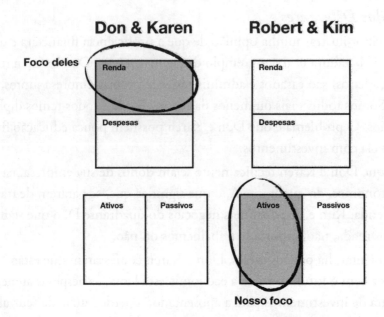

Como dois autônomos, Don e Karen têm que trabalhar muito para gerar dinheiro. Como proprietários de negócios do quadrante D, Kim e eu não nos concentramos nesta questão, mas, sim, aumentar nossos ativos, que, por sua vez, aumentam nossa renda. Ao nos dedicar ao aumento de ativos, pagamos menos impostos, usamos dívida para aumentar nossos ativos e observamos a inflação aumentar nosso fluxo de caixa, o que significa que, em vez de mandar nossas poupanças para a aposentadoria para o mercado financeiro, colocamos nosso dinheiro em nossos bolsos por meio do fluxo de caixa de nossas empresas e ativos pessoais.

Essa diferença pode ser vista quando você compara a demonstração financeira de Don e Karen com a nossa.

DON & KAREN	ROBERT & KIM
Renda	**Renda**
1. Salário	1. Salário
	2. Direitos autorais
	3. Royalties
	4. Renda passiva de imóveis
	5. Investimento em petróleo
	6. Dividendos de ações

A única renda de Don e Karen vem de seu negócio e, mais uma vez, se pararem de trabalhar, não receberão nada. É por isso que eles se preocupam. Em relação a Kim e eu, a maior parte de nossas rendas vem de nossos negócios e ativos pessoais, como direitos autorais, royalties de invenções, direitos de uso da marca *Rich Dad*, renda passiva de imóveis, de investimentos em petróleo e gás e dividendos de ações. Todos os meses recebemos dinheiro por nossos ativos — fluxo de caixa. E se você leu *Pai Rico, Pai Pobre*, deve se lembrar de que a renda vinda de ativos como imóveis e negócios tem alíquota menor de imposto do que a renda auferida, ou seja, proveniente de salários — quando sofre tributação.

Três Tipos Diferentes de Imposto de Renda

Existem três tipos básicos de impostos sobre a renda, conforme seus três tipos: renda auferida, passiva e de portfólio. A renda auferida, proveniente de um salário decorrente de trabalho é a mais taxada de todas. Os investimentos no mercado financeiro são o segundo mais caro, ou a renda de portfólio. Esta é uma das vantagens arrebatadoras que uma pessoa com educação financeira tem sobre as outras — a vantagem de pagar menos impostos.

A ironia é que quando uma pessoa investe em fundos mútuos por meio de poupanças, na maioria dos casos, quando esta pessoa se aposenta e começa a retirar o dinheiro da poupança, a renda é taxada como se fosse renda auferida, a mais tributada de todas. Don e Karen estão economizando para o futuro, e, sem saber, quando se aposentarem terão elevados as taxas ao máximo. Esta é outra vantagem arrebatadora que a pessoa financeiramente proficiente tem sobre as que não o são — pagar menos impostos, nossa maior despesa.

Quando escuto alguns professores orgulhosamente me dizerem que eles têm educação financeira em suas escolas, que começaram a chamar funcionários de bancos e planejadores financeiros para ensinar suas crianças a poupar para o futuro, apenas balanço a cabeça. Como alguém pode entender o mundo do dinheiro ao olhar pela perspectiva de uma pessoa educada para trabalhar nos quadrantes E e A?

Diferentes Boletins Financeiros

Tive notas horríveis durante toda minha vida escolar. Meu pai pobre era professor, por isso fui encorajado a permanecer na escola. Meu pai rico também me encorajava a tirar notas boas, mas dizia o seguinte sobre elas: "Quando você

208 | Capítulo 11

deixar a escola, seu banco não vai pedir seu histórico escolar. Não vai se importar se você teve notas boas ou ruins. Tudo que ele quer saber é do seu boletim financeiro. Isso é que importa."

Quando você compara as demonstrações financeiras de Don e Karen com as nossas, vê quem é que tem as melhores notas financeiras após vinte anos de trabalho.

DON & KAREN

Renda	Passivos
Poupança	1 Moradia
	2 Automóvel
	Dívidas da aposentadoria

Fluxo de caixa de ativos: Zero

ROBERT & KIM

Renda	Passivos
Royalties de negócios	2 Moradia
1.400 em aluguel	6 Automóvel
Poços de petróleo	
Ouro e prata	

Fluxo de caixa de ativos: Milhões

Como casal, ambos recebemos salários de nossas empresas, mas, para nós, Kim e eu, a maior parte da renda vem de nossos ativos, como livros, jogos e licenças de marcas, e de nossos investimentos em imóveis, ações e poços de petróleo e gás. Não contamos ouro e prata como fluxo de caixa porque isso não coloca dinheiro em nossos bolsos. Em vez disso, mantemos ouro e prata mais como uma pessoa mantém dinheiro em uma conta de poupança. Ouro e prata são líquidos e quando os políticos estão emitindo mais e mais dinheiro, o ouro e a prata têm mais chance de manter o poder de compra.

Outra grande diferença pode ser encontrada em nossa coluna de despesas.

DON & KAREN

Renda
Despesas
Plano de aposentadoria

ROBERT & KIM

Renda
Despesas

Ironicamente, como não precisamos e nem temos um plano de aposentadoria, Kim e eu temos uma vantagem arrebatadora quando se trata de impostos, dívidas, inflação e aposentadoria. Como a maior parte de nossa renda vem de nossos ativos, como negócios e investimentos, pagamos muito menos impostos. Por exemplo, os impostos sobre minha renda dos meus livros, jogos e patentes são menores do que sobre a renda auferida. Ao investir em imóveis, usamos as dívidas para aumentar nosso fluxo de caixa mensal, e, também, os impostos sobre a renda passiva, são muito menores do que sobre a auferida. Ao investir em petróleo e gás, a inflação incrementa nosso fluxo de caixa, e estes impostos também são menores.

Como não nos concentramos em planos de aposentadoria, que é uma grande despesa, por causa das taxas e comissões, podemos aumentar nossas rendas com nossos ativos todos os anos, assim, não nos preocupamos com o futuro. Em vez de mandar parte da nossa renda para o mercado financeiro todos os meses, Kim e eu investimos nosso próprio dinheiro, e esse dinheiro coloca ainda mais dinheiro em nossos bolsos. Por que arriscar investir para o longo prazo no mercado financeiro e perder o controle de seus investimentos quando você pode investir com menos risco e receber mais renda todos os meses, assim como pagar menos impostos, usar dívida para enriquecer e fazer a inflação aumentar seu fluxo de caixa?

Acredito que essa simples comparação de casais ajude a explicar por que Don e Karen se preocuparam mais do que Kim e eu durante a crise financeira e como a educação financeira pode dar a alguém uma vantagem financeira arrebatadora.

Outras Vantagens Arrebatadoras

À medida que a vida se torna mais cara, devido ao aumento de impostos, dívidas, inflação e planos de aposentadoria, a proficiência financeira lhe oferece uma vantagem arrebatadora que não é acessível à maioria das pessoas. Algumas dessas vantagens arrebatadoras são:

1. **Expanda seus ganhos em vez de viver abaixo de suas possibilidades.**
   Todos os anos Kim e eu despendemos algum tempo examinando nossos negócios e nos concentrando em nossos objetivos financeiros. Em vez de focar economizar, focamos a expansão de nossas receitas, ao aumentar o fluxo de caixa de nossos ativos. O diagrama a seguir ilustra este conceito.

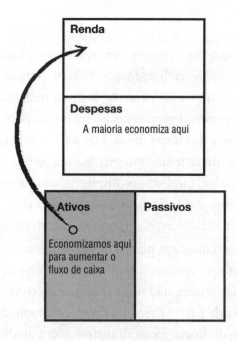

Em 2009, Kim e eu planejamos lançar três livros, comprar de duzentos a quinhentos novos imóveis de aluguel, perfurar dois novos poços de petróleo e aumentar nossos negócios, criando mais franquias. Dedicamo-nos a aumentar o fluxo de caixa por meio de nossos ativos, em vez de reduzir despesas e contar com ganhos de capital por meio do mercado de ações ou da valorização de nossas casas.

2. **Imprima o próprio dinheiro.** O título do Capítulo 5 do livro *Pai Rico, Pai Pobre* é: "Os Ricos Inventam o Dinheiro." Para mim, ser capaz de emitir o próprio dinheiro é uma das maiores vantagens de nossa proficiência financeira. Desde que o governo está imprimindo mais dinheiro, não faz sentido emitir o próprio dinheiro... legalmente? Não faz mais sentido imprimir seu próprio dinheiro do que trabalhar ainda mais arduamente e pagar alíquotas maiores de imposto sobre a renda, poupar dinheiro no banco e perder poder de compra para a inflação e para os impostos ou arriscar seu dinheiro de longo prazo no mercado de ações? A forma de emitir seu próprio dinheiro é por meio de um termo financeiro conhecido como retorno sobre os investimentos (ROI).

    Quando você conversa com um agente financeiro, ele lhe diz que um ROI de 5% a 12% é um bom retorno. Esses são retornos para uma pessoa sem educação financeira. Outra tática de medo ou conto de fadas que lhe dirão será que: "Quanto maior o retorno, maior o risco." Isso não é verdade em absoluto — desde que você tenha uma sólida educação financeira. Sempre procuro retornos infinitos em meus investimentos.

Dinheiro a partir do Nada

A forma de emitir seu próprio dinheiro é conseguir retornos infinitos para ele. A definição que eu uso para retornos infinitos é "dinheiro a partir do nada". Mais especificamente, eu imprimo meu próprio dinheiro quando consigo de volta todo dinheiro que usei para adquirir um ativo, sem me desfazer dele, e ainda curtir os benefícios de um fluxo de caixa proveniente desse ativo. Escrevo sobre esse processo nos meus livros *Pai Rico, Pai Pobre*, o best-seller de finanças pessoais nº 1 de todos os tempos, em *Quem Mexeu no Meu Dinheiro*, um livro sobre como o mercado de ações e os conselheiros financeiros furtam seu dinheiro por meio dos planos de aposentadoria, e em *Desenvolva Sua Inteligência Financeira*, um livro endossado por Donald Trump e Steve Forbes.

Com forte educação financeira, posso emitir meu próprio dinheiro com um empreendimento, imóveis, ações e até mesmo em commodities como ouro, prata e petróleo.

Imprima o Próprio Dinheiro com Negócios

Kim e eu começamos a *Rich Dad* em nossa mesa da cozinha. Em vez de usar nosso próprio dinheiro, pegamos $250 mil com nossos investidores. De novo, esse é um dos benefícios de investir tempo em aprender como vender. Nesse caso, vendemos a ideia de nosso negócio para nossos investidores. Em menos de três anos, graças ao crescimento de nossos negócios e os lucros conquistados, retornamos os 100% do dinheiro de nossos investidores, mais juros e um adicional de 100% sobre o dinheiro deles, para comprar a parte deles de volta. Hoje, a *Rich Dad* coloca milhões de dólares em nossos bolsos, ainda que não tenhamos colocado nada de nosso dinheiro no investimento. Por definição, esse é um retorno infinito. Em outras palavras, nosso negócio emite nosso próprio dinheiro.

A chave para o sucesso da *Rich Dad* é que o negócio cria ativos em vez de produtos. Por exemplo, não produzimos este livro, e, sim, criamos um derivativo do livro, uma licença literária, e vendemos os direitos da licença para editoras ao redor do mundo, em diferentes idiomas. Também vendemos licenças para os direitos de produzir nossos jogos, reproduzir marcas e franquias. Nossa demonstração financeira se parece com o que você vê a seguir:

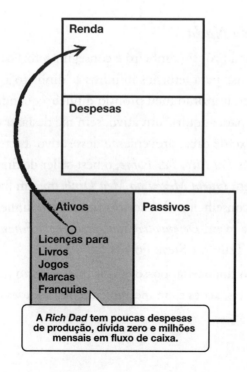

A *Rich Dad* tem poucas despesas de produção, dívida zero e recebe milhões mensalmente de fluxo de caixa.

Reitero, mais uma vez, a importância de conhecer a palavra *derivativo*, dado que licenças são derivativos. Usados apropriadamente, os derivativos podem ser ferramentas incríveis para a criação financeira em massa. Também recordo que *você deve se concentrar mais em vender e menos em comprar*. Você deve ter notado que a *Rich Dad* cria ativos para vender para o longo prazo.

Imprima o Próprio Dinheiro com Imóveis

Com o mercado imobiliário, nosso plano de negócios é usar dívida, o dinheiro de outras pessoas, para conseguir um retorno infinito e imprimir nosso próprio dinheiro. A seguir, um exemplo bastante simplificado da vida real, nos Estados Unidos.

Compra: Compramos uma casa de dois quartos e um banheiro em uma vizinhança muito boa, por $100 mil.

Financiamento: Pagamos $20 mil de entrada e pegamos emprestado $100 mil para a casa e dinheiro extra para reformas de um banco ou investidores.

Reforma: Melhoramos a propriedade ao adicionar um quarto e um banheiro.

Aumento do aluguel: Aumentamos o aluguel de $600 mensais (preço de dois quartos, um banheiro no mercado) para $1.200 (preço de três quartos, dois banheiros).

Refinanciamento por novo valor de avaliação de $150 mil: Quando refinanciamos a casa, o banco nos dá um empréstimo de $120 mil (80% do novo valor). Pegamos $20 mil mais $20 mil para investir em uma nova propriedade.

Custos: Os juros do empréstimo a 6% nos custa aproximadamente $600 por mês. As despesas são mais $300 por mês, o que coloca uma receita líquida de $300 em nossos bolsos na forma de fluxo de caixa.

O segredo: O novo empréstimo e as despesas são financiados pelo aluguel pago pelo inquilino.

A transação final líquida se parece com o gráfico a seguir:

214 | Capítulo 11

DEMONSTRAÇÃO FINANCEIRA

Renda

$300 mensais

Despesas

BALANÇO PATRIMONIAL

Ativos	Passivos
$40 mil em espécie 3 quartos, 2 banheiros Receita de propriedade	$120 mil a 6% ao ano

O segredo para que este investimento funcione é:

1. Melhorias na propriedade

2. Uma boa localização — o mercado imobiliário é valioso apenas quando há emprego nas redondezas

3. Bom financiamento e/ou investidores

4. Boa administração imobiliária

Se qualquer um destes quatro elementos faltar, o investimento pode não dar certo.

Comecei meus investimentos imobiliários com um apartamento de um quarto, um banheiro, na ilha de Maui, comprado por $18 mil em 1973. Kim começou com uma casa em Portland, no Oregon, de dois quartos, um banheiro, comprada por $45 mil em 1989.

Hoje, usando a mesma fórmula financeira dos 100%, temos mais de 1.400 propriedades residenciais e um bom número de propriedades comerciais. A diferença é que hoje investimos em projetos maiores, de milhões em vez de milhares de dólares — mas os princípios são os mesmos. Mesmo no atual clima econômico, estamos bem porque escolhemos nossos inquilinos cuidadosamente e temos equipes de profissionais de administração que asseguram a felicidade de nossos inquilinos.

Se quiser mais detalhes sobre nossa forma de investir com retornos infinitos, separe um tempo para ler *Imóveis: Como Investir e Ganhar Muito Dinheiro*, de Ken McElroy, que se aprofunda em como comprar propriedades multimilionárias, recuperar seu dinheiro, manter o imóvel e gerir o fluxo de caixa para um retorno infinito. Um ponto a ser lembrado é que nós não compramos casas para revender. Nossa fórmula é comprar ativos por muitos anos e depois alugá-los mensalmente.

Imprima o Próprio Dinheiro com Ativos

Há muitas formas de se imprimir seu próprio dinheiro com ativos financeiros. Uma maneira é usar a estratégia de opções. Por exemplo, digamos que eu compre um lote de mil ações a $2 a ação. Vou para o mercado de opções e vendo uma opção de compra de minhas mil ações por um prêmio de $1 a ação ($1 mil) por trinta dias. Se a ação atingir $3 ou mais, a pessoa que comprou a opção poderá comprar as ações por $3. Se a ação não atingir $3 em trinta dias, mantenho minha opção de $1 mil. Veja, novamente, que comprei para o longo prazo e vendi por mês.

Nesse exemplo simplificado, vender a opção de trinta dias colocou $1 mil imediatamente em meu bolso. Se vender outra opção de 30 dias com as mesmas ações, nos mesmos termos e a ação não subir a mais de $3, faço outros $1 mil com os $2 mil originais, enquanto ainda possuo as ações. Terei um retorno de 100% de meu investimento de $2 mil, tendo emitido meu próprio dinheiro por meio da minha inteligência financeira. Para mim, isso faz mais sentido do que deixar o dinheiro em um fundo para o longo prazo e ter seu dinheiro legalmente roubado pelos negociantes de curto prazo de ações e opções.

Se quiser entender mais sobre ativos como ações e opções para criar retorno infinito e produzir o próprio dinheiro, recomendo o livro do assessor da *Rich Dad* Andy Tanner, *Stock Market Cash Flow* ("Fluxo de Caixa do Mercado de Ações", em tradução livre). O livro explica como usar opções para imprimir legalmente o próprio dinheiro.

Imprima o Próprio Dinheiro com Ouro e Prata

Imprimi meu próprio dinheiro ao construir minas de ouro e prata e depois vender participações (derivativos) de minha empresa na bolsa de valores. No momento estou trabalhando em uma empresa de mineração de cobre que abrirá capital em bolsa de valores quando o preço do cobre melhorar. Percebi que tornar uma empresa pública não é realista para a situação atual, ainda assim, é uma das melhores maneiras de se ter uma ideia e criar uma fortuna pessoal.

Abrir o capital da empresa foi o que o coronel Harland Sanders fez, com 65 anos. Como diz a lenda, após uma autoestrada ter sido construída ao lado de seu restaurante especializado em pratos à base de galinha e, dessa forma, reduzir significativamente o fluxo da clientela e, após perceber que seu cheque da previdência social não o manteria financeiramente vivo, Sanders ofereceu sua receita de preparo de frango (um derivativo) no mercado e foi recusado mais de mil vezes. Finalmente, após tantas rejeições, alguém comprou sua receita, construiu um grande negócio, abriu franquias e vendeu ações (outro derivativo) de sua empresa para o público. Ao evoluir do quadrante A para o quadrante D, o coronel transformou má sorte em riqueza. Mudou seu pensamento e mudou sua vida. Sempre que alguém me diz: "Sou velho demais para mudar", conto a história do coronel e sua receita de preparo de galinhas.

A razão para ter mencionado ouro e prata é eu preferir ter esses metais a ter dinheiro. Dado que sou capaz de emitir meu próprio dinheiro, não preciso me preocupar em poupar dinheiro para dias ruins. Com o governo emitindo tanto dinheiro, sinto-me mais seguro poupando em prata e ouro.

Nova Regra do Dinheiro #8: Imprima o Próprio Dinheiro

Quando eu tinha apenas nove anos, meu pai rico me deu um dos melhores presentes que se pode ganhar: educação financeira. A nova regra do dinheiro #8 está diretamente relacionada à #1: *conhecimento é poder*. Considerando a crise que vivemos hoje e com o dinheiro valendo cada vez menos, uma pessoa com uma educação financeira sólida tem uma vantagem arrebatadora sobre aquelas que somente têm uma educação tradicional.

Em 1903, quando o segredo começou a absorver o sistema educacional, o poder do segredo dominou nossas mentes e deixou milhões de improficientes financeiros nas costas do governo. Hoje, a crise em que o mundo está é da incompetência financeira. Está acontecendo o maior furto da história. Nossa riqueza é legalmente roubada por meio de impostos, dívidas, inflação e planos de aposentadoria. Uma vez que a lacuna na educação financeira nos levou a esta crise, somente o conhecimento pode nos salvar. Como você sabe, nossos líderes mantêm o mesmo pensamento que nos levou às ruínas para tentar sair delas. Em vez de esperar por mudanças, seja a revolução, conforme o coronel Sanders o fez. Podemos nos transformar mudando nosso jeito de pensar e buscando conhecimento.

> **Comentários dos Leitores**
>
> *Mesmo que eu seja altamente bem-educado em termos financeiros — um mestrado em economia internacional e finanças pela Georgetown University, dois anos em um banco de investimentos redigindo memorandos de colocação privada, cinco anos como CFO e quinze fundando, organizando e vendendo minhas próprias empresas... eu ainda negligenciava um elemento importante na minha educação financeira. Esta lacuna é superar meus medos de investir em meus projetos e em imóveis. Eles se tornam piores conforme acumulo mais dinheiro, porque há mais a perder... Uma das coisas que fiz foi contratar um treinador da* Rich Dad, *que sempre me falava gentil e pacientemente em todas nossas teleconferências, às quartas-feiras: "Lembre-se, seu objetivo é investir em imóveis." Meu segundo prédio residencial está em custódia — ainda acordo todas as manhãs ansioso, mas estou seguindo em frente.*
>
> — cwylie

O Maior Erro da Educação

A principal razão para que a maioria das pessoas tema a mudança é o medo de cometer erros, especialmente erros financeiros. A maioria das pessoas se agarra à segurança do trabalho porque têm medo de falhar financeiramente. A razão para que a maioria delas entregue seu dinheiro para outros administrarem é esperarem que o especialista não cometa erros, o que é, ironicamente, um erro.

Para mim, o maior problema de nosso sistema educacional é que ele ensina as crianças que elas não podem cometer erros. Aprendemos a conduzir uma bicicleta caindo, levantando e subindo nela novamente. Aprendemos a nadar entrando na água. Como as pessoas podem aprender a mexer com dinheiro se elas têm medo de cometer erros?

218 | Capítulo 11

A Maioria das Crianças Fracassa na Escola

O diagrama a seguir é chamado de Cone de Aprendizagem, desenvolvido por Bruce Hyland, baseado no Cone da Experiência de Edgard Dale, criado em 1946. Isso explica por que tantas crianças não gostam da escola, acham chato e fracassam na retenção de muita informação após anos sentados em uma sala de aula.

Cone de Aprendizagem

Depois de duas semanas, tendemos a nos lembrar de		Natureza do envolvimento
90% do que dizemos e fazemos	Colocando em prática	Ativa
	Simulando a experiência real	
	Fazendo uma representação dramática	
70% do que dizemos	Conversando	
	Participando de um debate	
50% do que ouvimos e vemos	Presenciando uma atividade	Passiva
	Assistindo a uma demonstração	
	Assistindo a uma apresentação	
	Assistindo a um Filme	
30% do que vemos	Olhando fotos	
20% do que ouvimos	Ouvindo	
10% do que lemos	Lendo	

Fonte: Cone de Aprendizagem adaptado de Dale, 1969.

Fonte: Dale. *Ensinamentos por Métodos Audiovisuais,* 1E. 1969 Wadsworth, Cengage Learning, Inc. Reproduzido sob permissão. www.cengage.com/permissions (conteúdo em inglês).

Seta #1: Lendo. De acordo com o Cone de Aprendizagem, a pior maneira de aprender e reter informação é pela leitura, pois a retenção de longo prazo é menor que 10%.

Seta #2: Ouvindo. A segunda pior maneira de aprender é ouvindo alguém falar. Você já deve ter notado que as duas principais maneiras de ensinar nas escolas são por meio de leitura e oralidade.

Seta #3: Participando de um debate. Na escola, sempre quis participar de grupos de discussão, especialmente na época de provas. O problema é que as escolas chamam as trocas de conhecimento de cola. Na vida real, faço minhas provas financeiras junto com minha equipe, porque todos sabemos que duas cabeças funcionam melhor do que uma.

Seta #4: Simulando a experiência real. A razão para que essas ferramentas de ensino sejam efetivas é aprendermos com nossos erros na simulação ou jogos. Mesmo na escola de voo, passei muitas horas nos simuladores antes de pilotar a coisa real. Hoje, as companhias aéreas gastam milhões treinando seus pilotos para voar em simuladores. Isso não apenas é eficiente, mas o piloto também pode tentar manobras diferentes sem colocar em risco o avião real.

Aprendi a pensar como uma pessoa do lado D e I do quadrante ao jogar, por horas, o *Banco Imobiliário* com meu pai rico. Primeiro, cometi muitos erros financeiros no tabuleiro do jogo, depois pratiquei com pequenos investimentos, cometendo pequenos erros para ganhar experiência na vida real. Sou um homem rico hoje não porque era bom na escola, mas porque compreendi como é importante aprender com os erros.

Aposentadoria Precoce

Em 1994, Kim e eu nos aposentamos. Kim tinha 37 anos e eu, 47. Nós nos aposentamos cedo porque tínhamos mais ativos do que passivos. Hoje, apesar da crise financeira, estamos ainda melhores porque continuamos a adquirir ou criar mais ativos. Milhões de pessoas estão em dificuldades financeiras porque hoje elas descobriram que certas coisas que pensavam que eram ativos eram, na verdade, passivos.

Em 1996, Kim e eu criamos nosso jogo *CASHFLOW*® para permitir que as pessoas cometessem erros financeiros antes de investir no mundo real. Hoje, há

220 | Capítulo 11

duas versões do jogo: *CASHFLOW® 101* e *CASHFLOW® for Kids*, ambos para ensinar os princípios dos negócios e do investimento. Há também uma versão dele online, para que todas as pessoas do mundo possam jogar o *CASHFLOW® Classic* — gratuitamente.

Comentários dos Leitores

O conhecimento pode ser o novo dinheiro, mas só é útil se todos os outros componentes do Triângulo D–I estiverem completamente entendidos e implementados pelo investidor sério. Este livro é um bom começo para aqueles que buscam maior clareza nos investimentos em épocas incertas. Obrigado por compartilhar sua experiência conosco.

— Ray Wilson

Em 1997, publiquei *Pai Rico, Pai Pobre* de forma independente, no qual eu defendia que sua casa não é um ativo, que os ricos pagam menos impostos, que os ricos não trabalham por dinheiro e que sabem emitir o próprio dinheiro. Em 2007, milhões de pessoas descobriram que suas casas não eram ativos e, sim, passivos.

Em 2002, em *Profecias do Pai Rico*, argumentei que os planos de aposentadoria, com os quais milhões de pessoas contavam, brevemente desmoronariam. Quando escrevi este livro, em 2009, minha mensagem era a mesma.

Capítulo 12

SE EU CONTROLASSE O ENSINO

Por falta de educação financeira, a vida de muitas pessoas é uma luta árdua. Como discutimos anteriormente, muito da crise financeira se deve à falta desse tipo específico de educação. Sou um defensor da educação, ainda que muitas pessoas muitas vezes pensem que não. Acredito que a educação é, hoje, mais importante do que jamais foi. Sem educação financeira como parte do currículo principal, as escolas prestam um imenso desserviço às crianças e ao mundo, falhando em prepará-las para a realidade.

Muito do que se segue foi abordado neste livro e em outros da série *Pai Rico*. Como bônus, pensei em colocar algumas de minhas ideias sobre educação financeira neste capítulo. Ainda que o capítulo não possa conter tudo que um programa de educação financeira deva incluir, acredito que cubra tudo que é diferente do pensamento financeiro tradicional. Se o sistema educacional estivesse sob meu controle, criaria um programa que incluísse as quinze lições financeiras a seguir.

#1 A História do Dinheiro

Assim como os humanos evoluíram, o dinheiro também evoluiu. O "dinheiro" ocorreu originalmente na forma de escambo com galinhas ou leite, depois contas e conchas, em seguida moedas de ouro, prata e cobre. Eram objetos físicos destinados a ter valor tangível e eram transacionados por itens de valor similar. Hoje, boa parte do dinheiro é papel-moeda, uma promissória do governo, também conhecido como dinheiro escritural. O papel-moeda não tem valor intrínseco nem extrínseco. É um derivativo do valor de alguma outra coisa. No passado, muitas moedas eram derivativas do ouro; hoje derivam da dívida, uma promessa de pagamento dos contribuintes do país em questão.

Hoje, o dinheiro não é mais um objeto tangível, como galinhas, ouro ou prata. O dinheiro moderno, hoje, é uma ideia, endossada pela fé e crença em um governo. Quanto mais confiável for o governo, mais valioso é seu dinheiro e vice-versa. A evolução do dinheiro de objeto tangível para ideia é uma das razões para o assunto dinheiro ser tão confuso. É difícil entender algo que não se pode mais ver, tocar ou sentir.

Algumas Datas Importantes na História do Dinheiro

A seguir é apresentado um panorama básico das datas discutidas neste livro.

1903: Acredito que o sistema educacional norte-americano começou a ser controlado pelo segredo quando o Conselho de Educação Geral, fundado por John D. Rockefeller, decidiu o que as crianças deveriam aprender. Isto colocou o controle da educação nas mãos dos ultrarricos, e o dinheiro não entrou no currículo. Atualmente, as pessoas vão para a escola aprender a trabalhar por dinheiro, mas não aprendem a fazer o dinheiro trabalhar para elas.

Esse é o quadrante CASHFLOW.

E   de *Empregado.*

A   de *Autônomo ou pequeno empresário.*

D   de *Dono de grandes empresas.*

I   de *Investidor.*

As escolas fazem um bom trabalho em treinar pessoas para os lados E e A do quadrante, mas nada para direcioná-las para os D ou I. Até os alunos pós-graduados são treinados como Es, altamente remunerados que trabalham para os ricos. Alguns Ds mais famosos são Bill Gates, fundados da Microsoft; Michael Dell, da Dell; Henry Ford, da Ford, e Thomas Edison, da General Electric — nenhum deles nunca concluiu a escola.

1913: O Federal Reserve é constituído. O Federal Reserve não é norte-americano nem federal, e também não é um banco. Ele é controlado por algumas das famílias mais ricas e influentes do mundo. E tem autorização para imprimir quanto dinheiro quiser.

Instituições como o Federal Reserve sofreram fortes represálias pelos fundadores da Constituição, e por presidentes como George Washington e Thomas Jefferson.

1929: A Grande Depressão. Após a Grande Depressão, o governo norte-americano criou inúmeras agências governamentais, como o *Federal Deposit Insurance Corporation* (FDIC), o *Federal Housing Administration* (FHA) e a Previdência Social; e o governo assumiu um maior controle sobre nossas vidas financeiras por meio dos impostos. Isto também acarretou na aceitação do controle governamental através destes programas e agências. Muitos desses programas, como FHA, Fannie Mae e Freddie Mac, são o cerne da atual crise do crédito de alto risco. Atualmente, passivos não financiados pelo governo, como a Previdência Social e o Medicare, são estimados entre $50 e $60 trilhões, como bombas-relógio que inevitavelmente explodirão junto à crise do crédito de alto risco. Em outras palavras, os esforços do governo criados para resolver a Grande Depressão causarão a próxima.

1944: É feito o Acordo de Bretton Woods. Este acordo monetário internacional criou o Banco Central e o Fundo Monetário Internacional (FMI). Ele replicou o sistema do Federal Reserve a nível global e, com efeito, instaurou o dólar norte-americano como moeda global. Basicamente, enquanto o mundo estava envolvido em uma guerra mundial, os banqueiros trabalhavam para transformar o mundo. Isso representava que todas as moedas do mundo se apoiavam no dólar, e ele, por sua vez, no ouro. Então, enquanto o dólar norte-americano fosse lastreado pelo ouro, a economia mundial se manteria estável.

1971: O Presidente Nixon, sem Permissão do Congresso, desatrela o dólar do ouro. Quando isto aconteceu, o dólar norte-americano se tornou um derivativo da dívida — não do ouro. A partir de 1971, a economia norte-americana só poderia crescer se a dívida aumentasse na mesma proporção, e foi quando os resgates

224 | Capítulo 12

começaram. Na década de 1980, os resgates estavam na casa dos milhões; nos anos 1990, dos bilhões; atualmente, são avaliados em trilhões, e continuam aumentando. Esta mudança nas regras do dinheiro, um dos maiores eventos na história mundial, permitiu aos Estados Unidos imprimir dinheiro indiscriminadamente, criando mais dívidas, conhecidas como títulos da dívida norte-americana. Nunca na história mundial todo o dinheiro do mundo fora respaldado nas dívidas de uma nação, uma promissória dos contribuintes.

Em 1971, o dólar deixou de ser dinheiro e se tornou uma moeda. A palavra *moeda*, em inglês, relaciona-se à palavra *current,* como uma corrente elétrica ou uma correnteza no oceano. Em outras palavras, uma moeda deve se manter em movimento corrente, ou perde valor. Para retê-lo, ela deve passar de um ativo para o outro. Depois de 1971, as pessoas que estagnavam seu dinheiro em poupanças ou no mercado de ações perdiam dinheiro porque sua moeda tinha parado de se movimentar. Os poupadores se tornaram perdedores, e os devedores, vencedores, já que o governo norte-americano imprimia cada vez mais dinheiro, aumentando a dívida e a inflação.

Depois de 1971, a economia se expandiu, criando mais dívidas. Em teoria, se todos pagassem suas dívidas, o dinheiro moderno desapareceria. Em 2007, quando o crédito de alto risco não pôde mais pagar os financiamentos, a expansão da dívida e o mercado de dívidas entrou em colapso, o que levou à nossa atual crise financeira.

Os Estados Unidos financiaram suas despesas excessivas vendendo sua dívida para Europa, Japão e China. Se esses países perdessem a confiança no governo norte-americano e parassem de comprar títulos da dívida, outra crise ocorreria. Se você e eu pararmos de comprar imóveis e de usar os cartões de crédito, a crise vai se estender por muito mais tempo.

A educação financeira é crucial porque precisamos aprender que existem dívidas boas e ruins. As ruins nos tornam pobres. As boas, mais ricos. Considerando que o dinheiro moderno é dívida, uma educação financeira forte ensinaria as pessoas a usar as dívidas para enriquecer, em vez de permitir que as deixem pobres.

1974: O Congresso norte-americano aprovou a ERISA e os planos de aposentadoria 401(k). Antes de 1974, a maioria dos empregados tinha um *plano de aposentadoria de benefícios definidos (BD)*. Um plano BD de uma empresa garantia aos empregados um salário por toda a vida. Depois de 1974, os empregados passaram a ter um *plano de aposentadoria de contribuição definida (CD)*. Isto significa que eles precisam economizar dinheiro para a aposentadoria. O valor que os empregados receberão, quando aposentados, depende de quanto contribuíram com este plano. Se o dinheiro da poupança acabar ou for eliminado por uma crise do mercado de ações, o aposentado fica à própria sorte.

Esta mudança do plano de aposentadoria BD para CD forçou milhões de trabalhadores às incertezas do mercado de ações. O problema é que faltava à maioria dos empregados, e ainda falta, a educação financeira necessária para investir seu dinheiro de forma sagaz para a aposentadoria.

Hoje, milhões de trabalhadores em todo o mundo enfrentam a insuficiência de fundos para arcar com a aposentadoria. Sem educação financeira, milhões recorrem às mesmas instituições — aos bancos, para fazer poupanças, ou ao mercado de ações, os responsáveis pela crise atual — e tentam economizar dinheiro suficiente para desfrutar de uma aposentadoria segura. Essas pessoas são as mais afetadas e as que mais se preocupam com a nossa crise financeira.

Agora que você já revisou um pouco da história do dinheiro moderno, pode compreender por que a educação financeira é importante. E o primeiro passo é entender as demonstrações financeiras.

#2 Demonstração Financeira

Meu pai rico dizia com frequência: "O banco nunca pede seu histórico escolar. Um banqueiro não dá a mínima para as suas notas. O que ele quer saber é de seu histórico financeiro."

Uma educação financeira começa com o entendimento de que há três partes em uma demonstração financeira.

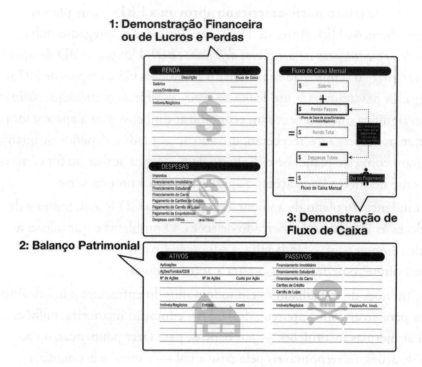

Para melhor compreensão das demonstrações financeiras, seguimos para a lição #3, a diferença entre ativos e passivos.

#3 A Diferença entre Ativos e Passivos

Meu pai pobre sempre dizia: "Nossa casa é um ativo." Meu pai rico dizia: "Se seu pai fosse financeiramente proficiente, saberia que a casa dele não é um ativo, mas um passivo."

Uma das razões mais comuns pelas quais muitas pessoas têm problemas financeiros é que tratam seus passivos como ativos. Na presente crise financeira, milhões de pessoas estão descobrindo que suas casas não são ativos. Mesmo que nossos líderes políticos se refiram a passivos como ativos. Por exemplo, o *Troubled Asset Relief Program* (TARP) não é um programa para problemas com ativos. É para passivos. Se realmente fossem ativos, não seriam um problema, e os bancos não precisariam resgatá-los.

Um aspecto importante da educação financeira é entender o vocabulário do dinheiro. Para aumentar seu poder sobre o dinheiro, comece usando palavras como *ativo* e *passivo*.

Meu pai rico tinha definições simples para *ativos* e *passivos*. Dizia: "Ativos colocam dinheiro em seu bolso sem que você trabalhe, passivos tiram dinheiro de seu bolso, mesmo quando você está trabalhando."

As demonstrações financeiras da figura a seguir facilitam a explicação de ativos e passivos.

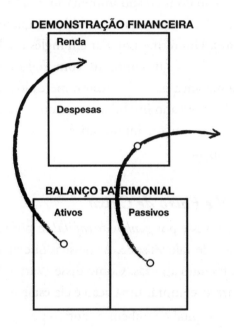

As setas representam a demonstração de fluxo de caixa. Uma seta mostra o dinheiro fluindo para seu bolso, na *coluna da renda*, proveniente de um ativo, tal como aluguéis de uma propriedade ou dividendos de uma ação. A outra mostra o dinheiro fluindo para fora de seu bolso, na *coluna das despesas*, para algum passivo como pagamento de carro ou seu financiamento imobiliário.

Uma das razões pelas quais os ricos ficam mais ricos é eles trabalharem para adquirir ativos. Todas as demais pessoas entram em dificuldades financeiras porque trabalham arduamente para comprar passivos que pensam ser ativos, como casas e carros. Quando conseguem um aumento, compram uma casa maior e um carro melhor, esperando aparentar que estão enriquecendo, quando, na verdade, estão ficando mais pobres, afundadas em dívidas.

Tenho um amigo, uma pequena celebridade de Hollywood, que me disse que seu plano de aposentadoria era investir em residências particulares. Sua casa

228 | Capítulo 12

principal fica em Hollywood, e ele tem casas de veraneio dispendiosas em Aspen, Maui e Paris. Eu o vi recentemente porque nós dois participaríamos de um programa de televisão, e perguntei como ele estava. Com um olhar amargo, falou: "Não estou trabalhando muito, e perdi tudo. Meus imóveis se desvalorizaram, e não posso arcar com os financiamentos." Este é um dos problemas de tratar passivos como ativos e de não entender a importância do *fluxo de caixa*.

Durante a última ascensão do mercado imobiliário, muitas pessoas entraram no mercado imobiliário pensando que eram investidores, quando na verdade eram especuladores e apostadores. Um termo popular em inglês usado para estas pessoas é *flippers*. Havia programas de TV que contavam com *flippers* imobiliários, pessoas que esperavam fazer uma matança para organizar o mercado imobiliário. O problema foi que, quando o mercado imobiliário entrou em crise, muitos *flippers* foram dizimados e pegos em execuções hipotecárias.

Isto nos leva para a lição #4.

#4 Ganhos de Capital e Fluxo de Caixa

A maioria das pessoas investe por *ganhos de capital*. É por isso que ficam empolgadas quando a bolsa de valores sobe. As pessoas que investem por ganhos de capital estão jogando, fazendo apostas. Como disse Warren Buffett: "A razão mais idiota do mundo para se comprar uma ação é ela estar subindo."

Investir para ganhos de capital é também o motivo por que muitos investidores entram em depressão quando o mercado de ações tem uma queda ou quando suas casas se desvalorizam. Investir para ganhos de capital é como uma aposta, porque o investidor tem pouco controle sobre as oscilações do mercado.

Uma pessoa educada financeiramente investe em busca das duas coisas: fluxo de caixa e ganhos de capital. Há duas razões para isso.

Razão #1: Uma moeda precisa fluir de um ativo que produza fluxo de caixa ou perde valor. Em outras palavras, se seu dinheiro está estacionado, esperando por valorização ou por aumento do preço, sua moeda não é produtiva ou não está trabalhando por você.

Razão #2: Investir por fluxo de caixa livra quase que totalmente seu investimento do risco. É difícil se sentir um perdedor quando o dinheiro está fluindo para seu bolso — ainda que o preço de seu ativo sofra depreciação. Por outro lado, se ocorre o inverso, é bônus adicional, dado que você já estará coletando fluxo de caixa.

O diagrama a seguir mostra a diferença entre ganhos de capital e fluxo de caixa.

Minha mulher e eu somos sócios em uma empresa de petróleo. Investimos em petróleo para fluxo de caixa e ganhos de capital. Quando perfuramos um poço de petróleo pela primeira vez, o barril custava cerca de $25. Estávamos satisfeitos com o fluxo de caixa mensal. Quando o preço do petróleo subiu para $140 o barril, nossos poços aumentaram de valor devido aos ganhos de capital, e ficamos mais felizes do que nunca. Atualmente, com o barril custando $65, estamos tranquilos, porque o caixa continua fluindo para nossos bolsos, independentemente do valor do poço de petróleo.

Se gostar de ações, é melhor investir primeiro em ações de dívidas constantes, que são uma forma de fluxo de caixa. Uma economia em baixa, com os preços das ações tão reduzidos, é um bom momento para comprar ações de dívidas por preços baixos.

Um investidor de ações também compreende o poder do fluxo de caixa, ou *rendimentos de dividendos*, como o fluxo de caixa é chamado no mercado de ações. Quanto maiores os rendimentos de dividendos, melhores os valores das ações. Por exemplo, um rendimento de dividendo de 5% marca um excelente preço de uma ação. Um de 3% significa que a ação tem um preço muito alto, que provavelmente cairá.

Em outubro de 2007, o mercado de ações fechou em uma alta de 14.164 pontos. Os apostadores pularam para o mercado, apostando nas ações mais altas (ganhos de capital). O problema era que o Dow Jones tinha um rendimento de

230 | Capítulo 12

dividendos de 1,8% de seu valor total, o que significa que aquelas ações eram muito caras, e os investidores profissionais as estavam vendendo.

Em março de 2009, o Dow Jones atingiu um mínimo de 6.547, e muitas pessoas voltaram para o mercado, pensando que os piores tempos já haviam passado. Mas os rendimentos de dividendos estavam a apenas 1,9%, que representa para um investidor profissional que os preços das ações ainda estavam muito altos, e que o mercado provavelmente cairia e os investidores de longo prazo perderiam mais dinheiro conforme o fluxo de caixa corresse para fora do mercado de ações.

Para mim, investir para fluxo de caixa e ganhos de capital faz mais sentido do que me preocupar com flutuações de mercado. Por isso criei o *CASHFLOW® 101*, um jogo de tabuleiro educativo que explica às pessoas as recompensas de cada tipo de investimento.

Considerando as oscilações dos mercados, é essencial aprender a lição #5.

#5 A Diferença entre Análise Técnica e Fundamentalista

Investir com base em técnica fundamentalista é o processo de analisar o desempenho financeiro da empresa, e isso começa com o entendimento das demonstrações financeiras.

DEMONSTRAÇÃO FINANCEIRA

Renda
Despesas

BALANÇO PATRIMONIAL

Ativos	Passivos

Uma pessoa financeiramente educada quer saber a mentalidade de gestão por trás de um negócio ou propriedade, e isso só pode ser determinado pela análise da demonstração financeira de uma empresa. Quando um gerente de banco lhe pede sua demonstração financeira, ele quer saber o quão bem gerida é sua vida financeira. Ele quer ver sua renda em comparação com as despesas, a quantidade de ativos que geram fluxo de caixa e os passivos que possui, tanto em curto quanto em longo prazo. Quando investe em uma empresa, você quer as mesmas informações.

Meu jogo de tabuleiro *CASHFLOW® 101* ensina os princípios do investimento.

Investir por análise técnica é medir as emoções ou humores do mercado usando indicadores técnicos. O investidor técnico pode não se importar com os fundamentos de uma empresa. Ele olha gráficos que medem os preços, como o que se segue.

Os gráficos são importantes porque são baseados em fatos, principalmente o preço de compra/venda de algo; por exemplo, o preço de uma ação ou mercadoria como ouro ou prata. Gráficos com linhas ascendentes indicam preços em alta, o que significa que dinheiro está fluindo para o mercado. Gráficos com linhas descendentes significam que o dinheiro está saindo daquele mercado. Um investidor técnico observa padrões históricos baseados no fluxo de caixa e faz investimentos com base em padrões passados e previsões futuras do comportamento do mercado.

Um investidor financeiramente educado também quer saber para onde o dinheiro está fluindo. Por exemplo, quando o mercado acionário entrou em colapso e as pessoas ficaram com medo, muito dinheiro fluiu para o mercado de ouro. Um investidor técnico pode ter previsto que o ouro subiria e que o mercado acionário despencaria baseado em indicadores técnicos e, então, moveria seu dinheiro para o mercado de ouro antes das demais pessoas.

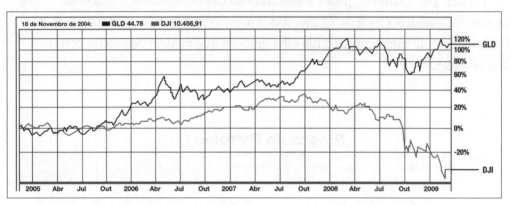

Reproduzido sob permissão do Yahoo! Inc. 2009 Yahoo! Inc. YAHOO! e o logotipo do YAHOO! são patentes registradas do Yahoo! Inc.

Novamente, perceba a importância do fluxo de caixa sobre o preço ou ganhos de capital. Uma razão para que as pessoas financeiramente educadas mantenham seu dinheiro se movimentando é que se elas estacionam seu dinheiro em uma classe de ativos, como muitos investidores amadores fazem, podem perder seus investimentos quando o dinheiro flui para outra classe de ativos.

Dado que todos os mercados sobem ou caem, e todos os mercados passam por ascensões e crises, isso nos leva para a lição #6, quão forte é um ativo.

#6 A Força de um Ativo

Muitas vezes escuto as pessoas dizerem: "Tenho uma ideia para um excelente produto novo", "Descobri uma propriedade formidável para investimento", "Gostaria de investir em ações de tal companhia. O que você acha?".

Para essas questões, cito o Triângulo D–I a seguir:

O Triângulo D–I recebe este com base no quadrante CASHFLOW, mencionado anteriormente e repetido aqui:

Mais uma vez:

E de *Empregado*.

A de *Autônomo ou pequeno empresário*.

D de *Dono de grandes empresas*.

I de *Investidor*.

234 | Capítulo 12

Você deve ter notado que produto é a parte menos importante do Triângulo D–I. A razão para que tantas pessoas falhem em seus recém-iniciados negócios é focarem o produto, não a totalidade do Triângulo D–I. O mesmo é verdade para o mercado imobiliário. Muitos investidores observam apenas a propriedade e não o Triângulo D–I inteiro.

O pai rico disse: "Quando uma pessoa, negócios ou investimentos estão em dificuldades financeiras, uma ou mais das integridades do Triângulo D–I está faltando ou não está funcionando." Em outras palavras, antes de investir em qualquer coisa ou começar seu próprio negócio, avalie o Triângulo D–I inteiro e pergunte-se se aquele investimento ou negócio tem um Triângulo D–I consistente.

Se estiver planejando começar o próprio negócio ou quiser saber mais sobre o Triângulo D–I, leia meu livro *Empreendedor Rico*.

O mundo de hoje precisa de mais empreendedores que saibam como construir um Triângulo D–I forte. Ao criar empreendedores fortes, criamos mais trabalho para pessoas que são E e A.

Em vez de criar mais empregos, o governo deveria criar mais empreendedores.

Isso nos conduz à lição de educação financeira #7.

#7 Saiba Escolher Bons Profissionais

Meu pai rico sempre dizia: "A melhor maneira de encontrar um bom sócio é ter tido um ruim."

Durante minha carreira, tive sócios formidáveis e sócios terríveis. Como disse o pai rico, a melhor forma de se reconhecer um bom sócio é experimentar a dor de um parceiro ruim, e eu conheci dores profundas no tocante a sócios.

O maior problema é que você não sabe quão bom ou ruim um sócio pode ser até que as coisas fiquem realmente ruins. A boa notícia é que para cada negócio ou sócio ruim que eu tive, *sempre* encontrei alguém formidável. Por exemplo, encontrei meu sócio de investimentos imobiliários Ken McElroy por causa de um terrível engano com um sócio horrível. Desde então, Ken e eu temos conseguido fazer milhões de dólares e ele é um dos melhores sócios que eu e Kim temos.

Uma das lições que aprendi com Ken é que há três componentes em um grande negócio. São elas:

1. Parceiros
2. Financiamento
3. Gestão

Isso é verdade para qualquer investimento ou negócio. Quando você investe seu dinheiro, você se torna parceiro naquele empreendimento, ainda que não conheça ninguém mais envolvido. Por exemplo, quando uma pessoa investe em um fundo, ela se torna sócia daquele fundo de investimento.

Assim, o componente crucial para investir é escolher cuidadosamente seu parceiro, antes de lhe entregar seu dinheiro.

Como meu pai rico dizia: "Você não consegue fazer um bom negócio com um sócio ruim." O segundo componente de Ken, financiamento, concentra-se em quão bem estruturado um investimento é e, como um sócio, quais suas chances de lucrar.

Aqui estão quatro razões pelas quais não invisto em fundos mútuos.

1. A estrutura dos fundos mútuos é voltada para o benefício da empresa, e não seu, o sócio de capital.

2. As despesas são muito altas e não são completamente divulgadas. Apliquei 100% do dinheiro, arquei com 100% do risco, e a empresa leva 80% dos retornos. Não é uma boa parceria quando se trata de financiamento.

3. Quando invisto em imóveis, uso a maior quantidade possível de dinheiro do banco, o que significa que tenho mais alavancagem investindo em imóveis do que em fundos mútuos.

4. Não posso perder dinheiro em fundos mútuos e ainda receber impostos sobre ganhos de capital, por um dinheiro que não fiz. Isto é definitivamente desvantajoso.

O terceiro componente de Ken para um bom negócio é a gestão. Um bom sócio deve ser um bom gestor. Uma empresa ou propriedade mal administrada são investimentos que não maximizam os retornos, e que podem fracassar. A principal razão pela qual muitas empresas pequenas não obtêm sucesso é seu mau gerenciamento.

Hoje, posso rapidamente avaliar a maioria dos investimentos ao me perguntar: Quem são os sócios? Quero ser sócio deles? Qual é a estrutura financeira? Ela é favorável? Quão competente é a administração? Se essas questões forem satisfeitas, posso vir a considerar o investimento.

Isso nos conduz à lição #8.

236 | Capítulo 12

#8 Saiba Qual Investimento É o Melhor para Você

Existem quatro tipos básicos de ativos nos quais investir.

Ativos	Passivos
Negócios Imóveis Ativos financeiros Commodities	

Negócios

Vantagens: Uma empresa é um dos ativos mais poderosos para se possuir porque você se beneficia de vantagens tributárias, utilizar pessoas para aumentar seu fluxo de caixa e ter o controle de suas operações. As pessoas mais ricas do mundo construíram empresas. Exemplos são Steve Jobs, fundador da Apple, Thomas Edison, da General Electric, e Sergey Brin, do Google.

Desvantagens: A "intensidade" dos relacionamentos. Isso quer dizer que você tem que administrar empregados, fornecedores e clientes. Habilidade com pessoas e liderança, assim como pessoas talentosas que conseguem trabalhar em equipe, são essenciais para o sucesso do negócio. Em minha opinião, de todas as quatro classes de ativos, a empresa é a que exige mais inteligência e experiência financeira para ser bem-sucedida.

Imóveis

Vantagens: Podem trazer grandes retornos especialmente quando se utiliza dinheiro de outras pessoas (DOP) e bancos para alavancar o empreendimento, além de se coletar fluxo de caixa constante se o ativo for bem administrado.

Desvantagens: Intensidade de administração. O investimento imobiliário é um ativo que exige controle constante, ele é ilíquido e, se for mal administrado, pode custar muito dinheiro. Após as empresas, os imóveis são a segunda classe de ativos que mais requerem inteligência financeira. Muitas pessoas não possuem o QI financeiro necessário para se investir bem em imóveis.

Ativos Financeiros: Ações, Títulos, Poupança e Fundos Mútuos

Vantagens: Os ativos financeiros têm a vantagem de serem fáceis de investir. Adicionalmente, são líquidos e escaláveis, o que quer dizer que a pessoa pode começar pequeno, com muito menos dinheiro do que outros tipos de ativos.

Desvantagens: Uma desvantagem dos ativos financeiros é que são muito líquidos, significando que são fáceis de serem vendidos. O problema com ativos líquidos é que, quando o dinheiro começa a fluir fora do mercado, é muito fácil perder dinheiro rapidamente se você não vender a tempo. Os ativos financeiros requerem monitoramento constante.

Dado que grande parte dos investidores possui pouca ou nenhuma educação financeira, a maioria das pessoas investe em ativos financeiros.

Commodities: Ouro, Prata, Petróleo etc.

Vantagens: As commodities são uma boa proteção contra a inflação — o que é importante quando o governo está emitindo excesso de moeda, como acontece hoje. A razão para que elas reduzam o impacto inflacionário é serem ativos tangíveis que são comprados com moeda corrente. Assim, quando o suprimento de moedas aumenta, há mais dinheiro procurando pela mesma quantidade de mercadorias. Isso faz o preço das commodities aumentar ou inflar. Bons exemplos são petróleo, ouro e prata, todos valendo muito mais do que valiam há poucos anos, graças ao processo de impressão.

Desvantagens: Dado que as commodities são ativos físicos, você precisa se certificar de que estejam armazenadas adequadamente e em segurança.

Quando você decidir qual classe de ativos é melhor para você ou em qual você está mais interessado, sugiro que estude tal classe de ativos; invista seu tempo *antes* de investir seu dinheiro. A razão para dizer isso é que não é o ativo que o enriquece. Você pode perder dinheiro em qualquer classe de ativos. Ao contrário, é seu conhecimento de cada classe de ativos que o torna rico. Nunca se esqueça de que seu maior ativo é sua própria mente.

238 | Capítulo 12

Cada classe de ativos usa palavras diferentes. Por exemplo, investidores de imóveis falam em *taxa de cap* ou em *NOI*, enquanto investidores de ações usam *P/E* ou *EBITA*. Cada classe fala a própria linguagem. Investidores de petróleo não usam o mesmo vocabulário que os de ouro. A boa notícia é que quanto mais palavras você entende, maiores são seus retornos e os riscos, menores, simplesmente porque você fala o mesmo idioma.

Criei meus jogos *CASHFLOW®* para ensinar a linguagem da contabilidade e do investimento nas diferentes classes de ativos. Temos aulas avançadas, bem como programas de treinamento, disponíveis para as pessoas que decidem em que classe de ativos estão mais interessadas.

Isso nos conduz à lição financeira #9, que fala sobre foco e diversificação.

#9 Saiba Quando Focar e Diversificar

A maioria das pessoas recomenda a diversificação como proteção contra as incertezas do mercado. Mas Warren Buffett diz, em seu *Tao de Warren Buffett*: "A diversificação é uma proteção contra a ignorância. Faz muito pouco sentido para aqueles que sabem o que estão fazendo."

Você deve ter reparado que a maioria das pessoas diversifica os fundos mútuos. O problema com a diversificação deste portfólio é que não é uma diversificação real, considerando que todos os fundos mútuos estão no mercado de ações — são ativos financeiros.

A verdadeira diversificação inclui investir em todas as quatro classes de ativos, não apenas tipos diferentes de uma classe de ativos. Minha coluna de ativos contém todas as quatro classes de ativos. Estou, de muitas maneiras, diversificado, mas em muitas outras não estou, dado que foco apenas grandes investimentos em cada uma das classes.

O acrônimo FOCO significa "Fomentar O sucesso Criando Oportunidades". Se desejar ser bem-sucedido nos lados D e I do quadrante, é importante ter foco. Escolha sua classe de ativos e fomente o sucesso criando oportunidades. Por exemplo, se estiver interessado em imóveis, estude, pratique, comece aos poucos, e mantenha o foco até que o caixa flua para sua conta no banco consistentemente. Uma vez que consiga produzir fluxo de caixa com suas pequenas negociações, expanda-as cuidadosamente até virarem grandes negócios, mantendo o foco em investir para fluxo de caixa.

Não vivo dentro de minhas possibilidades. Em vez de tentar poupar dinheiro, prefiro focar o aumento de meus ativos. Todos os anos, minha esposa e eu estabelecemos nossos objetivos para o ano seguinte. Ao focar o aumento do fluxo de caixa de nossos ativos, nossa renda de ativos sobe. Em 1989, Kim começou com uma casa de dois quartos, um banheiro em Portland, no Oregon.

Hoje, ela possui mais de 1.400 propriedades. No próximo ano ela planeja adicionar quinhentas mais. Planejo adicionar três poços de petróleo a minha coluna de ativos.

Em 1966, comecei estudando commodities, especialmente petróleo, como estudante, navegando para a *Standard Oil* da Califórnia. Em 1972, passei a estudar ouro como piloto no Vietnã. Em 1973, foquei os imóveis assim que retornei da guerra. Antes de propriamente investir, entrei em um programa sobre o mercado imobiliário e saí dali para fazer milhões. Mas, ainda mais importante do que dinheiro, aquele curso me deu liberdade e estabilidade financeira mesmo na economia em crise.

Em 1974, passei a focar empresas quando saí da Marinha e passei a trabalhar para a Xerox, para aprender a habilidade de vender. Em 1982, comecei a estudar o mercado acionário e de opções. Hoje, possuo ativos de todas as quatro classes, assim, estou diversificado, mas jamais perco meu foco.

Isso nos leva à lição #10.

#10 Minimize o Risco

Construir um negócio e investir não é necessariamente arriscado. Não ser educado financeiramente é que é arriscado. Assim, o primeiro e melhor passo para minimizar o risco é a educação. Por exemplo, quando quis aprender a voar, fiz lições de voo. Se eu tivesse entrado em um avião e decolado, provavelmente teria caído e morrido.

O segundo passo é proteger seus investimentos. Investidores profissionais usam seguros para proteger seus investimentos. A maioria de nós não dirigiria um carro sem seguro. Ainda assim, a maioria das pessoas investe sem se garantir. Isso é muito arriscado.

Por exemplo, quando invisto no mercado de ações, posso comprar seguros, como opções. Digamos que eu compre uma ação por $10. Ainda posso comprar uma opção por $1 para me pagar $9 se o preço das ações cair. Se o valor da ação cair para $5, a opção funcionará como um seguro, e me pagará $9 por uma ação que vale $5. Esta é apenas uma das formas de seguro usadas pelos investidores profissionais no mercado de ações.

Para meus investimentos em imóveis, tenho seguro contra perdas, como incêndios, inundações e outros desastres naturais. Outra vantagem de possuir imóveis é que o aluguel dos inquilinos cobre o valor do seguro. Se minha propriedade pegar fogo, não perco dinheiro, porque o seguro cobrirá esta perda.

A diversificação no mercado de ações não protegeu os investidores da crise de 2007. Isso porque eles não tinham seguro, e porque o mercado de ações não é de fato diversificado.

Se olhar para o Triângulo D–I, verá outras maneiras com que minimizo meus riscos.

Perceba que uma das oito integridades é "lei". Ter um advogado em sua equipe é essencial para minimizar riscos. Um bom aconselhamento legal não tem preço porque o mantém longe de problemas com a lei, e é sempre menos caro do que buscar advogados quando você já está no meio da confusão.

Segundo, quando estiver criando um produto, quero proteger você, e minha empresa, de ladrões e piratas. Meus produtos e negócios se utilizam dos serviços de advogados para patentes, marcas e direitos autorais. Com essas patentes, marcas e direitos, transformo esses derivativos de meus produtos em ativos. Quando escrevo um livro, posso vender quarenta ou cinquenta licenças para que editoras imprimam meus livros em idiomas diferentes. Meus produtos não teriam valor se eles não estivessem protegidos e não tivessem se tornado ativos legalmente.

Meu ponto é que apenas as pessoas iletradas financeiramente investem sem seguros, contando com a diversificação para protegê-las. Isso leva ao maior risco de todos, perder dinheiro por meio de impostos.

#11 Reduzir Impostos

Quando você diz a uma criança, "Vá para a escola para conseguir um emprego" você está sentenciando aquela criança a uma vida na terra dos impostos máximos. Isso também é verdade quando você diz a uma criança: "Torne-se um médico ou advogado porque você fará muito dinheiro." Esses trabalhos estão nos quadrantes E e A.

Dê uma olhada no quadrante CASHFLOW a seguir.

As pessoas que atuam nos quadrantes E e A pagam o máximo em impostos.

Aqueles que trabalham nos quadrantes D e I pagam o mínimo de taxas e, às vezes, pagam taxa zero, mesmo quando fazem milhões de dólares. Uma razão para isso é que aqueles nos quadrantes D–I produzem muito da riqueza que as nações precisam e, consequentemente, são recompensados por criarem emprego e construírem casas ou escritórios para as pessoas e as empresas alugarem.

Existem três tipos básicos de renda. São eles:

- **Renda auferida** — mais tributada
- **Renda de portfólio** — medianamente tributada
- **Renda passiva** — menos tributada

Renda auferida: As pessoas que trabalham para viver, como empregadas ou autônomas, trabalham por renda auferida, a mais tributada de todas. E, quanto mais ganham, mais altas são as porcentagens de impostos a ser pagas. Ironicamente, as pessoas que poupam dinheiro têm seus retornos tributados na mesma proporção. Quando uma pessoa investe em um plano de aposentadoria, geralmente é tributada como se fosse renda auferida. Aqueles nos lados E e A do quadrante CASHFLOW têm todas as armas contra eles, em todos os aspectos.

A razão pela qual a maioria dos conselheiros financeiros diz "Quando você se aposentar, sua renda diminuirá" é que a maioria das pessoas planeja ser pobre durante a aposentadoria. Se for pobre, os impostos sobre suas economias e aposentadoria não são um fator relevante. Mas se planeja ser rico quando se aposentar, o dinheiro de sua poupança e aposentadoria serão altamente tributados — isto não é financeiramente inteligente.

Renda de portfólio: A maioria das pessoas investe para renda de portfólio. Ela geralmente advém de ganhos de capital, compras em baixas e vendas em altas do mercado. É quase certo que o Obama aumentará os impostos sobre os ganhos de capital. Quando escrevi este livro, a taxa máxima era de 28%. Quem sabe quão mais altas serão as taxas para os que investem para ganhos de capital?

Como um lembrete, pode parecer que pessoas que compram e vendem ações, ou *flippers* imobiliários, investem para ganhos de capital, mas elas são frequentemente tributadas como se recebessem renda auferida, considerando que não detêm seus ativos por mais de um ano. Isto porque elas realmente estão operando no quadrante A, não no I. Eliminar todo o risco dos investimentos, comprar em baixa e vender em alta e então pagar a maior porcentagem possível de impostos não é financeiramente inteligente. Consulte um especialista em impostos para determinar a partir de qual quadrante você deve investir.

Renda passiva: O fluxo de caixa proveniente de ativos, como meus prédios residenciais, é tributado sobre rendimento, as taxas de imposto mais baixas.

No topo da renda passiva, os investidores imobiliários têm formas de fluxo de caixa que compensam sua exposição tributária: valorização, amortização e depreciação, que podem ser rendimentos isentos de impostos (também conhecidos como fluxo de caixa fantasma). Eu amo o fluxo de caixa fantasma.

Mais uma vez, é melhor falar com um especialista em impostos antes de investir para fluxo de caixa.

#12 Dívida e Credibilidade

Como muitos de vocês sabem, existem dívidas boas e dívidas ruins. Possuir a própria casa é dívida ruim porque tira dinheiro de seu bolso. Possuir uma casa de aluguel que lhe paga uma renda mensal, cobrindo suas despesas, incluindo o pagamento do financiamento, é dívida boa porque coloca dinheiro em seu bolso.

Dívidas boas são isentas de impostos. Como seu dinheiro é emprestado, você não paga impostos nem o usa. Por exemplo, se dou $20 mil de entrada em uma propriedade e pego $80 mil emprestados para o financiamento, na maioria dos casos, os $20 mil serão tributados, mas os $80 mil, não.

A chave para usar dívida é saber como emprestar com sabedoria e como pagar o dinheiro de volta. Ao saber emprestar com sabedoria e conseguir um inquilino, você recupera o dinheiro e ainda fica com o crédito e a credibilidade. Quanto maior sua credibilidade, mais dívida você pode usar para se tornar rico — livre de impostos. Mas, de novo, a chave é sua educação financeira e as experiências da vida real.

Mesmo na crise financeira de hoje, há bancos que ainda estão emprestando milhões para investidores que possuam credibilidade. Há cinco razões pelas quais os bancos ainda emprestam aos investidores de alta credibilidade, como eu.

1. *Investimos em prédios residenciais classe B.* No setor imobiliário, existem apartamentos classe A, B e C. Os imóveis de classe A são os de alto nível, cujos proprietários precisam se mudar porque não podem mais arcar com eles. De classe C são os imóveis alugados por pessoas de baixa renda. Os imóveis de classe B são destinados à classe trabalhadora. Minha empresa oferece apartamentos limpos e seguros a preços acessíveis para esta faixa. Mesmo com a crise financeira, nossos prédios estão sempre cheios e os aluguéis permanecem sendo pagos. Os bancos fazem empréstimos para nós porque temos um fluxo de caixa estável.

2. *Compramos em áreas em que existem empregos.* O valor real dos imóveis se relaciona com a oferta de empregos. Compramos prédios residenciais no Texas e em Oklahoma, onde existem empregos em decorrência

244 | Capítulo 12

da indústria de petróleo. Não compramos nada em Detroit, onde o desemprego está crescendo e os imóveis, se desvalorizando.

3. **Temos propriedades em locais com restrições governamentais ou naturais.** Por exemplo, compramos apartamentos em locais com limite de crescimento ao redor da cidade. Em outras palavras, a cidade não pode se expandir mais, o que torna as propriedades mais valiosas, pois sua oferta é limitada. Também compramos propriedades cercadas por um rio, uma limitação natural que impede seu crescimento.

4. **Estamos há anos na mesma área e temos uma reputação sólida.** Isto nos dá credibilidade como bons negociantes, mesmo em um mercado ruim. Bons negócios vêm até nós porque os bancos confiam em nosso trabalho e nos enviam ofertas para as quais outros investidores não conseguiram um financiamento.

5. **Ficamos com o que conhecemos.** Como você sabe, há diferentes tipos de imóveis. Não investimos em prédios comerciais ou shoppings. Não fazem parte de nossa alçada — embora, se os preços continuarem caindo, talvez comecemos a olhar estas oportunidades.

Se você leu *Pai Rico, Pai Pobre*, deve se lembrar da história de Ray Kroc, fundador do McDonald′s. No livro, está a história sobre a pergunta de Ray Kroc: "Qual é o negócio do McDonald's?" Após a maioria das pessoas responder "Hambúrgueres", Ray Kroc disse: "Meu negócio são imóveis." O McDonald's usa o negócio de fast-food para comprar imóveis. Uso meus negócios com apartamentos para comprar imóveis. Saber em que negócio estamos, e sermos bons nisso, nos dá credibilidade. E ela nos confere o crédito bom, livre de dívidas — mesmo nesta economia de crédito restrito.

#13 Derivativos

Warren Buffett se refere aos derivativos financeiros como armas de destruição em massa. Muito dessa crise financeira se deve aos derivativos financeiros do tipo obrigações de dívidas garantidas e títulos garantidos por financiamentos imobiliários. Em termos simples, estes são derivativos de dívidas, empacotados e classificados como AAA por Moody's e S&P, e então vendidos como ativos. Tudo ia bem até que o crédito de alto risco não pôde mais arcar com o pagamento das dívidas, com o preço elevado dos imóveis — induzido por bolhas imobiliárias. A casa das dívidas caiu, eliminando a riqueza de milhões de pessoas ao redor do mundo.

Mas derivativos financeiros também são ferramentas de criação em massa. Em 1996, Kim e eu criamos a *Rich Dad*, um derivativo de nossas mentes.

Também criamos os jogos *CASHFLOW®* e escrevemos livros, como *Pai Rico, Pai Pobre* e este — mais uma vez, derivativos de nossas mentes. Quando criamos e vendemos nossos jogos e livros, agimos como o Federal Reserve, e criamos dinheiro a partir do nada. Atualmente, estamos trabalhando em franquias da *Rich Dad*, outro derivativo de nossas mentes. No setor imobiliário, comumente conseguimos dinheiro livre de impostos ao fazer refinanciamentos, outro derivativo, e temos nossos inquilinos pagando os financiamentos. No mercado de ações, frequentemente vendo derivativos das minhas ações — por exemplo, uma opção de compra — e faço dinheiro a partir de nada além de um derivativo das minhas ações e da minha mente.

Lembre-se sempre: Seu maior ativo é sua mente. Com educação financeira apropriada, você também pode inventar seu próprio derivativo de criação financeira em massa.

#14 Entenda Como Seu Dinheiro É Roubado

Ao olhar para as demonstrações financeiras das pessoas, você pode ver por que a maioria que está do lado E e A do quadrante CASHFLOW tem dificuldades financeiras.

Essas despesas vão diretamente para aqueles que operam do lado D e I do quadrante.

Para aqueles do lado direito — D e I — é possível legalmente ganhar milhões sem pagar nada de impostos, usar dívidas para aumentar sua riqueza, ganhar com a inflação e não ter necessidade de um plano de aposentadoria repleto de ativos financeiros de risco, como ações, títulos e fundos.

A grande diferença entre os dois quadrantes é que E e A trabalham por dinheiro e D e I trabalham para criar ativos que produzam fluxo de caixa.

#15 Cometa Erros

Todos nós sabemos que é impossível aprender sem fazer, e fazer significa, com frequência, cometer erros. Uma criança não pode caminhar se for punida por cair. Você não pode aprender a nadar, a menos que caia na água. Você não pode aprender a pilotar um avião somente ao ler um livro ou assistir a uma palestra. Ainda assim, o sistema escolar ensina por meio de leitura, palestras e punições das pessoas que cometem erros.

A figura a seguir é o Cone de Aprendizagem. Ele explica as melhores maneiras de aprender. Na base do Cone está a leitura, com 10% de taxa de retenção. A seguir vem ouvir palavras ou assistir a uma palestra, com taxa de retenção de 20%.

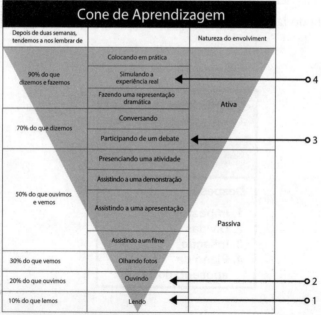

Fonte: Dale. *Ensinamentos por Métodos Audiovisuais*, 1E. 1969 Wadsworth, Cengage Learning, Inc. Reproduzido sob permissão. www.cengage.com/permissions (conteúdo em inglês).

Quando você simula uma experiência real, percebe que a taxa de retenção é de 90%, e é considerada a mais próxima da experiência real.

A principal razão para que simulações e jogos sejam instrumentos tão poderosos de aprendizagem é eles permitirem que os estudantes cometam erros e aprendam com eles. Quando estava na escola de voo, passei horas incontáveis em simuladores de voo. Não apenas era mais barato, mas também era mais seguro. Cometi muitos erros nos simuladores e me tornei um piloto muito melhor porque aprendi com meus erros.

Uma das razões para que eu não sentisse medo em operar nos quadrantes D e I foi ter jogado *Banco Imobiliário* por horas quando era criança. Compreendi o poder do fluxo de caixa com as casinhas e os hotéis. Kim e eu criamos nosso jogo *CASHFLOW*®, comumente chamado de "*Banco Imobiliário* com esteroides", para simular os investimentos do mundo real. É uma boa maneira de cometer erros e se preparar para a vida. Todos sabemos que as pessoas têm medo de investir porque não querem perder dinheiro. Jogue o *CASHFLOW*®, mesmo que perca dinheiro, será só papel. Mas, o principal, quanto mais erros cometer, mais versado você se tornará.

Um Grande Erro na Educação Financeira

O maior erro em educação financeira hoje é levar bancários, agentes e consultores financeiros para ensinar os jovens sobre o dinheiro. Como podemos esperar que a crise financeira acabe quando os empregados das mesmas organizações que provocaram a crise estão ensinando nossas crianças?

Isso não é educação financeira. É exploração financeira. É onde o grande assalto financeiro começa.

Se ensinássemos as pessoas a ver o mundo por meio do prisma do quadrante CASHFLOW, seus mundos mudariam para sempre. As pessoas descobririam um mundo inteiramente novo de abundância e oportunidade financeira.

Recentemente, encontrei um homem que passou a maior parte da vida no quadrante E, como motorista de caminhão. Ele trabalhava muitas horas em busca de um salário decente, mas nunca se sentiu financeiramente seguro. Quando as coisas ficaram ruins por causa dos aumentos do preço do combustível, sua empresa precisou fazer cortes e ele foi demitido. Naquele momento ele se comprometeu com sua educação financeira e com o aumento de QI financeiro. Mais tarde ele adquiriu uma franquia na indústria de caminhões sobre a qual ele já sabia muito e se tornou um empreendedor. Hoje, ele é um homem financeiramente livre.

Quando conversamos, ele me disse que antes de se tornar um empreendedor, ele via o mundo como um lugar de oportunidades limitadas, onde estava aprisionado por salários baixos, muitas horas de esforço, altos impostos e aumento de despesas, como comida, gasolina e energia elétrica. Hoje, ele vê o mundo como um lugar de possibilidades infinitas. Sua vida mudou para sempre porque ele mudou seu modelo mental e passou a ver o mundo pelo lado D e I do quadrante. Ele poderia facilmente ter se candidatado a um seguro-desemprego enquanto esperava por algo, mas, em vez disso, elevou sua inteligência financeira.

Para mim esse é um exemplo perfeito de minha crença de que dar dinheiro às pessoas não resolverá seus problemas. Acredito que é hora de parar de dar peixes às pessoas. É hora de ensiná-las a pescar e dar a elas o poder de resolver seus próprios problemas financeiros. A educação financeira tem o poder de mudar o mundo. Prevejo que o primeiro país que adotar um programa amplo de educação financeira para todos seus alunos, ricos ou pobres, emergirá como potência financeira mundial.

O Fim e o Começo

Alcançamos agora o fim de nossa jornada de exploração da conspiração dos ricos. É o fim deste livro, mas não pode ser o fim da história — sua história. Minhas quinze lições financeiras podem nunca ser ensinadas nas escolas, mas aqueles que estiverem dispostos a colocar tempo e esforço para aumentar o QI financeiro podem aprendê-las. E elas podem ser passadas de pais para filho, assim como meu pai rico as passou para mim e seu filho. Você tem em suas mãos o poder de optar por sair da conspiração dos ricos e viver uma vida rica, juntamente com as pessoas que ama.

A missão da *Rich Dad* é aumentar o bem-estar financeiro da humanidade por meio de seus livros, jogos, produtos, seminários, assim como educação avançada e programas de treinamento para aqueles que querem avançar ainda mais. Assim como este livro se espalhou como fogo selvagem pela internet, por meio de conversas e blogs, assim, também, a mensagem da *Rich Dad* pode se espalhar. Uma mensagem de uma vida rica e de independência financeira espalhando-se pelo mundo. Juntos, uma pessoa e uma criança de cada vez, poderemos aumentar o bem-estar financeiro da humanidade. Juntos poderemos espalhar a mensagem de que conhecimento é poder, e que nossa mente é o maior ativo que Deus nos deu.

Obrigado por fazer parte da história e fazer deste livro um sucesso.

CONCLUSÃO

Como Roubamos de Nós Mesmos

Será que nos fizeram uma lavagem cerebral financeira? Acredito que sim. A principal razão pela qual as pessoas não conseguem vislumbrar o assalto diário de dinheiro ao redor delas é terem sido financeiramente programadas. Tornamo-nos os cães de Pavlov, para roubar de nós mesmos e, para isso, usamos palavras. Repetimos sem racionar os mantras que custam nossa riqueza.

As palavras têm o poder de nos enriquecer — ou de nos manter na pobreza, como disse anteriormente.

Nosso sistema escolar faz um bom trabalho ao treinar as pessoas para os quadrantes E e A. Durante nossos anos de formação, nossas famílias e o sistema escolar nos ensinam a repetir aquilo que acreditam serem palavras de sabedoria, mas que, na verdade, são palavras que nos treinam a roubar de nós mesmos. São mantras semeados em nossas cabeças, condicionando-nos a, de maneira submissa, desistir de nosso dinheiro, entregando-o àqueles que estão nos quadrantes D e I. Sem educação financeira sólida, permanecemos prisioneiros dos quadrantes E e A.

Nossos líderes não nos encorajam a mudar ou buscar maneiras de nos mover dos quadrantes E e A para os quadrantes D e I. Nossos líderes nos ensinam, ao contrário, a viver dentro de nossas possibilidades em vez de expandi-las. Em minha opinião, viver dentro de nossas possibilidades liquida nosso espírito. Isso não é vida.

O Assalto: Palavras que Usamos para Roubar de Nós Mesmos

Como você já sabe, aqueles que estão nos quadrantes E e A perdem sua riqueza por meio de impostos, dívidas, inflação e aposentadoria. Veja os seguintes

250 | Conclusão

exemplos de como nossas palavras se relacionam com aquelas forças e nos fazem roubar de nós mesmos.

Impostos: "Vá para a escola para conseguir um bom emprego." Essas palavras programam uma criança a ser empregado, que paga a maior alíquota de imposto sobre a renda. Quando você aconselha uma criança a trabalhar arduamente para fazer mais dinheiro, inadvertidamente empurra seu filho para a faixa de maior pagamento de impostos: *renda auferida*.

Aqueles educados para o modelo mental dos quadrantes D e I operam por um conjunto diferente de regras e pagam muito menos impostos, quando pagam. Como já afirmado neste livro, uma pessoa nos quadrantes D e I pode ganhar milhões de dólares isentos de impostos — legalmente.

Dívidas: "Compre um imóvel. Sua casa é um ativo e seu maior investimento." Aconselhar uma pessoa a investir na casa própria é treiná-la para ir ao banco e entrar em dívida ruim. Uma casa é um passivo porque somente tira dinheiro de seu bolso. Muitas vezes, sua casa não é seu maior investimento; é seu maior passivo. Não coloca dinheiro em seu bolso. A verdade é mais explícita do que nunca na atual crise econômica.

Aqueles nos quadrantes D e I usam dívidas para comprar ativos que gerem renda, como prédios residenciais para alugar — ativos que colocam dinheiro em seus bolsos. As pessoas dos lados D e I dos quadrantes sabem a diferença entre dívidas boas e ruins.

Inflação: "Economize dinheiro." Quando uma pessoa poupa dinheiro em um banco, aumenta, sem saber, a inflação, que, ironicamente, desvaloriza suas poupanças. Devido à reserva fracionária, um banco pode pegar a poupança de uma pessoa e emprestá-la diversas vezes, cobrando muito mais juros nos empréstimos do que o recebido pelo poupador. Em outras palavras, os poupadores provocam a erosão de seu próprio poder de compra. Quanto mais poupam, mais a inflação aumenta.

Pouca inflação é melhor do que deflação, que é muito destrutiva e difícil de ser controlada. A questão é que os resgates e os pacotes de estímulo não param a deflação e o governo poderá vir a imprimir tanto dinheiro que teremos hiperinflação. Desse modo, os poupadores serão verdadeiramente os maiores perdedores.

Você dá ao banco autorização para imprimir mais dinheiro a cada dólar que poupa. Quando você entender esse conceito, poderá enxergar por que aqueles que são financeiramente educados possuem vantagem competitiva.

Aposentadoria: "Invista em longo prazo em uma carteira diversificada de ações, títulos e fundos." Essa pérola de sabedoria enriqueceu muitas pessoas do mercado financeiro em longo prazo. Quem não *iria querer* milhões de pessoas dos quadrantes E e A enviando mensalmente parte de seus salários? Eu me pergunto: Por que eu mandaria dinheiro para o sistema financeiro quando posso legalmente "emitir" meu próprio dinheiro, usando meu conhecimento financeiro e minha inteligência?

Resumo

Ao remover a educação financeira de nossas escolas, o segredo dos ricos fez um excelente trabalho para que o assalto financeiro ocorresse em nossas próprias mentes. Se você quer mudar sua vida, mude suas palavras. Adote o vocabulário dos ricos. Sua vantagem arrebatadora é sua inteligência financeira.

E por isso, hoje... *conhecimento é poder*. Obrigado por ler este livro.

252 | Conclusão

POSFÁCIO

Julho de 2009

Uma Última Observação... Original

Quando concebi *O Segredo dos Ricos*, eu não sabia verdadeiramente o que esperar. O processo de escrever interativamente, via internet, foi completamente novo para mim, mas, ao mesmo tempo, me entusiasmou bastante. A crise econômica estava acontecendo em tempo real, desse modo, quis que meu livro também acontecesse em tempo real.

Sabia que se escrevesse e publicasse *O Segredo dos Ricos* da forma tradicional, até que fosse editado, poderíamos estar afundados demais em uma crise — ou já tê-la superado — e não daria tempo de ajudar as pessoas. Em geral, é necessário um ano ou mais para transformar um livro em realidade, da ideia ao papel. Como a economia piorava mês a mês, e comecei a receber feedback dos leitores online, soube que havia tomado a decisão correta de publicar o livro pela internet e de maneira interativa.

Todas as vezes em que me sentava para escrever um capítulo, algo significativo estava acontecendo no mundo. De certo modo, me vi de volta aos velhos tempos do Vietnã, pilotando meu helicóptero sobre os campos de batalha, balas zunindo, explosões à minha volta enquanto eu buscava me concentrar em minha missão. Assim como tive visão clara no Vietnã, isso também aconteceu ao escrever o livro.

Minha experiência ao longo dos anos me ensinou que as pessoas estão famintas por educação financeira relevante, que seja explicada com clareza e que seja de fácil entendimento. Também sabia que havia muitas pessoas assustadas, frustradas

254 | Posfácio

e decepcionadas com os políticos e com a economia. Este livro foi projetado para atender a essas duas realidades: entregar educação financeira direta e simples, que fosse relevante para nossa economia atual e além — e permitir sua participação, leitor, para que você pudesse expressar seus pensamentos, medos e triunfos.

Foi uma surpresa para mim. A qualidade dos feedbacks que recebi dos leitores foi inacreditável. Eu esperava ideias, comentários e questões bem elaboradas e inteligentes — mas o resultado foi excepcional e contribuiu imensamente para a formatação do livro. Não apenas isso, mas a diversidade de experiências e perspectivas foi incrivelmente vasta, já que leitores de todos os lugares do globo se engajaram e contribuíram para as discussões.

No final, *O Segredo dos Ricos* é um sucesso maior do que eu imaginava. Aqui estão alguns destaques da incrível acolhida da edição norte-americana:

- Mais de 35 milhões de acessos de 167 países

- Mais de 1,2 milhão de visitas ao site

- 90 mil leitores registrados

- Mais de 10 mil comentários, questões e ideias de leitores

- 2 mil blogs em todo o mundo ajudando a expor o segredo

- Mais de 250 mil cópias foram vendidas deste livro, impressas e em e-book — mesmo depois que este livro ficou disponível GRATUITAMENTE na internet por cerca de um ano.

E a razão para esse sucesso é você.

Assim, permita-me agradecer a você por fazer parte dessa comunidade e tornar *O Segredo dos Ricos* um enorme sucesso. O livro em suas mãos é muito mais seu do que meu. Seus pensamentos, comentários e questões ajudaram a influenciar o conteúdo desta obra enquanto estava sendo elaborada. Na verdade, muitos de seus comentários são hoje parte dela.

Juntos fizemos história na publicação de livros.

Juntos expusemos o segredo dos ricos.

Obrigado.

Robert T. Kiyosaki

BÔNUS ESPECIAL

As nove perguntas a seguir foram selecionadas entre dezenas feitas nos fóruns de discussão do site da edição norte-americana deste livro. Quisera poder ter selecionado todas as suas incríveis perguntas, mas isso teria sido um livro em si. Acredito que estas perguntas representem a grande parte dos questionamentos dos leitores. Obrigado a todos por ideias, comentários e questões. Lembrem-se: *Conhecimento é poder!*

P: *Você tem algum comentário sobre qual seria o resultado se, de alguma forma, viermos a ver uma "supermoeda internacional", como a que a Rússia vive falando?*
— *isbarratt*

R: Não tenho nenhum comentário sobre supermoeda internacional. Seja com dólar, seja com qualquer outra forma de moeda corrente de reserva, o problema permanece o mesmo. Essas moedas sempre serão dinheiro de mentira, que podem ser emitidas do nada. Elas não possuem valor. São apenas fraudes manipuladas pelos governos e desenhadas para roubar dinheiro de seu bolso por meio da inflação. Em minha opinião, ouro e prata ainda são os melhores ativos para se possuir.

P: *Minha questão é como o fenômeno ouro e/ou prata entra no plano de fluxo de caixa em vez de ganhos de capital? O Segredo dos Ricos me mostrou que estou saindo da trilha do fluxo de caixa e que preciso reordenar minhas direções. Estou com problemas para expandir meus contextos e enxergar como o ouro e a prata*

256 | Bônus Especial

não são apenas redes de proteção de riqueza. Eles podem ser usados para gerar fluxo de caixa também?

— *Foresight2Freedom*

R: No meu caso, quando tenho excesso de fluxo de caixa, prefiro comprar ouro e prata a manter esse excesso em espécie ou em uma poupança no banco. A razão para isso é que ouro e prata podem ser usados como proteção contra políticas monetárias incertas, como o banco central imprimindo moeda e lançando-as na economia. Em vez de manter meu excesso em dinheiro e vê--lo diminuir com a inflação, compro ouro e prata e vejo seu preço subir com a inflação. Assim, ainda que ouro e prata não gerem fluxo de caixa em si, eles me protegem contra perdas inflacionárias. Repito: como com qualquer outro ativo, você pode perder dinheiro com ouro e prata se seu QI financeiro é baixo. Não é o ouro e a prata que fazem de você rico, mas o que você sabe sobre o ouro e a prata.

P: *Você acredita que diante de um cenário de hiperinflação as propriedades de aluguel serão benéficas em uma carteira de investimentos?*

— *colbyd*

R: Há outros fatores além de apenas a hiperinflação a serem considerados. Como em qualquer transação, você terá que fazer a lição de casa e se certificar de que os números são bons. Por exemplo, há fluxo de caixa suficiente vindo do aluguel para cobrir suas despesas e pagar suas dívidas? Há empregos fluindo para a área em que você está pensando em adquirir o imóvel? O mercado imobiliário é bom desde que essas e outras questões como essas sejam respondidas positivamente. Lembre-se: sempre há transações imobiliárias boas e ruins, não importando o estado da economia. Isso sempre acaba se voltando para a questão do fluxo de caixa.

P: *Eu gostaria de perguntar sobre o segredo na área da saúde e o que você pode dizer sobre isso.*

— *ovortron*

R: Não sou médico, e minha especialidade não é a indústria médica ou farmacêutica, mas suspeito de que a indústria de planos de saúde, os laboratórios e seus parceiros têm grande poder sobre o sistema de saúde e os cuidados que recebemos nessa área. Pessoalmente, utilizo técnicas de medicina alternativa, como acupuntura, naturopatia e tratamentos quiropráticos, como complemento aos tratamentos tradicionais. Também tento minimizar a ingestão de remédios. Como com qualquer outra coisa, quanto mais você sabe, mais equipado estará para tomar decisões sobre sua saúde e seu dinheiro. Encorajo-o a começar um curso sobre o assunto.

P: *Minha pergunta é como começar. Você afirmou que fez ganhos de capital consideráveis antes que seu Pai Rico o lembrasse de investir por fluxo de caixa. A maioria das pessoas que conheço, que fez boas somas de dinheiro para investir, o fez por meio de ganhos de capital. Ainda que a ideia de fluxo de caixa seja de longo prazo, quais são suas sugestões sobre como uma pessoa pode começar alguns investimentos inteligentes com pouco ou nenhum capital em curto prazo?*

— *Miguel41a*

R: Minha resposta a perguntas como essas é sempre a mesma. Eduque-se financeiramente. Como afirmei ao longo deste livro, conhecimento é poder. A melhor maneira de aprender é pela prática ou simulação. Você cometerá erros, mas a chave é aprender com eles. Se estiver hesitante em investir seu dinheiro logo de início, meu jogo *CASHFLOW®* é uma excelente maneira de aprender a avaliar e realizar negociações em um ambiente simulado, em que você pode aprender com seus erros. Ele vai prepará-lo para investir no mundo real. Diria que é mais importante saber como encontrar, analisar e oferecer uma transação do que ter dinheiro — o dinheiro não enriquece você; o conhecimento, sim. Sempre há dinheiro disponível com investidores ou bancos quando há uma boa ideia.

P: *Tenho uma filha de catorze anos. Ela é brilhante em seus estudos. O que posso recomendar que ela faça quando se tornar adulta para não ser vítima do segredo? Ela já leu seus livros para adolescentes.*

— *Madelugi*

R: Os melhores professores de uma criança são seus pais. Assim, a questão não é o que a criança está fazendo, mas o que estão ensinando a ela. Ainda que dê a seus filhos bons conhecimentos, eles precisam ver você colocar isso em prática. Você tem imensa influência na educação financeira de seus filhos

258 | Bônus Especial

apenas por seu exemplo. Além disso, ouvi falar de crianças entre sete e oito anos lendo meus livros e jogando o *CASHFLOW®*. Essas crianças indubitavelmente têm melhores chances de conquistar um futuro brilhante, porque estão recebendo educação financeira — algo que as outras não recebem. Desenvolvi meu jogo de tabuleiro *CASHFLOW® for Kids* para que crianças a partir de seis anos possam começar a prender sobre dinheiro e investimento.

P: *Qual é a sua opinião sobre apólices de seguro de vida? Tenho dois planejadores financeiros que insistem que devo adquirir uma.*

— rzele

R: Não gosto de investir em seguro de vida. Pessoalmente, acho que é uma exploração, especialmente com o Fed imprimindo tanto dinheiro. A inflação faz sua apólice valer menos a cada ano. Além disso, os especialistas financeiros gostam de nos empurrar esse tipo de coisa porque eles ganham dinheiro com isso, e não porque seja necessariamente bom para você. Dito isto, as apólices de seguros são boas para as pessoas que não são capazes de solucionar os próprios problemas e para os que são financeiramente improficientes, e não sabem como ser bem-sucedido nos investimentos. O seguro de vida a termo é outra opção para os que não se sentem confortáveis investindo, e uma opção barata aos seguros de vida. Deixo esta escolha para você.

P: *Como um novo empreendedor que já leu quase todos os seus livros e tem visto pela primeira vez o caminho escorregadio que nossas crianças estão seguindo, pergunto: Há esperança para o nosso sistema educacional?*

—jack47

R: Infelizmente, não tenho esperanças — pelo menos não em curto prazo. Cada setor se move a passos diferentes. A tecnologia, por exemplo, muda rapidamente, a cada dez anos ou menos. Os setores de construção e da educação são muito mais lentos e a mudança significativa leva mais de cinquenta anos para se tornar efetiva e institucionalizada. Advogo que você cuide de sua própria educação financeira e da educação financeira de suas crianças.

P: *A atual crise acabou comigo, assim, estou apenas tentando recuperar o que perdi. Qual conselho simples e direto você daria a alguém que está tentando se levantar e quer fazer as coisas acontecerem?*

— msrpsilver

R: Como já disse, conhecimento é poder. Continue a se educar financeiramente sobre o funcionamento do dinheiro e dos investimentos. Aumente seu QI financeiro. Estude também o quadrante CASHFLOW e entenda o que o empobrece: impostos, dívidas, inflação e contas de aposentadoria. Treine-se a pensar pelo lado dos quadrantes D e I e aprenda a minimizar as perdas com impostos, dívidas, inflação e contas para a aposentadoria. Ao mudar sua mentalidade para os lados D e I do quadrante CASHFLOW, você aprende a ganhar milhões sem pagar impostos, fazer o próprio dinheiro com o dinheiro de outras pessoas e encontrar ativos que se valorizem com inflação e gerem renda passiva para sua aposentadoria. Não há mágica, apenas trabalho árduo e educação.

260 | Bônus Especial

Sobre o Autor
Robert Kiyosaki

Mais conhecido como o autor de *Pai Rico, Pai Pobre* — apontado como o livro n° 1 de finanças pessoais de todos os tempos — Robert Kiyosaki revolucionou e mudou a maneira de pensar em dinheiro de dezenas de milhões de pessoas ao redor do mundo. Ele é um empreendedor, educador e investidor que acredita que o mundo precisa de mais empreendedores para criar empregos.

Com pontos de vista sobre dinheiro e investimento que normalmente contradizem a sabedoria convencional, Robert conquistou fama internacional por sua narrativa direta, irreverência e coragem e se tornou um defensor sincero e apaixonado da educação financeira.

Robert e Kim Kiyosaki são os fundadores da *Rich Dad*, uma empresa de educação financeira, e os criadores dos jogos *CASHFLOW*®. Em 2014, a empresa aproveitou o sucesso global dos jogos *Rich Dad* para lançar uma nova versão revolucionária de jogos online[1] e para celulares.

Robert tem sido considerado um visionário que tem o talento de simplificar conceitos complexos — ideias relacionadas a dinheiro, investimentos, finanças e economia — e tem compartilhado sua jornada pessoal rumo à independência financeira de uma forma que encanta o público de todas as idades e histórias de vida. Seus princípios fundamentais e mensagens — como "sua casa não é um ativo" e "invista para um fluxo de caixa" e "poupadores são perdedores" — despertaram uma enxurrada de críticas e zombaria... para depois invadir o cenário do mundo da economia ao longo da última década de forma perturbadora e profética.

Seu ponto de vista é de que o "velho" conselho — arrume um bom trabalho, poupe dinheiro, saia das dívidas, invista em longo prazo em uma carteira diversificada — se tornou obsoleto na acelerada Era da Informação. As mensagens e filosofias do pai rico desafiam o *status quo*. Seus ensinamentos estimulam as pessoas a se tornarem financeiramente proficientes e a assumirem um papel ativo para investir em seu futuro.

---

1 http://www.richdad.com/apps-games/cashf low-classic (conteúdo em inglês).

Autor de diversos livros, incluindo o sucesso internacional *Pai Rico, Pai Pobre*, Robert participa frequentemente de programas midiáticos ao redor do mundo — desde *CNN, BBC, Fox News, Al Jazeera, GBTV* e *PBS*, a *Larry King Live, Oprah, Peoples Daily, Sydney Morning Herald, The Doctors, Straits Times, Bloomberg, NPR, USA TODAY*, e centenas de outros — e seus livros frequentam o topo da lista dos mais vendidos há mais de uma década. Ele continua a ensinar e inspirar o público do mundo inteiro.

Para saber mais, visite www.seriepairico.com ou o site original, em inglês, acessando www.richdad.com